시대의 경계에서
일인칭으로 말 걸기

# 시대의 경계에서
# 일인칭으로 말 걸기

김진경
지음

해냄에듀

머리말

# 일인칭으로 말하기와 일인칭으로 말 걸기
# 혹은 폐허를 살아가는 법

    추운 겨울 광화문 광장을 밝혔던 촛불 이래 문재인 정부 내내 내 머리를 스친 키워드 중 하나는 헤겔이 말한 '역사의 간교한 지혜'였다. 61년 박정희 정권이 들어선 이래 반세기 넘게 그렇게 극복하고자 애써도 땅에 묻히지 않았던 서구 추격형 산업화 시대의 권위주의 정치 체제가 하필이면 박정희의 딸인 박근혜의 손에 의해 그것도 아버지 시대의 영광을 되찾았다고 굳게 믿는 순간에 땅에 묻히다니! 참으로 '역사의 간교한 지혜'에 탄복하지 않을 수 없다. 그렇게 역사에 의해 낡은 한 시대를 땅에 묻는 도구로 쓰인 당사자에게 '역사의 간교한 지혜'는 역사의 잔인함으로 느껴질 것이다. 하지만 그 시대를 어렵게 몸으로 살아 낸 일반 국민에게 '역사의 간교한 지혜'는 역사의 준엄함으로 느껴질 것이다. 역사는 때로 뒷걸음질 치기도 하며 구불구불한 길을 가지만 결코 그 진전을 멈추는 일은 없다.

다시 한 번 한국 사회가 밑바닥으로부터 리셋(reset)되는 지금 우리는 또다시 '역사의 간교한 지혜'가 작동하는 것을 보고 있다. 이번 대통령 선거 국면 이후에 땅에 묻힐 것은 과연 무엇일까? 이번에 땅에 묻히는 것은 서구 추격형 산업화 시대의 시스템, 인식과 관행, 그것의 형성에 지대한 역할을 한 산업화 시대의 낡은 교육이 아닐까?

서구 추격형 산업화 시대에 한국 교육은 아이들에게 전력을 다해서 "세계의 중심은 미국이나 서구의 어느 나라고 네가 사는 곳은 변방의 변방의 변방이다. 그러니 학교 교육에서 성공해서 도시로 대도시로 서울로, 가능하다면 미국이나 서구의 어느 나라로 떠나라. 네가 이 학교를 졸업하고도 여기 남는다면 너는 낙오자고 패배자다."라고 가르쳐 왔다. 우리의 학교 교육은 '진정한 나 되기'를 가르친 게 아니라 끊임없이 '누구처럼 되기'를 가르쳐 온 셈이다. 끊임없는 '누구처럼 되기'로 이루어진 세계는 양파같이 겉으로 보기엔 그럴듯하지만 파헤쳐 보면 공허하다. 한 꺼풀 껍질을 벗기면 그 안에 무언가 알맹이가 있을 것 같지만 또 하나의 똑같은 껍질이 있을 뿐이다. 이것은 그간 산업화 시대에 세계의 중심이라고 일컬어져 왔던 미국이나 서구 선진국에 이르러서도 마찬가지다. 양파의 중심부 역시 하위 계급 구성원이 끊임없이 상위 계급 구성원처럼 되기를 추구하는 양파의 구조일 뿐이다. 다 벗기고 나면 바닥에 쌓인 껍질만 남고 중심부엔 아무것도 없다. 양파는 그냥 겉껍질과 속껍질을 무한히 구별 짓는, 구별 짓기의 체계 이상도 이하도 아니다.

우리는 코로나19 팬데믹(pandemic)이라는 전대미문의 위기를 겪으면서 이 무한한 구별 짓기의 체계로 구성되어 있는 양파의 세계가 얼마나 공허한 것인가를 절감했다. 그간 세계의 중심이며 모델로 여겨졌던 미국이나 서구 선진국이 코로나19 팬데믹 앞에서 형편없이 무너지는 것을 목격하면서 양파의 중심엔 뭔가 근원적인 어떤 것이 있는 게 아니라 그냥 똑같은 또 다른 양파 껍질이 있을 뿐이라는 사실을 깨달았다. 아마도 현재 우리가 놓여 있는 상황은 영화 속에서 자기 존재의 근원을 찾아간 인조인간이 부딪친 상황과 비슷할 것이다. 세계 대전으로 폐허가 된 세상에 남겨진 어린아이 형태의 인조인간은 기억 속에 남아 있는 자신의 근원을 찾아 온갖 어려움을 겪고 무너져 물속에 잠긴 뉴욕에 이른다. 그리고 자신이 탄생한 장소를 찾아낸다. 인조인간의 기억에 의하면 그곳은 자신의 존재가 시작된 생명의 근원이며 어머니가 따뜻하게 웃는 표정으로 자신의 탄생을 지켜보던 곳이다. 그러나 현실에서 인조인간이 확인한 그곳은 인조인간을 제조하는 기계들이 넘어져 뒤얽혀 있는 차가운 실험실이고, 자신의 탄생을 지켜보던 따뜻한 표정의 어머니는 실험실 창밖에 서 있던 거대한 플라스틱 인형일 뿐이다. 그리고 인조인간은 자신이 한 인조인간 전문가가 어린 나이에 죽은 자신의 아들을 본떠서 만든 존재라는 사실을 알게 된다. 영화는 인조인간의 참담하고 슬픈 표정을 보여 주며 여기서 끝난다.

 그러나 우리의 영화는 여기서 끝날 수가 없다. 그것이 폐허가 된 세계이든 허위로 만들어진 세계이든 상관없이 우리는 계속해서 살아야 하기 때문이다. 그러니 자신이 만들어진 차가운 실험실을 발견한 이후의 인조인간을 상상해 보자. 이 인조인간은 그간 자신의 존재에 의미를 부여하는 어떤 근원이 있을 거라 생각하고 그 근원을 찾기 위해 먼 여행을 했다. 하지만 애써 찾아낸 그곳은 자신의 존재에 의미를 부여하는 근원 따위는 있을 수 없는 차가운 실험실이었고, 자신은 어떤 아이의 모조품으로 만들어진 것일 뿐이다. 이제 그 아이에게 집착했던 사람도 죽었으니 그 아이의 모조품이라는 존재 의미도 사라졌다. 그럼에도 살아 있으니 이 인조인간은 계속해서 살아가야 한다. 이 인조인간이 이 상황에서 받는 최초의 느낌은 자신은 사전에 주어진 아무 의미 없이 이 세계에 툭 던져져 있다는 황당함일 것이다. 그리고 살아 있음을 포기하지 않는 이상 계속 살아가기 위해 스스로 존재 의미를 만들어 나가야 한다는 매우 당혹스럽고 부담스러운 자유일 것이다. 이것은 아무것도 주어진 것이 없는 상태에서 자신의 존재 의미를 스스로 만들어 나가야 하는 절대적 일인칭의 상황이다. 그래서 그런지 젊은 세대는 삼인칭으로 말하는 데 익숙한 기성세대와 다르게 일인칭으로 말하는 데 익숙하다. 또 세대를 넘어 이번 대선은 이념이 아니라 구체적 이해관계를 따라가는 대선이라는 평가가 나오기도 한다. 우리는 과연 영화 속의 인조인간처럼 의미의 폐허 위에 서 있는 걸까?

사전에 주어진 존재 의미 같은 건 없고 자신의 존재 의미를 이제부터 스스로 만들어 나가야 한다는 매우 당혹스럽고 부담스러운 자유에 부딪힌 인조인간이 택할 수 있는 행동 방식은 무엇일까?

쉽게 택할 수 있는 방식은 끊임없이 이런저런 의미의 근원이 어딘가 있을 거라고 일인칭으로 중얼거리며 환상 속의 근원을 찾아다니고 그때그때 가짜 근원에 집착하는 광기에 사로잡히는 것이다. 에리히 프롬이 파시즘의 사회 심리적 기제로 지목한 '자유로부터의 도피(Escape from Freedom)'이다.

택할 수 있는 어려운 방식은 사전에 주어진 아무런 의미 없이 이제부터 스스로의 존재 의미를 만들어 나가야 한다는 부담스러운 자유를 받아들이고 의미를 만들어 내는 새로운 관계들을 형성하기 위해 '일인칭으로 말 걸기'를 시작하는 것이다.

우리는 지금 거대한 사회적 시험대 위에서 미래를 가늠할 시금석 앞에 서 있다. 그 시금석은 산업화 시스템이라는 양파의 세계를 극한으로 구현하고 있는 한 여성과 한 남성이다. 한 여성은 양파의 세계 중심을 향해 끊임없이 누구처럼 되기를 극단으로 추구한 인물이다. 그래서 무수한 조작된 경력과 얼굴이 끝없는 양파 껍질을 이루고 있어 도무지 정체성을 알 수 없는 상태에 이르러 있다. 한 남성은 양파의 중심에 있는 공허한 양파 껍질과 같은 존재이다. 이 양파의 중심에 있는 양파 껍질은 아무 내용 없이 양파의 중심에 아무것도 없다는 사실을 가리기 위해 존재할 뿐이다. 그것이 산업 사회의 엘리트주의이다.

이 시금석이 되는 두 인물에 대해 국민들이 보이는 반응은 일단은 산업 사회라는 양파의 삼인칭 세계에서 벗어나 일인칭의 새로운 세계에 일정 정도는 진입한 것으로 보인다. 국민들은 전반적으로 무수한 양파 껍질을 덮고 있는 여성의 존재를 기괴한 것으로 보고 있고, 남성의 아무 내용 없는 공허함을 바보로 희화화하고 있으니 말이다. 또한 인조인간이 이미 공허한 폐허로 확인한 차가운 실험실에 여전히 근원적인 무엇이 있는 것처럼, 그래서 그곳으로 돌아가야 한다는 그들의 주장은 별 설득력이 없다. 그렇기 때문에 그들은 자신의 정당성을 주장하기보다는 그 실험실 밖에서 어떤 존재 의미를 찾는 일체의 시도는 불가능하니 스스로 존재 의미를 만들어 나가는 자유는 포기하라고 말한다. 그를 통해 일인칭의 세계에 한 발을 들인 국민들을 개별화되어 환상의 근원을 찾아 부유하는 일인칭으로 말하기에 묶어 두려 한다.

하지만 이들의 시도는 대선의 결과와 상관없이 실패할 것이다. 그 첫째 이유는 한국 국민들은 그간의 민주화 과정에서 스스로 존재 의미를 찾아 나가는 일인칭으로 말 걸기에 친숙하다는 것이고, 그 둘째 이유는 양파의 세계로 복귀하는 그들의 지향은 환경 파괴로 인한 위험 사회의 도래와 디지털 기술 혁명이 가져오는 미래 사회와 맞지 않기 때문이다.

결국 끊임없는 '누구처럼 되기'와 '구별 짓기', 공허한 엘리트주의로 이루어진 산업 사회 패러다임은 그 누구도 아닌 그 정점에 선 사람들의 손에 의해 땅에 묻힐 것이다. 그렇게 '역사의 간교한 지혜'는 다시 한 번 실현되고, 미래는 그렇게 매우 당혹스럽고 부담스러운 자유로 다가와 우리 스스로 길을 찾아 나갈 것을 요구할 것이다.

'시대의 경계에서 일인칭으로 말 걸기'라는 제목을 붙인 이 책이 모쪼록 당혹스럽고 부담스러운 자유와 그 자유를 실현하는 길 찾기를 희미하게나마 밝히는 작은 촛불 하나가 되기를 바란다.

2022년 2월 6일
김진경

**차례**

머리말　일인칭으로 말하기와 일인칭으로 말 걸기 혹은 폐허를 살아가는 법 • 4

## 1부 ○ 우리를 슬프게 하는 것들

두 여자 이야기 • 15
바르샤바의 유령, 서울의 유령 • 34
다양성이란 거짓말 • 45
아파트라는 거주 기계의 탄생 _ 아파트 전쟁 참전기 1 • 58
누구도 이 전쟁을 피해 갈 수 없다 _ 아파트 전쟁 참전기 2 • 69
우리를 슬프게 하는 것들 • 81
30년 만에 끝낸 숙제 _ 국가교육위원회 전말기 1 • 88
삼겹살에 소주 한잔 • 101
사람을 움직이는 향기 • 106
허무의 무게를 견디는 일 • 110
대입 정책은 왜 무능해졌을까? • 123
학교로부터 발신되는 위험 신호 _ 국가교육위원회 전말기 2 • 131

## 2부 ○ 진정한 뉴 노멀을 위하여

정미조의 「개여울」과 아이유의 「개여울」 • *147*
남북 관계를 보는 젊은 세대의 또 다른 시각, '공정' • *155*
'가족'의 위기와 미래 • *160*
철의 감옥과 시장주의 감옥 그리고 국민 참여 • *175*
현대인, 일에 중독된 야만인? _ 일과 직업의 미래 1 • *184*
인디언 보호 구역의 인디언은 왜 행복하지 않을까?
_ 일과 직업의 미래 2 • *193*
사회적 빙하 너머에서 인류의 막내들이 질문을 던져 왔다 • *205*
해일 직전, 카지노가 있는 해안가 풍경 • *215*
몸이 구만리 • *227*
교육 정책의 진경산수를 꿈꾸며 • *245*

# 1부
# 우리를 슬프게 하는 것들

# 두 여자 이야기

여성이 1인칭으로 말하는 법

○
◐
●

## 두 여자가 돌아오고 있다

 두 여자가 돌아오고 있다. 무릎까지 눈이 쌓인 막막한 벌판을 걸어 폭풍에 휘날리는 커튼 자락처럼 얼굴을 때리는 눈보라를 헤치며 돌아오고 있다. 언제부터였을까, 두 여자가 돌아오는 모습이 머리를 스치고 지나가기 시작한 게? 상하이와 가까운 쑤저우대학 초빙 교수로 갔을 때부터였던가? 아니면 유력한 인물이 성비위 사건으로 몰락하던 몇 년 전부터였을까? 왜 60년 넘게 잊어버리고 있었던 이야기 속의 두 여자가 망각의 흰 눈이 쌓인 벌판을 건너 기억 속으로 귀환하고 있는 걸까?
 우리 어머님은 사람과 어울려 말하는 걸 좋아하시고, 이야기를 적당히 뻥을 쳐 재미있으면서도 실감 나게 잘 하시는 분이었다. 그래서 어린 시절 컴컴해질 무렵이면 동네 아주머니들이 어머님 이야기를 들으러 우리 집에 종종 모여들곤 했다. 텔레비전은 물론 없었고 라디오도 한 동네에 하나 정도 있을까 말까 하던 시절, 어머니는 말하자면 연속극 작가 겸 프로듀서, 성우 및 배우 노릇을 도맡아 하셨던 셈이다. 나도 심심하면 끼어들어 이야기를 듣곤 했는데 끼어들다가 쫓겨나는 경우도 가끔 있었다.

"어 그놈 귀도 참 잘 생겼네. 저 건넌방에 가서 이거나 먹으며 형들하고 놀아라."

하며 동네 아줌마들이 찐 고구마나 떡을 주는 날은 19금 이야기를 하는 날이었다. 꼬마인 내가 이 19금 이야기를 듣는 방법은 미리 그 방에 들어가 자는 척하는 거였다. 그러면 대개는 안아다 다른 방에 누여 놓는데, 간혹 나를 구석에 밀어 놓고 그냥 이야기를 하는 경우도 있었다.

어머니의 주된 레퍼토리 중 하나는 만주 이야기였다. 아버님은 대구사범학교를 졸업하고 만주 한국인 이민단 학교에서 선생을 했었다. 어머님이나 아버님이나 감수성이 살아 있는 채 스물이 안 된 신혼의 청춘이었으니 만주는 이야깃거리가 많을 수밖에 없었다. 두 여자 이야기는 내가 운 좋게 들은 이 만주 배경의 19금 이야기 중 하나이다.

## 두 여자의 이야기는
## 한 남자의 이야기로부터 시작된다

　아버님이 계시던 이민단은 하얼빈에서 기차를 내려 마차를 타고 하루 종일 가야 하는 곳이었다. 당시의 만주는 황무지였다. 압록강 철교를 건너 하얼빈으로 기차로 이틀을 가는데, 내내 보이는 것은 갈대로 뒤덮인 벌판이었다고 하니 말이다.
　일제는 한국 농촌에서 뿌리 뽑힌 대가족들을 만주로 집단 이주시켜 황무지를 개척해 농토로 만드는 일을 벌였다. 그렇게 해서 형성된 게 이민단 마을이었는데, 부모님이 계시던 이민단 마을은 경상도에서 이주해 온 사람들이 만든 거였다.

　아버님이 근무하시던 이민단 학교에 어느 해 봄 이제 막 사범학교를 졸업한 예쁘장하게 생긴 신임 남자 교사가 부임해 왔다. 성이 이씨였다. 이 남자 교사는 부임하고 얼마 지나지 않아 아버지와 친해져 집에 자주 와 저녁도 먹고 바둑도 두고 가곤 했다. 어머니는 처음에는 황막한 외지에 혼자 왔고, 이제 처음 교단에 나온 후배여서 돌봐 주는 것이려니 했다. 그런데 점점 심해지더니 거의 매일 와서 저녁을 먹고 밤늦게까지 놀다 가는 것이었다. 어머니 아버지도 신혼 때인지라 신경이 안 쓰일 수가 없었다. 은근히 화가 나서 싫은 눈치도 주곤 했는데 예쁘장하게 생긴 얼굴로 생글생글 웃으며 형수님 어쩌고 하는 데는 당할 재간이 없었다.
　혼자서 속을 끓이던 어머니는 친한 동네 아주머니에게 고민을 털어놓

앉다. 동네 아주머니는 빙글빙글 웃으며 '혹시 그 총각 선생이 새댁을 좋아하는 거 아니야?' 했다. 어머니는 그렇게 농담으로 넘길 일이 아니라고 펄쩍 뛰었다. 그랬더니 동네 아주머니가 '그럼 혹시…….' 하고 말끝을 흐렸다. '혹시 뭐요?' 하며 어머니가 머리를 가까이 디밀자 아주머니가 속삭이듯이 소리를 죽여 말했다. '남녀 간에 좋아하듯이 남자끼리 좋아하는 경우도 있다고 하던데…….' 어머니는 '에이 설마…….'라고 말하면서도 가슴이 덜컥했다. 그런 말을 들어서 그런지 이 선생의 아버지에 대한 태도가 심상치 않게 느껴졌다. 어머니는 혼자서 끙끙 가슴앓이를 했는데 다행인 것은 여름방학이 얼마 남지 않았다는 거였다. 방학이 되면 선생들은 대개 고향을 찾아 뿔뿔이 흩어졌다.

이 선생도 방학이 되자 고향으로 돌아갔다. 그리고 여름방학이 끝나갈 무렵 결혼을 해서 신부와 함께 돌아왔다. 이젠 골칫거리가 사라졌구나 싶어 어머니는 마음을 놓았다. 그런데 웬걸, 며칠 지나지 않아 이 선생은 예전과 다름없이 거의 매일 놀러 와서 저녁을 먹고 밤늦게 돌아가곤 했다. 결혼을 했으니 이젠 안 그러겠거니 하고 방심하여 몇 번 받아 준 게 실수였다.

어떻게 결혼하게 되었느냐고 물어보면 할아버지가 태어날 때부터 혼인을 시키기로 정해 놓은 이웃 마을 여자라고 말하는 이 선생의 얼굴이 어두웠다. 얼굴이 어둡기는 이 선생의 신부가 된 여자도 마찬가지였다. 어머니는 신혼부부가 속궁합이 안 맞는 건가, 정말 동네 아주머니가 말한 남자끼리 좋아하는 그런 건가 하며 또 속을 끓여야만 했다.

그러던 어느 날 저녁 어스름에 이 선생이 얼굴이 하얘져 아버지 어머니를 찾아왔다. 부인이 집을 나갔다는 거였다. 수소문을 해 보니 오전 나절에 하얼빈으로 가는 역마차를 탄 거 같다고 했다. 아버지는 '학교에는 내가 얘기할 테니 내일 일찍 하얼빈으로 가서 수소문을 해 봐라. 주말엔 나도 갈 테니 같이 찾아보자.'라고 했다. 그렇게 해서 한 달 정도 아버지와 이 선생은 주말마다 하얼빈을 뒤지고 다녔다.

## 두 남녀의 이야기가
## 두 여자 이야기가 된 사연

어느 일요일 밤 하얼빈에 갔던 아버지와 이 선생이 지친 모습으로 돌아왔다. 이 선생은 헤어지면서 어머니에게 잠깐 따로 부탁드릴 말씀이 있다고 했다. 아버지는 이 선생과 먼저 무슨 이야기가 있었던 건지 방으로 들어갔다. 이 선생은 아내의 가출로 속을 끓이다 배웠는지 마당 화단의 바위에 걸터앉으며 담배를 피워 물었다.

"사실은 오늘 집사람이 어디 있는지 알았어요."

이 선생이 담배 연기를 한숨처럼 내뿜으며 어머니를 건너다보았다.

"그런데 왜 안 데려 왔어요? 무조건 잘못했다고 빌고 데려 와야죠. 신혼에 아내를 그렇게 외롭게 두는 법이 어디 있어요? 그것도 처음 와 보는 황막한 타지인데. 있는 곳이 어디예요?"

어머니가 금방 데리러 가기라도 할 것처럼 몸을 일으키며 물었다.

"걱정하실 필요 없어요. 조선 사람이 하는 음식점에서 일 도와주고 있으니까. 몇 다리 건너긴 하지만 아는 사람 집인 것 같더라고요. 그런데 좀 곤란한 문제가 있어요."

이 선생은 무슨 말을 할 듯 말 듯 머뭇거렸다.

"부부 싸움은 칼로 물 베기라는데 곤란할 게 뭐 있어요? 도대체 무슨 문제가 있다는 거예요?"

어머니가 다그쳤다.

"저…… 사실은 여자예요."

이 선생이 기어들어 가는 목소리로 말했다.

"여자라고요? 누가? 사모님이야 당연히 여자고……."

어머니는 이 선생의 말뜻을 잘 알아들을 수 없어 우물쭈물 말끝을 흐렸다.

"제가 사실은 남자가 아니고 여자라고요."

이 선생이 이번에는 또렷한 목소리로 말하며 확인이라도 시키려는 듯 눈에 힘을 주었다.

"여자요? 선생님이? 남자가 아니라……? 참 내, 그게 무슨 얼토당토않은 소리예요?"

놀라서 쳐다보는 어머니에게 이 선생은 여자이면서 남자로 살게 된 사연을 털어놓기 시작했다.

이 선생은 아버지가 3대 독자인 양반 가문에서 태어났다. 어머니의 나이가 마흔에 가까웠으니 늦은 출산이었다. 손이 귀한 집이고 노산이어서 온 집안의 관심이 아이의 출산에 쏠릴 수밖에 없었다. 특히 이 선생의 어머니는 꼭 아들을 낳아야 한다는 압박을 심하게 받고 있었다.

"아들이에요 딸이에요?"

이 선생의 어머니는 아이를 안고 오는 산파에게 힘없는 목소리로 물었다.

"글쎄 한번 보세요."

산파가 이 선생의 어머니에게 아기를 안겨 주었다. 포대기를 헤치고 보니 딸이었다. 그런데 여성의 성기 윗부분에 손가락처럼 긴 혹 같은 게 달려 있었다. 어머니는 딸이라고 생각하고 풀이 죽어 있는데, 아이를 받아 든 아버지가 '어, 이놈 고추 달렸네.' 했다. 그리고 아이를 넘겨받은 할아버지가 '드디어 우리 4대 독자 손자가 태어났구나.' 하며 활짝 웃었다. 그것이 여자로 태어난 이 선생이 졸지에 남자가 되어 버린 순간이었다. 이 선생의 어머니는 손이 워낙 귀한 집안이라 차마 아들이 아니라 딸이라는 말을 하지 못하고 속앓이만 했다. 이 선생은 결국 호적에 남자로 올려졌고, 남자로 키워졌다. 그리고 나이가 상당히 들기까지는 스스로도 남자란 거에 대해 별 의심을 가지지 않았다.

"그게 말이 돼요? 남자 여자는 오줌 눌 때도 차이가 나고 그런 건 다 넘어갈 수 있다 하더라도 여자는 생리를 하는데, 어떻게 스스로 남자라고 믿을 수가 있어요?"

어머니가 못 참고 끼어들었다.

"그 전에도 남자로선 특이하다는 느낌은 있었지만 내가 여자란 걸 분명하게 깨달은 건 사범학교 1학년 때였어요. 다른 여자들보다는 몇 년 늦은 거지만 생리가 시작되고 뒤늦게 유방이 커지는 등 여자의 신체적 특성이 뚜렷해지기 시작했죠. 처음 생리할 땐 내가 무슨 죽을병에 걸렸나 했어요. 어머니한테 말했더니 그제야 어머니가 울면서 넌 여자라고 하더군요. 하지만 이미 되돌리기엔 너무 늦었잖아요."

이 선생의 말에 울음이 섞였다.

이 선생은 여자인 자기를 남자로 만든 집으로부터 도망치는 심정으로 만주 이민단 교사를 자원해 왔다고 했다. 그런데 방학이 되어 고향에 갔더니 할아버지가 노환으로 언제 돌아가실지 모르는 상태였고, 할아버지가 자기 죽기 전에 손자 결혼하는 걸 보겠다고 고집을 부렸다. 오늘 내일 하는 할아버지 앞에서 이 선생은 여자라는 말은커녕 결혼을 못 하겠다는 말도 차마 할 수가 없었다. 할아버지는 결혼식 보름 뒤쯤 돌아가셨다. 방학 동안 결혼식과 장례식을 함께 치르고 온 거라 했다.

"그럼 선생님이 여자라는 거 사모님이 눈치 챈 건가요?"

어머니가 물었다.

"아뇨, 집사람은 제가 여자일 줄은 꿈에도 생각 못 하고 있을 거예요."

"그럼 이제까지 한 번도 잠자리를 같이 안 했다는 거예요?"

"예, 고향에 있을 때는 할아버지 병환과 장례 핑계로 잠자리를 피했고, 여기 와서도 일부러 늦게 들어가 할 일이 있다고 다른 방에서 잤어요."

"당신 참 나쁜 사람이네. 어떻게 한 여자를 그렇게 속이고……. 당신 참 무서운 사람이야."

어머니의 목소리에 날이 섰다.

"맞아요. 집사람에게 너무 큰 죄를 졌죠. 제가 죽일 놈입니다. 그래서 부탁드리려는 거예요. 그런 이유로 집 나간 아내에게 불쑥 찾아가 뜬금없이 제가 여자라는 말을 차마 못 하겠어요. 형수님이 요번 주말에 같이 가셔서 제가 만나기 전에 먼저 이런 사정을 집사람에게 얘기해 주십사 부탁 드리는 거예요."

이 선생이 간절한 눈빛으로 어머니를 쳐다보았다.

"참 내, 죽일 놈이 아니라 죽일 년이죠! 사정이 그러니 거절하긴 어렵 겠지만 참······."

어머니는 기가 막혀 헛웃음을 웃었다.

"맞아요, 죽일 년이죠. 이제부터라도 집사람에게 백배사죄하고 여자로 떳떳하게 살아보려고요. 더 이상 이렇게 하고 살고 싶진 않아요."

이 선생은 말하며 일어나 저고리를 벗고 셔츠를 올렸다. 젖무덤 부근을 싸맨 하얀 붕대가 달빛에 드러났다. 이 선생이 붕대를 풀어내자 작은 편이긴 하지만 아담한 젖무덤이 봉긋이 달빛 속에 솟아올랐다. 참 기구한 운명을 만나 어둠 속에 눌려 있던 젖무덤이었다. 그래선지 달빛에 더욱 빛나 보였다. 어머니는 달빛을 받은 그 봉긋한 젖무덤이 자기가 평생 본 것 중에 가장 아름다운 젖무덤이었다고 했다.

"이 선생이랑 사전에 무슨 얘기 안 했어요?"

어머니는 이 선생을 보내고 들어와 아버지를 떠보았다. 이 선생이 여자란 걸 알고 나니 아버지와 이 선생이 서로 어떤 감정을 가졌던 건지 궁금했다. 두 사람이 한 달 동안 주말마다 하얼빈에 나갔으니 아버지를 믿기는 하지만 걱정도 되었다.

"자기가 집사람 만나기 전에 당신이 먼저 만나 달라고 부탁하겠다고 하던데."

피곤한지 잠자리에 누워 있던 아버지가 눈을 감은 채 대답했다.

"그거 말고 다른 얘긴 없었어요?"

"무슨 얘기? 이 선생이 뭐 더 곤란한 부탁이라도 했소?"

아버지가 의아한 눈으로 어머니를 올려다보았다.

"이 선생이 자기가 남자가 아니고 여자래요. 당신은 이 선생이 여자라는 거 언제부터 알았어요?"

어머니의 말꼬리가 좀 날카롭게 올라갔다.

"그게 무슨 엉뚱한 소리야? 이 선생이 여자라니?"

아버지가 깜짝 놀라 몸을 벌떡 일으켰다.

"이 선생이 태어날 때부터 여자 성기 위에 손가락 모양의 긴 혹이 붙어 있었던 모양이에요. 손이 귀한 집안이니까 그걸 보고 그냥 아들로 키운 거죠."

어머니는 이 선생에게 들은 얘기를 다시 했다. 아버지는 기가 막히는지 한동안 '허 참' '허 참' 하며 헛웃음만 흘렸다.

## 두 여자의 '1인칭으로 말하기'

"그래서 이 선생이 학교에 사표를 내겠다고 한 거였군. 부부간에 그런 일이야 흔한 건데 그런 게 창피하다고 그만두는 게 어딨냐고 혼을 냈는데 참 객쩍은 짓을 한 거네. 하기야 그런 사정이 있는 건지 어떻게 상상할 수가 있어?"

아버지가 마음이 좀 진정되었는지 허공을 올려다본 채 중얼거렸다.

"학교를 그만둔다고요? 그럼 두 여자가 어떻게 살아요, 험한 세상인데? 그렇다고 여자로 살기로 한 이상 고향으로 돌아갈 수도 없을 거고……."

어머니가 낯을 찌푸렸다.

"여자 둘이서 살아가기엔 참 험한 세상이지. 더구나 하얼빈은 연고도 없는 타국의 대처인데……."

아버지는 말끝을 흐리며 생각에 잠겼다. 그러다 좋은 생각이 났는지 얼굴이 밝아졌다.

"상하이로 가라고 할까? 당숙이 상하이에서 큰 호텔을 하시잖아. 들리는 얘기로는 상하이 임시 정부 일도 좀 돕고 계시다고 하던데. 사촌 형들도 거기 있으니까 소개장을 써 주면 두 여자 자리 잡는 건 어렵지 않을 것 같은데."

어머니는 아버지의 말에 반색을 했다. 이 선생이 여자라는 걸 안 순간부터 이 선생이 아버지에 대해 여자로서 감정을 가지고 있었겠지 하는 생각을 떨칠 수 없었기 때문이었다. 이 선생이 가까운 하얼빈에 자리를 잡는 건 아무래도 찜찜했다.

"그게 좋겠네요. 그런데 두 여자가 각자 헤어져 살겠다고 하는 건 아니겠지요?"

어머니에겐 여자가 된 이 선생이 혼자라도 하얼빈에 남아 있겠다고 하면 어쩌나 하는 걱정이 있을 수밖에 없었다.

"그럼 안 되지. 이 선생이 아무 죄 없는 여자의 인생을 망쳐 놓은 건데.

부부로 만났지만 자매가 되어서라도 책임을 져야지."

이 선생과 어머니 아버지는 토요일 일찍 하얼빈으로 출발했다. 이 선생과 아버지의 관계는 무척 어색해져 있었다. 후배 남선생이라고 생각하고 가까이 지냈는데 하루아침에 여자가 되었으니 그럴 수밖에 없었다.
이 선생의 부인이 있다는 음식점은 역마차 종점에서 얼마 떨어져 있지 않았다. 음식점이 다가올수록 이 선생의 표정은 굳어져 갔다.
"이 선생하고 나는 저 찻집에 있을 테니까 당신이 먼저 제수씨를 만나봐요."
아버지가 음식점 건너편의 찻집을 가리켰다. 어머니는 길을 건너는 두 사람을 지켜보다 돌아섰다. 식당에 들어서자 카운터에 앉아 있던 새댁이 어머니를 알아보고 '어머' 하며 벌떡 일어나 도망치려 했다. 어머니는 얼른 새댁의 손목을 잡았다.
"전 돌아갈 생각 없어요. 그럴 거라면 이렇게 나오지도 않았어요. 그러니까 그냥 이대로 지내게 내버려 두세요."
이 선생 부인이 울먹이며 손을 뿌리치려 했다.
"돌아가자고 말하러 온 거 아녜요. 그런 얘기라면 이 선생이 직접 오지 뭐 하러 내가 오겠어요. 잠깐 얘기 좀 해요."
새댁은 하는 수 없이 고개를 끄덕이며 빈 방으로 어머니를 안내했다.
"이러면 안 되지만 도저히 더 이상 참을 수가 없었어요."
방으로 들어서자 새댁이 눈물 바람을 하며 그간에 겪은 서러움을 푸념처럼 털어놓았다.

"새댁은 아무 잘못 없어요. 그리고 돌아갈 필요도 없어요, 그런데 만약에 말예요, 이 선생이 남자가 아니고 여자라면 어떡하겠어요?"

어머니는 새댁의 등을 토닥이며 살짝 떠보았다.

"그런 일이 있을 리가 없잖아요? 그 사람이 여자……."

새댁이 짚이는 게 있는지 말을 하다 뚝 끊으며 어머니를 뚫어져라 보았다.

"그래요. 이 선생 남자가 아니라 여자예요. 여자로 태어났는데 여자 성기 윗부분에 손가락처럼 긴 혹이 달려 있었대요. 손이 귀한 집안이다 보니까 그냥 아들로 키운 거죠."

어머니의 말에 새댁이 철퍼덕 주저앉으며 눈을 크게 떴다. 흰자위가 드러나는 게 기절이라도 할 것 같아 어머니는 얼른 찻잔에 찬물을 따라 주었다.

"하…… 세상에……. 간혹 속옷에 피가 묻어 있곤 해서 치질이 심한가 걱정했는데 그게 생리였군요. 세상에…… 세상에……."

이 선생 부인이 속이 타는지 찬물을 벌컥벌컥 들이키고는 중얼거렸다. 어머니는 새댁에게 이 선생한테 들었던 얘기를 있는 대로 전했다. 새댁은 처음에는 몹시 흥분한 것 같았는데 이야기를 마칠 때쯤엔 허탈한 표정이 되어 있었다.

"괜찮아요?"

새댁의 허탈한 표정이 좀 정신이 나가 있는 것 같기도 해서 어머니가 걱정스럽게 물었다.

"괜찮아요. 어쩌겠어요, 이미 엎질러진 물인데……. 차라리 후련해요.

저는 소박을 맞은 거라고 생각해서 하늘이 무너지는 것 같았어요……. 그래도 소박맞은 건 아니잖아요?"

새댁이 힘없는 목소리로 말하며 희미하게 웃었다.

"그럼요. 이렇게 참하고 예쁜 새댁이 왜 소박을 맞아요. 이 선생 더 이상 남자로 살기 싫다고 학교에 사표 냈어요……. 어떻게 하겠어요, 이 선생 저 길 건너 찻집에 와 있는데…… 한번 만나 보겠어요?"

어머니가 조심스럽게 물었다.

"그 사람 남자로서 한 짓은 정말 미워서 용서가 안 돼요. 하지만 여자로서 겪었을 마음고생은 같은 여자로서 충분히 이해가 되기도 해요."

새댁이 말하며 고개를 끄덕였다.

세 사람은 저녁 시간이어서 자리를 찻집에서 식당으로 옮겼다. 이 선생은 새댁을 만나러 방으로 들어가고 아버지와 어머니는 객청에서 국밥을 시켜 먹었다.

이 선생과 새댁은 국밥을 다 먹고도 한 시간쯤 지나서야 손을 잡고 나타났다. 둘 다 눈이 퉁퉁 부어 있는 게 서로 붙들고 많이 운 모양이었다.

"두 자매 분 보기 좋아요. 그래 두 분이 상의는 해 보셨어요?"

어머니가 앞에 와 앉는 이 선생과 새댁을 건너다보며 물었다.

"예, 둘이 상하이로 가려고요. 여길 떠나서 하루라도 빨리 새 출발하고 싶어요."

두 여자가 말하며 모처럼 웃었다.

"잘 생각하셨습니다. 이건 당숙께 보내는 소개장이고요, 이건 사촌 큰형님께 보내는 소개장. 그리고 이건 학교 선생님들이 모은 전별금입니다. 당숙과 사촌 형님껜 제가 따로 편지도 보내겠습니다."

아버지가 가방에서 서류와 봉투를 꺼내 이 선생에게 건넸다.

어머니 아버지가 이 선생과 새댁을 마지막으로 본 건 일요일인 그 다음날이었다. 부부에서 자매가 된 두 사람이 역마차 역으로 배웅을 나왔다. 두 사람 다 중국식 여자 옷을 입고 있었고, 이 선생은 짧은 머리카락을 감추려는지 두건 같은 모자를 쓰고 있었다. 여자 옷을 입으니 이 선생은 여자로서도 정말 미인이었다.

"두 자매 분 정말로 참하고 예뻐요."

어머니의 말에 두 여자가 희미하게 웃었다.

상하이로 간 이후 두 여자가 소식을 전해 온 것은 두어 번 정도였다. 그러고는 전쟁 말기라 서로 소식을 전하기도 어려웠다.

다시 두 여자 소식을 듣게 된 건 해방이 되고 나서였다. 아버지는 해방이 되고 집안의 고향인 대전에서 교사를 했다. 아버지 어머니가 설날이 되어 당숙에게 세배를 갔는데 당숙이 두 여자 이야기를 먼저 꺼냈다.

"조카가 보낸 두 여자 똑똑하고 당차서 도움을 많이 받았네. 그런데 해방이 되었는데 굳이 귀국을 거부하고 상하이에 남겠다고 하더군. 먹고 살 만한 장사 밑천을 남겨 주긴 했는데 왜 굳이 귀국을 거부한 건지 이해가 안 돼."

당숙이 고개를 갸웃거리며 묻듯이 아버지를 보았다. 아버지는 두 여자가 상하이에 가기까지의 사연을 자세히 이야기했다.

"허허, 그런 기막힌 사연이 있었구먼. 그럼 그럴 만도 하지. 조국이라고 돌아와도 자기는 아예 존재하지도 않는 사람이니 그거 참."

당숙이 혀를 끌끌 찼다.

## 역사는 사라지지 않고 끊임없이 귀환한다

반세기도 전에 들었던 이야기 속의 두 여자가 내 기억 속에 처음으로 되살아난 것은 이명박 정부 시절 망명 가는 기분으로 쑤저우대 초빙 교수로 갔을 때였다. 쑤저우는 상하이 국제공항에서 내려 공항버스로 두 시간 가까이 가야 했다. 상하이를 지날 때마다 두 여자 생각이 문득문득 났다. 나는 한동안 중국에 온 김에 취재를 해서 두 여자 이야기를 소설로 써 볼까 하는 생각도 했었다.

그런데 도저히 쓸 엄두가 안 나 포기했다. 일본 제국주의는 극단적인 남성주의이고 당시 조선 역시 유교라는 남성주의가 압도하는 사회였다. 이 이중의 중압 속에 있던 여성의 이야기를 남성인 내가 자기 얘기처럼 쓸 수 있을까? 도저히 불가능하다는 생각이 들었다. 남자로 살아온 이 선생이 남자이기를 포기하고 여자이기를 선택할 때, 여자이기를 선택한 이 선생이 자기 때문에 이중 삼중으로 희생된 새댁과 화해할 때, 두 여자가 그를 위해 싸워 왔던 해방된 조국을 포기하고 여자로서의 존재를 선택할 때, 그 자기 존재 전부를 걸 수밖에 없는 감정의 격함과 미묘함을 어떻게 표현해 낼 수 있단 말인가?

한동안 잊고 있던 두 여자가 기억 속에 다시 떠오른 것은 유력한 인사가 성비위 사건으로 무너질 때였다. 두 여자가 다시 "그 조국엔 내가 여자이기를 선택하더라도 설 수 있는 자리가 있나요?"라고 묻는 것 같아 무척 아팠다. 그리고 성비위 사건으로 사퇴한 광역단체장들의 보선이 치러지는 동안 하얗게 눈 덮인 만주 벌판에서 눈보라를 헤치며 돌아오는 두 여자의 모습이 종종 머릿속을 스치고 지나갔다. 모계 역사의 귀환이라고나 할까? 그런데 도대체 무엇이 호명했길래 이 모계의 역사가 돌아오고 있는 것일까?

지난 80년대에서 90년대 초엔 부계의 역사가 귀환하는 모습이 종종 환각처럼 머리를 스치곤 했었다. 눈 쌓인 벌판을 눈보라를 헤치고 오는 남성의 모습, 당신의 제사를 지내고 있는 새벽 문을 벌컥 열고 귀환하는 아버지의 모습 같은 게 종종 머리를 스치고 지나갔다.

광주에 사는 친구가 있다. 그 친구는 고등학교를 중퇴한 이후 줄곧 떠돌이 생활을 하고 있었다. 머리도 비상한 친구가 왜 떠돌이가 되었을까 궁금했는데 그 집을 자주 들락거리다 보니 알 것도 같았다. 그의 집안은 일제 때 만주 이민단 마을에 살았다. 해방이 되어 고향으로 돌아오는데 할아버지부터 손자까지 있는 대가족이라 이동 속도가 느릴 수밖에 없었다. 그런데 삼팔선이 언제 막힐지 모른다는 풍문이 돌았다. 친구의 할아버지는 고향에 씨는 뿌려야 한다고 단신으로 월남하는 고향 사람에게 꼬마였던 친구의 아버지를 딸려 보냈다. 그리곤 대가족은 삼팔선이 막혀 북쪽에 남게 되었다. 그 이후 친구 아버지의 삶은 기다림의 삶이었다. 꼬마 때부터 고향에서 컸지만 남쪽의 삶은 대가족이 돌아와 끊긴 뿌리가 이어질 때까지는 임시의 삶이었다. 친구 아버지는 하루의 많은 시간을 운동과 건강 관리에 쏟았다. 대가족을 만나 임시의 삶이 진짜 삶이 될 때까지 살아서 버텨야 하니까.

살을 맞대고 사는 친구의 어머니가 자기 남편이 자기와 자식 낳고 사는 이 삶을 임시의, 가짜의 삶으로 여긴다는 걸 못 느낄 리가 없었다. 친구의 어머니는 여성으로서 공허함을 느낄 수밖에 없었고, 그 공허함을 종교에 대한 광신과 자식에 대한 집착으로 메우려 했다. 친구가 떠돌이가 된 것은 어머니의 집착에 대한 반발이었다. 그렇게 분단이 아버지에게서 아들로 유전되고 있었다.

아마도 80, 90년대 초에 내 머리를 스치고 지나갔던 아버지의 귀환 이미지는 이 친구의 가족사로부터 온 것이었을 게다. 그리고 그 부계 역사를 호명하여 돌아오도록 한 것은 5.18 민주화 운동과 그것이 불러일으킨 국민적 자각일 것이다. 국민을 지키라고 만들어 놓은 군대가 국민을 향해 총부리를 겨누는 것을 목격하면서 분단 상황에서 진정한 민주주의, 진정한 삶은 가능하지 않다는 자각이 널리 퍼졌다. 이러한 자각이 통일된 근대 민족 국가를 완성하려는 80, 90년대의 민주화 운동, 통일 운동으로 나타났다.

경제적 근대화든 통일된 근대 민족 국가의 완성이든 모든 근대화의 지향은 야만의 문명화라는 패러다임을 바탕에 깔고 있어 계몽주의적 속성을 갖는다. 계몽주의는 늘 지향해야 될 이념적 상을 설정하고 전지적 3인칭 시점으로 말하며 국민을 설득하려 한다. 그래서 80, 90년대는 '경제적 근대화 지향'과 '통일된 근대 민족 국가 완성 지향' 사이에 격렬한 이념적 대립이 일어난 시대이기도 했다.

그런데 2000년대로 들어서면서 전지적 3인칭 시점으로 말하는 계몽주의의 시대, 이념의 시대는 거의 끝나 가고 있다. 정보의 독점을 불가능하게 하는 디지털 기술 혁명의 진전, 극단적 소비 사회로의 이행, 어느 단위도 통제할 수 없는 거대한 위험이 일상화·전면화하는 위험 사회(울리히 벡)로의 진입은 레디메이드의 이념을 전지적 3인칭으로 설파하는 근대적 계몽주의를 무력하게 만들고 있다. 그에 따라 '1인칭으로 말하기'에 익숙한 새로운 세대들이 등장하고 있는데, 새로운 세대의 '1인칭으로 말하기'는 필연적으로 '여성의 1인칭으로 말하기'를 호명해 낼 수밖에 없다. '여성의 1인칭으로 말하기'는 전지적 3인칭으로 말하는 계몽주의 시대에 이중으로 억압되어 있던 '1인칭으로 말하기'이기 때문이다. 지금 모계의 역사를 호명하여 돌아오게 하고 있는 것은 이러한 시대 변화 자체일 것이다.

# 바르샤바의 유령,
# 서울의 유령

위성형 사회, 행성형 사회, 항성형 사회

○
●
●

## 바르샤바의 유령

    10년쯤 전 폴란드 바르샤바 도서전에 갔었다. 내 연작 판타지 동화 「고양이학교」가 번역 출간되어 폴란드 쪽 출판사의 초청으로 간 것이었다. 나는 강연과 사인회 일정 틈틈이 빈 시간에 바르샤바 시가지 여기저기를 걸어 보았다. 대로변에는 서울이나 다른 나라의 대도시처럼 초현대식 고층 빌딩이 늘어서 있는데, 빌딩 뒤로 돌아가면 사회주의 시절의 나지막하고 낡은 건물들이 늘어서 있다. 군데군데 이빨이 빠진 것처럼 비어 있기도 하고 무너지기도 한 낡은 건물들은 몰취미의 집단주의 냄새가 풀풀 났다. 현재와 지나간 낯선 시대를 순간순간 오가야 하는 영화 촬영 세트장의 묘한 느낌 같다고나 할까? 며칠 동안 이러한 시가지를 돌아다니다 보니 언뜻언뜻 이질적인 두 시대의 틈새를 떠도는 유령들을 만난 것 같은 기괴한 느낌이 들었다.

폴란드를 떠나기 전날 저녁 출판사 사장과 맥주를 한잔하며 이야기를 나누었는데, 출판사 사장의 말 속에서도 이 유령들이 언뜻언뜻 느껴졌다. 출판사 사장은 사회주의 시절 소비에트연방의 위성 국가였던 폴란드를 강하게 부정하며 한국식 산업화와 고도성장에 대한 열망을 말했다. 하지만 나에게 인상적인 것은 그 말의 표면적 뜻이 아니라 그 말과 말 사이를 유령처럼 떠도는 어떤 것들이었다. 이질적인 두 시대 어디에도 안착하지 못한 채 찢겨진 정체성, 그로 인한 조바심과 불안, 상처 난 자존심.

사장은 소련의 위성 국가 시절에 입은 자존심의 상처를 이야기했다. 하지만 시장 경제에 편입되어 선발 자본주의 국가 모델 따라가기를 해야 하는 폴란드 역시 위성형 사회는 벗어났다 하더라도 스스로 에너지를 창출하고 빛을 발하는 항성형 사회는 아닐 것이다. 잘 해야 다른 항성의 빛을 받아들이고 반사하는 행성형 사회가 아니겠는가? 자존심 상하는 일이 아닐 수 없을 것이다. 출판사 사장은 폴란드 출신의 음악가 쇼팽과 「쿠오바디스」의 작가 시엔키에비치, 과학자 마리 퀴리, 외국인으로서는 낯선 폴란드 근세의 국가 영웅을 소환하여 그 주위에 찢겨서 뿔뿔이 떠도는 유령들을 모으려 애를 쓰고 있었다. 그렇게 조각조각 모은 유령들이 새로운 시대의 자기 정체성으로 되기까지는 많은 시간이 걸릴 것 같았다.

아마도 일제 강점기와 6.25 전쟁, 분단의 후유증 속에서 서구 모델 따라가기의 급속한 산업화를 추진하던 70년대 초의 한국도 이와 비슷하지 않았을까 싶어 기시감과 동병상련의 감정이 느껴지기도 했다.

## 서울의 유령

몇 달 전 나는 삼성역 부근의 코엑스에 행사가 있어서 가다가 바르샤바 시가지를 산책하며 느꼈던 기괴한 느낌을 받았다. 그곳의 풍경 어디에도 이질적인 두 시대 사이에 찢긴 유령들이 떠돌 만한 틈새는 보이지 않는다. 시원시원하게 뚫린 넓은 아스팔트 도로, 초고층의 무역회관 빌딩과 거대한 UFO처럼 내려 앉아 있는 코엑스 건물, 하얗게 햇빛을 반사하는 아파트 단지, 그 어디에 그러한 틈새가 있을 수 있겠는가? 그런데 그 뒤에 다른 행사가 있어서 코엑스에 또 갔을 때도 다시 기괴한 느낌을 받았다. 이 밑도 끝도 없는 기괴한 느낌은 도대체 어디서 오는 걸까? 혹시 지나간 한 시대가 지나가지 않고 새로이 도래해야 할 한 시대를 짓누르고 있어 보이지는 않지만 그 짓눌린 것들로부터 기괴한 느낌이 뿜어져 나오는 건 아닐까?

그러고 보면 코엑스 주변은 지나간 시대의 핵심을 담고 있는 상징적 풍경을 보여 준다. 서구 모델 따라가기 경제 성장을 추구했던 산업화 시대의 한국은 말하자면 행성형 사회였다. 다른 항성의 빛을 받아들이고 반사하는 행성의 생산 활동은 빛이 비쳐 들어오는 곳을 중심으로 이루어지고 생산성을 높이려면 이 빛이 들어오는 곳으로 모든 역량을 집중해야 한다. 산업화 시대의 한국은 빛 즉 서구의 지식 기술과 자원이 들어오는 통로인 서울을 중심으로 고도로 중앙 집권화되고 사회의 모든 역량이 이곳으로 집중되었다.

코엑스 주변은 서울에서도 항성으로부터 오는 빛이 직접 닿는 중심의 중심부이다. 좀 우스운 비유를 들자면 서양 중세 영화에 자주 등장하는 수도사들의 정수리 같다고나 할까? 서양 중세의 수도사들은 모두 머리 꼭대기 부분을 동그랗게 대머리로 만들었다. 그곳으로 하느님의 은총이 내려오기 때문에 그에 방해가 되는 불순물을 없애기 위해 머리털을 깎는 것이라고 한다.

무역회관 건물은 밖으로부터 비쳐 오는 빛을 향해 꿈틀거리며 솟아오르는 용의 모양이다. 한때 한국을 포함하여 맹렬하게 서구 선진국을 추격해 가는 아시아의 용들이 거론되기도 했었다. 무역회관에 붙어 있는 코엑스 건물과 널찍한 길 양옆으로 들어선 아케이드들은 빛을 타고 오가는 문명의 화려한 전시장이다. 주위 벌판을 가득 채우며 하얗게 햇빛을 반사하는 아파트들은 빛이 닿는 이곳을 중심으로 서열화된 학교 교육에서 성공하여 지식 기술의 성직자가 된 사람들이 사는 곳이다. 이들은 학교 교육에서의 성공과 국가가 혜택을 제공하기도 했던 아파트로 계층 상승을 했기 때문에 대부분 한국의 행성형 사회 시스템을 절대적으로 신봉한다.

그리고 멀리 거대한 말뚝처럼 솟아 있는 123층의 롯데월드타워는 이 풍경이 영원히 지속되기를 바라며 쾅 박아 놓은 대못 같다. 참으로 한 시대를 상징적으로 드러내는 완벽한 풍경이다. 그런데 왜 이 완벽한 풍경이 자꾸 기괴한 느낌을 주는 걸까?

## 지나가지 않는
## 지나간 시대는 기괴하다

　한국 사회가 서구 모델 따라가기를 하는 행성형 사회에서 내부로부터 스스로 에너지와 빛을 창출해 내는 항성형 사회로 나가야만 하는 필연성은 여러 측면에서 확인된다.
　우선 디지털 기술 혁명의 진전이다. 디지털 사회에서는 지식 정보 네트워크가 무한히 확장되고 소통이 자유롭다. 어디에나 디지털 네트워크가 깔려 있기 때문에 예컨대 지리산 화엄사 주지스님의 지식 정보에 대한 접근성이 서울에 거주하는 교수님보다 못할 이유가 없다. 따라서 디지털 사회에서는 새로운 지식 기술이 들어오는 단일한 통로란 성립될 수 없으며, 그것을 근거로 한 서구 모델 따라가기 산업화 시대의 중앙 집권적이고 수직적인 서열 체계는 존재할 이유가 없다.
　또한 코로나19 국면에서 명백해졌듯이 우리에겐 더 이상 따라갈 모델이 없다. 코로나19라는 어느 단위도 통제하기 어려운 위험에 부딪친 상황에서 우리가 그간 모델로 여겨 왔던 나라들이 우왕좌왕하며 혼란을 겪었고 오히려 우리나라가 세계적 모델이 되었다. 한국 사회는 이미 국민 소득이 3만 불을 넘어 선진국으로 진입하였다. 이제 스스로 길을 찾아 나가야 하고 그래서 어쩌면 다른 나라의 모델이 되기도 하며 항성형 사회로 나가야 하는 단계에 이른 것이다.
　코로나19 국면이 또 하나 말해 주고 있는 것은 인류 사회가 어느 단위도 통제할 수 없는 위험이 일상화·전면화되는 위험 사회에 진입했다는 점이다. 지난 산업화 시대의 고도성장은 아무 대가 없이 이루어진 게 아니라 미래의 자연환경과 자원, 생활환경, 미래의 부가 가치를 당겨씀으로써 가능했다. 이제 더 이상 당겨쓸 미래 환경과 자원, 부가 가치가 없는 한계에 이르러 어느 단위도 통제할 수 없는 거대한 위험들이 전면화·일상화되고 있다. 환경 파괴로 인한 기후 변화와 새로운 질병, 가정과 지역 사회의 보호 교육 기능의 공동화로 인한 아이들 성장 환경의 위험, 디지털 자동화의 급진전으로 인한 대량 실업의 위험, 미래 부가 가치를 당겨쓰는 부채 경제의 한계로 인한 만성적 경제 위기. 이렇게 통제할 수 없는 거대한 위험이 일상화·전면화할 때 그에 대응하는 기본 단위는 어쩔 수 없이 생활 공동체인 지역일 수밖에 없다. 서울을 중심으로 고도로 중앙 집권화되고 서열화된 시스템은 위험 사회에서 그 유효성을 상실해 가고 있다.

위와 같은 필연적 이유들만으로 보자면 한국 사회는 벌써 서구 모델 따라가기 산업화 시대의 행성형 시스템을 넘어서 내부로부터 에너지와 빛을 창출해 내는 항성형 사회 시스템으로의 전환이 시작되었어야 한다. 그런데 한국 사회는 여전히 행성형 시스템에 머물러 서울을 중심으로 고도로 중앙 집권화·서열화되어 있고, 그 경직된 시스템에서의 획일적 경쟁이 극에 달해 교육과 아파트로 대표되는 부동산 시장은 사회적 전쟁 상태로 치닫고 있다. 항성형 사회로의 시스템 개혁 시도가 없는 것은 아니지만 기득권에 눌려 늘 지지부진하다.

코엑스 일대의 풍경이 기괴하게 느껴지는 이유는 미래로 향한 개혁이 번번이 좌절되는 것을 보아 온 나의 경험 때문일 것이다. 지나가지 않고 완강하게 버티고 있는 지나간 시대는 기괴하다. 나에게 코엑스 일대의 풍경은 지나가지 않는 지나간 시대의 상징처럼 다가온다.

## 화려한 소멸?

그런데 '지나가지 않고 완강하게 버티고 있는 지나간 시대'의 영향은 단순히 기괴한 느낌으로 인한 불편함 정도에서 그치는 걸까? 아니면 치명적인 문제를 야기하는 것일까?

'지나가지 않고 완강하게 버티고 있는 지나간 시대'의 영향은 불행히도 기괴하고 불편한 느낌 정도에 머물지 않고 치명적 문제를 야기한다. 나는 정책과 관련하여 과거와 현재의 사실들을 객관적으로 보여 주는 통계들을 들여다보다가 문득문득 섬뜩함을 느끼곤 한다. 섬뜩함은 '치명적임'의 다른 표현일 것이다. 예컨대 다음과 같은 출산율 변화를 보여 주는 통계 도표는 거기 매우 악의적이고 강력한 유령이라도 들어 있는 것처럼 섬뜩하다.

다음 그래프를 보면 밑부분에 있는 고소득 국가들의 출산율은 60~70년대에 급격히 떨어진 이후 2.0에 근접하는 선으로 수렴해 가고 있고, 중간 부분에 있는 중상 소득 국가는 70~80년대에 출산율이 급격히 떨어진 후 역시 2.0 선으로 수렴해가고 있다. 출산율이 2.0에 근접한다는 것은 인구학적으로 지속 가능한 사회란 뜻이다.

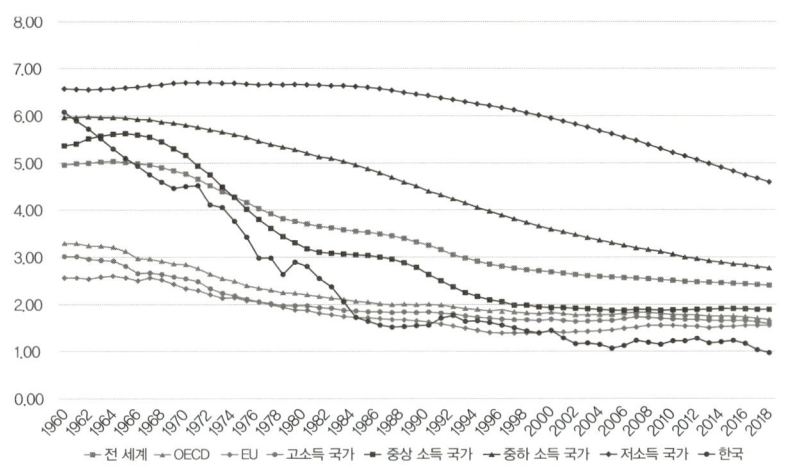

**합계 출산율(1960~2018)**

【참고】 고소득 국가: 2019년 1인당 GNI $12,536 이상, 중상 소득 국가: 2019 1인당 GNI $4,046~$12,535, 중하 소득 국가: 2019년 1인당 GNI $1,036~$4,045, 저소득 국가: 2019년 1인당 GNI $1,035 이하
【자료】 World Bank(https://data.worldbank.org/indicator/SP.DYN.TFRT.IN, 2021년 2월 10일 추출)

    그런데 한국은 60년대 산아 제한 정책으로 출산율이 일정 비율로 떨어지고, 70~80년대에 출산율이 불규칙하게 급격히 감소한 이후에도 계속 떨어져 1.0 아래로 내려가고 있다. 2020년에는 출산율이 0.84까지 떨어졌다. 출산율이 1 이하로 떨어진다는 것은 한국이 전 세계에서 유일하게 인구학적으로 소멸해 가는, 그것도 매우 빠른 속도로 소멸해 가는 사회라는 것을 뜻한다.
    한국의 출산율 변화 그래프는 너무 특이해서 마치 보이지 않는 유령이 악의를 가지고 그래프를 아래로 내려가도록 누르고 있는 것 같은 느낌이 든다. 이 보이지 않는 유령의 정체는 과연 무엇일까? 그건 바로 '지나가지 않고 완강히 버티고 있는 지난 시대'가 아닐까? '지나가지 않고 완강하게 버티는 지나간 시대'는 한국 사회의 미래를 빠르게 지상에 존재하지 않는 유령으로 만들어 가고 있다.

코엑스 일대의 웅장하고 화려한 풍경이 기괴한 느낌을 주는 것은 그 풍경의 내면에 숨어 있는 소멸 때문이다. 소멸을 향해 가고 있는 사회는 그 겉모습이 화려할수록 더 기괴하고 섬뜩할 수밖에 없다.

## 괴물은 당신의 밖에 있는 게 아니다

우리는 이미 한국 사회의 화려한 소멸에 대한 강력한 경고장을 받은 바 있다. 2014년의 세월호 참사가 그것이었다. 화려한 모습의 유람선 세월호는 기실 '지나가지 않은 지나간 시대'의 낡은 시스템일 뿐이었다. 이 무쇠의 완강한 시스템에 갇혀 우리의 미래라고 할 수 있는 250명의 아이들이 목숨을 잃었다. 한국 사회의 화려한 소멸에 대한 이보다 더 강력한 경고장이 어디에 있겠는가? 이 경고장을 앞에 두고 천만이 넘는 국민들이 추운 겨울을 각성의 촛불로 밝혔고, 그 힘으로 새로운 정부가 들어섰다. 하지만 그 후 4년이 지난 지금 그 경고와 각성의 생생함은 희미해지고 방향 감각도 흐려져 좀 혼란스러운 느낌이다. 왜 이렇게 되었을까? 그건 아마도 '지나가지 않은 지나간 시대의 시스템'을 넘어선다는 것이 무엇인가에 대한 치열한 이해가 부족하고 나이브했기 때문이 아닌가 싶다.

시고니 위버가 주인공으로 나오는 에일리언 영화 시리즈의 초기 작품들은 에일리언이 우주선 승무원의 몸 밖 우주선 어딘가에 있다. 그래서 승무원들은 자기 밖에 있는 괴물들과 싸운다. 절차적 민주주의를 확보하기 위해 노력했던 80, 90년대 초중반은 이 승무원의 몸 밖 우주선 어딘가에 있는 괴물과 싸우는 상황과 비슷하다. 극복해야 할 대상도 분명하고, 극복에 도움이 되는 힘들과 방해가 되는 힘들이 명확하게 구분된다.

에일리언 시리즈의 후기 작품으로 가면 에일리언은 승무원의 몸 밖에 있는 게 아니라 몸 안에 있고, 승무원의 몸 안에서 몸 밖으로 태어난다. 그중에서도 에일리언의 여왕은 시고니 위버의 자궁에서 성장하여 태어나고 심지어는 모체인 시고니 위버에 대해 애증의 감정을 가지고 있다. 괴물이 승무원의 몸 안에 있는 건지 밖에 있는 건지 모호한 상황에서의 에일리언과의 싸움은 공포의 연속이다. '지나가지 않는 지나간 시대의 시스템'을 극복하기 위한 싸움은 아마도 이와 같은 것일 게다. 누구든 그 시스템 속에서 살고 있어 정도의 차이만 있을 뿐이지 낡은 시스템으로부터 자유롭지 않기 때문이다. 나이브한 도덕적 우월주의는 자신의 가슴을 뚫고 나오는 괴물에 의해 산산이 부서져 본의 아니게 참담한 결과를 가져올 수도 있다.

절차적 민주주의 확보를 위해 분투했던 80, 90년대에는 생각의 변화와 생각의 차이가 중요했다. 극복해야 할 대상을 분명히 하고 도움이 되고 방해가 되는 힘을 명확히 구분하는 게 필요했으니까.

하지만 '지나가지 않는 지나간 시대의 시스템'을 넘어서는 게 과제인 지금은 생각의 변화나 차이가 그렇게 중요하지는 않다. 나와 당신 가슴속에 어떤 괴물이 들어 있는지 알 수 없는데 어떻게 표면에 드러난 생각을 무조건 믿을 수 있겠는가? 안팎이 구분되지 않는 이 난감한 괴물을 포착해 내고 싸우기 위해서는 느끼고 생각하고 말하는 방법 자체를 바꾸는, 말들을 모아 내는 방식 자체를 바꾸는 좀 더 근본적이고 치열한 변화가 필요하다. 그것은 어쩌면 이제까지의 보수니 진보니 하는 구분을 훨씬 넘어서는 어떤 것인지도 모른다.

# 다양성이란 거짓말

## 그게 커밍아웃을
## 해야 할 일인가요?

지지난 해던가 애니메이션 제작사를 하는 여성이 내 동화 「고양이학교」를 애니메이션으로 만들어 보고 싶다고 찾아왔다. 그리 크지 않은 제작사여서 전부 열여섯 권이나 되는 대작을 애니메이션으로 만들 수 있을까 하는 의문이 들었다.

그런데 「고양이학교」가 처음 나왔을 때부터 점을 찍어 놓고 조마조마하게 마음 졸이며 기다리고 있었다고 했다. 그간 「고양이학교」를 애니메이션으로 만들어 보겠다고 접촉해 왔던 크고 작은 애니메이션 제작사들을 죽 꿰고 있는 게 정말인 것 같았다. 그래서 왜 「고양이학교」를 그렇게 애니메이션으로 만들어 보고 싶어 하는 거냐고 물었다.

"「고양이학교」 1부 주인공 여자애 세나가 자폐아잖아요? 저희 딸애가 자폐예요. 세나가 세상을 구하는 특별한 사명을 가진 존재여서 자폐로 태어났고, 그 사명을 이루면서 자폐에서 벗어나잖아요? 「고양이학교」가 워낙 재미도 있고 감동적이기도 하지만 저는 특히 세나 얘기를 읽으면서 막 울었어요. 그래서 우리 부부에게 「고양이학교」를 애니메이션으로 만들어 보는 게 꿈이 되었죠. 그간에는 너무 영세한 회사라 감히 만들어 보겠다고 말을 건네기가 어려웠어요. 이제 극장용 애니메이션도 만들어 봤고 해 볼 만하다 싶어서 찾아왔습니다. 그간 다른 제작사에서 먼저 하면 어쩌나 정말 마음 많이 졸였어요. 다른 사람한테 우리 애가 자폐라고 커밍아웃을 해 보는 것도 참 처음이네요. 커밍아웃을 안 해서 그렇지 자폐인 아이를 둔 부모들이 의외로 많아요."

애니메이션사 사장이 눈물을 글썽이며 말했다.

"허 참, 그러시군요. 그런데 자기 아이가 자폐라는 게 커밍아웃을 해야 하는 일인가요? 벌써 한 십 년은 되어 가는데 영국에서 영국인과 결혼해서 사는 교포 여자 분이 찾아와 점심을 같이한 적이 있었어요. 「고양이학교」를 남편과 함께 영어로 번역한 분이죠. 번역하면서 가장 어려운 게 뭐냐고 물었더니 참 뜻밖의 대답을 하더군요. 「고양이학교」에서는 세나가 자폐여서 세나 엄마가 이혼을 하게 되고 집안 분위기도 어두운 걸로 나오는데, 그걸 그대로 번역하면 영국 독자들은 이해할 수 없을 거라고 합디다. 영국에선 자폐란 걸 전혀 부끄럽게 여길 이유가 없고 국가적으로 다

뒷받침을 해 줘서 그거 때문에 집안 분위기가 어두울 이유가 없다는 거예요. 그런데 우리나라에선 그게 커밍아웃을 해야 하는 일이라니 참 근래 구두선처럼 얘기하는 다양성이니 차별 철폐니 하는 말들은 다 거짓말인 것 같습니다. 다름을 차이로 인식하여 차별하지 않고 다양성으로 인식하여 존중한다. 참 말은 좋은데 다양성이 너무 허용되지 않는 사회이다 보니 다양성이란 말을 많이 하는 건지도 모르겠습니다."

"하…… 영국은 그렇군요. 부럽네요. 우리 애랑 거기 가서 살고 싶어요."

애니메이션사 사장이 꿈이라도 꾸듯이 먼 곳을 보았다.

## 구아라니족의 '1'의 철학

"「고양이학교」를 쓰고 프랑스어로 번역되어 앵코륍티블 상인가요? 그런 상도 받고 했는데 그러면서 겪은 어려움 같은 건 없었나요?"

애니메이션사 사장이 말머리를 돌렸다.

"어려운 일이 많았죠. 자기 아이가 자폐아인 걸 커밍아웃해야 하는 상황과 비슷한 어려움입니다. 구아라니족의 '1'의 철학이 자주 머리를 스치더군요."

"구아라니족이요? '1'의 철학이 뭔데요?"

애니메이션사 사장이 눈을 반짝였다.

"구아라니족은 안데스 산맥을 떠돌며 사는데, 사람들 눈에 거의 띄지 않는 신비한 부족으로 알려져 있습니다. 그런데 수십만 년 동안 마르지 않던 산정의 호수가 마른다든지 하는 환경 이변이 일어나면 거의 예외 없이 모습을 나타낸다고 하더군요. 구아라니족은 세상이 환경 파괴 등으로 머지않아 망할 거라고 믿고 그걸 예측하며 안데스 산맥의 환경 이변이 일어나는 장소에 어김없이 모습을 나타낸다는 겁니다. 참 신비한 부족이죠? 구아라니족은 세상이 망하는 원인을 모든 걸 하나로 동일화하고 획일화해 가는 '1'의 논리 때문이라고 생각하고 이 '1'의 논리에서 벗어나야 세상이 망하는 걸 막을 수 있다고 믿는답니다. 그래서 세상의 위기와 '1'의 논리에서 벗어나야 함을 알리는 걸 자기 부족의 사명이라고 믿고 환경 이변이 일어나는 장소를 예측해서 찾아다닌다는 거죠."

"와, 정말 신비한 부족이네요. 그 '1'의 철학도 정말 매력적이에요, 설득력도 있고. 저도 구아라니족 하고 싶은데요, 자격이 될지 모르겠지만."

"자격이야 뭐 '1'의 철학을 신봉하면 되는 거 아니겠어요? 그럼 저랑 구아라니족 하시죠 뭐."

"그래요. 선생님이 족장 하세요. 저는 부족원 할 테니까."

애니메이션사 사장이 모처럼 환하게 웃었다.

"그런데 왜 구아라니족의 '1'의 철학을 떠올리셨어요?"

애니메이션사 사장이 잠시 생각에 잠겨 있다가 물었다.

"「고양이학교」를 쓰게 된 동기부터 구아라니족의 '1'의 철학과 통하는 게 있어요."

"「고양이학교」를 쓰게 된 동기가 뭔데요?"

"우리 산업화 세대는 뼛속까지 '1'의 논리에 젖어 있는 족속들이죠. 우리 산업화 세대 생각의 구조가 갖는 가장 큰 특성은 머리의 지위가 대단히 높고 몸의 지위가 대단히 낮다는 겁니다. 머리 즉, 정신적 가치, 이성적 가치는 대단히 높게 평가하고 몸의 가치는 대단히 낮게 평가하죠. 그래서 몸의 욕구는 천한 거니까 늘 정신에 의해 통제되고 억눌러야 한다고 생각해요. 우리 산업화 세대의 가치관은 이러한 생각의 구조를 바탕으로 해서 형성되어 있죠. 이성을 가진 인간은 신처럼 자연으로부터 초월해 있는 우월한 존재여서 비이성적인 존재인 자연을 마음대로 이용하고 조작해도 된다고 생각하고, 더 이성적으로 문명화된 서구인은 덜 문명화된 아시아인, 야만 상태인 다른 지역 사람보다 우월해서 다른 지역을 지배해도 된다고 생각합니다. 그런 생각이 현실화된 게 환경 파괴고 지난날의 식민 지배고 지금의 인종 차별이죠. 우리 사회 내부적으로 봐도 서구의 새로운 지식을 더 많이 암기한 사람이 더 이성적이고 우월한 사람이라고 생각해서 획일적 시험 점수에 기반한 학벌이 형성되고, 서구 문명의 수입 통로에 가까운 서울이 지방보다 우월하다고 생각해서 지역 불균형이 일어나고, 자폐인 아이들에 대한 차별도 그런 의식 구조에서 나오는 거 아니겠어요? 정상인이 자폐인 사람보다 더 이성적이어서 높고, 자폐인 사람은 비이성적 존재라서 부끄럽게 여겨야 한다고 생각하는 것 아니겠습니까? 우리 산업화 세대는 생각의 구조 자체가 구아라니족이 세상이 멸망해 가는 원인이라고 지목한 '1'의 논리로 짜여져 있는 셈이죠."

"어이구 그러면 우리는 구아라니족 될 자격이 애초에 없는 건데요?"

애니메이션사 사장이 얼굴을 찌푸렸다가 웃으며 말했다.

"뭐 그런 식으로 말하면 세상이 이 모양인데 구아라니족인들 구아라니족 자격이 있겠습니까? '1'의 논리를 벗어나기 위한 끊임없는 자기 성찰만 있으면 되는 거죠."

"그런데 그런 우리 산업화 세대 생각의 구조가 「고양이학교」를 쓰게 된 동기와 무슨 상관이 있죠?"

"글쎄 이야기를 더 들어 보세요. 그런데 90년대 초에 아이들이 우리 산업화 세대의 '1'의 논리에 대해 처음으로 반란을 일으켰거든요. 90년대 들어 몇 년 사이에 아이들이 정말 이해할 수 없게 질적 변화를 했습니다. 그때 왕따, 학교 폭력, 교실 붕괴 같은 말을 언론에서 대대적으로 떠들기 시작했죠. 그래서 이건 참 중대한 문제다 싶어 아이들이 어떻게 변했는지 왜 변했는지 추적을 해 보았었죠."

"아이들이 어떻게 변했는데요?"

"뭐 그걸 추적하는 과정까지 이야기하자면 너무 길어지니까 결론만 말씀드리면 아이들 생각의 구조에서 몸의 지위가 높아지고 상대적으로 머리 즉 정신 이성의 지위가 낮아지는 변화가 놀랍게도 불과 사오 년 사이에 일어났습니다. 아이들 생각의 구조가 상대적인 것이긴 하지만 우리 산업화 세대 생각의 구조와는 반대 방향으로 바뀐 거죠. 이렇게 되면 아이들이 학교 시스템과 정면 충돌할 수밖에 없어요. 근대 학교 교육 시스템은 우리 산업화 세대 생각의 구조를 그대로 제도화해 놓은 거니까요. 국민으로부터 자녀 교육의 권한을 위임받은 국가, 그 교육권을 위임받아 행사하는 학교장과 교사는 머리 즉, 이성의 지위를 갖죠. 학교 시스템에서 몸은 아이들이에요. 이성에 의한 몸의 통제 체제죠. 이게 근대 훈육 교육 시스템입니다. 아이들 생각의 구조에서 몸의 지위가 높아지면 아이들의 요구나 가치가 매우 다양해집니다. 몸의 욕구란 건 사람마다 다르고 다양한 거니까요. 이렇게 요구와 가치가 다양해진 아이들이 모든 걸 하나로 동일화하고 획일화해 가는 훈육 교육 시스템을 견디긴 어려운 거죠. 그래서 아이들이 '1'의 논리에 저항하기 시작한 거죠."

"재미있네요. 그런데 여전히 그게 어떻게 「고양이학교」를 쓰게 된 동기가 되는지는 잘 모르겠는데요."

"역사적으로 보면 신화가 몸의 지위가 가장 높은 생각의 구조를 가지고 있어요. 그래서 아이들 생각의 구조에서 몸의 지위가 높아졌다면 우리 산업화 세대보다는 훨씬 더 신화를 친근하게 느끼고 어쩌면 판타지 장르가 아이들의 중요한 코드가 될 수도 있겠구나 하는 생각을 했죠. 생각의 구조에서 몸의 지위가 높아진다는 게 구체적으로 뭘까 궁금해서 90년대 초부터 동북아 신화 공부를 한 십 년 가까이 했어요. 그리고 2000년에 복직해 보니까 아이들이 수업 시간에 몰래몰래 보는 책들이 거의 다 판타지더군요. 그런데 너무 엉터리더라고요. 그래서 판타지 장르를 통해 아이들과 제대로 소통을 해 보자 하고 쓴 게 「고양이학교」입니다."

## '1'의 논리가 만드는 시장의 철벽

"글쎄요, 그렇게 아이들의 변화하는 코드를 예측해서 신화 공부를 하고 「고양이학교」를 썼는데 그 예측이 맞았으면 작가로서 대박이지 어려움은 아닌 것 같은데요? 선생님 혹시 은근히 자랑하시는 건 아니겠죠?"

애니메이션사 사장 말에 나는 하하 웃었다.

"어려움은 책을 내고부터죠. 출판사에서 신문 전면 광고도 하고, 읽어 본 아이들이 거의 외울 때까지 다시 읽을 만큼 재미있다고 하는데 도무지 책이 잘 팔리질 않더군요. 나는 나대로 신화 공부까지 치면 10년 넘는 세월을 들인 거고, 출판사는 출판사대로 1부만 해도 5권의 대작이라 광고비까지 포함하면 투자한 돈이 만만치 않은데 참 난감하더군요. 도무지 이유를 알 수가 없었어요. 그런데 「고양이학교」에 대해 강연을 몇 군데 가다 보니까 이유를 알겠더라고요. 동화의 독자는 아이들인데 책을 구매하는 사람은 부모잖아요. 강연에 왔으니 일단은 우호적인 분들이라고 볼 수 있는데도 부모님들은 「고양이학교」에 대해 매우 적대적이었어요.

산업화 세대인 부모님들은 이성 중심의 사고를 하니까 동화는 우선 아이들의 현실을 이야기해야 되고 삶에 도움이 되는 교훈을 담고 있어야 한다고 생각하는 거예요. 판타지 동화는 현실 도피라고 생각해서 애초에 거기 담긴 가치가 무엇인지 어떤 생각을 어떤 방식으로 이야기하려는 건지 알려고도 하지 않아요.

그리고 판타지 동화를 이해한다고 하는 학부모님들도 '그거 미신 아녜요?' '그게 왜 우리 신화예요? 뭐 하러 그런 신화 가지고 동화를 쓰셨어요?' 하는 질문을 많이 합디다. 「해리 포터」나 「반지의 제왕」 같이 샤머니즘 신화를 바탕으로 한 서구의 판타지 동화는 우월한 '문화'이고 우리 샤머니즘 신화를 바탕으로 쓴 판타지 동화는 버려야 할 '미신'이라고 생각하는 거죠. 서구 중심의 '1'의 논리가 참 무섭더군요. 또 압록강, 두만강을 넘어선 만주나 시베리아 지역의 신화는 우리 신화가 아닌데 왜 그런

야만적인 지역의 신화까지 바탕에 깔고 작품을 썼느냐는 거죠. 근대 국가주의라는 강력한 '1'의 논리도 참 무서운 벽이더군요. 신화시대에는 그런 국경이 있었던 게 아니거든요. 만주, 시베리아, 한국 등이 한 신화권이었죠. 어린이 문학판 전문가들의 반응도 일반 부모님들과 별로 다르지 않았어요.

모든 것이 이성적인 하나의 가치로 동일화되어야 한다는 '1'의 논리, 이성적으로 문명화된 서구, 덜 문명화되어 더 문명화되어야 하는 한국, 문명화되지 않아 야만에 가까운 지역이라는 서구 중심의 '1'의 논리, 근대 국가 중심의 '1'의 논리가 어마어마한 현실의 벽으로 다가왔습니다. 그게 그냥 관념적으로 그런 벽이 있을 거야 하는 것하고 내 전부를 건 실체를 가지고 벽에 부딪쳤을 때하고는 느낌이 전혀 다르더군요. 손에 만져지는 넘을 수 없는 철벽이 앞을 턱 가로막은 느낌이라고나 할까요? 절망적이더군요. 「고양이학교」가 이대로 묻혀 사라지겠구나 싶었죠."

"그런데 「고양이학교」 많이 팔렸잖아요?"

"좀 팔리긴 팔렸죠. 거의 포기하고 있는데 죽지는 않고 조금씩 나가더니 꾸준히 팔리더군요. 왜 그런가 알아봤더니 아이들 사이에 입소문이 나면서 아이들이 용돈을 모아서 책을 사기 시작한 거더군요. 아이들과 부모님들 사이에 일종의 문화 투쟁이 벌어졌다고나 할까요? 아이들 덕분에 겨우 살아남았어요. 「고양이학교」는 아이들 덕을 많이 봤어요. 프랑스 앵코립티블 상도 연령대 별로 이삼만 명의 아이들이 참여해서 직접 읽어 보고 토론한 다음 투표로 수상작을 뽑거든요. 아이들이 직접 투표하는 방식이 아니고 어른들이 선정하는 거였다면 콧대 높은 프랑스 사람들이 나 같은 외국 작가에게 상을 주겠어요? 앵코륍티블 상을 받고 기분이 나빴다면 거짓말이겠지만 좀 씁쓸했어요. 앵코륍티블 상을 받으니까 국내에서도 「고양이학교」를 좀 인정하는 분위기가 되었는데 참 서글프잖아요? 최초의 한국형 판타지 연작 동화라고 하는 「고양이학교」가 서구 어느 나라에서 받은 상의 권위를 빌어 겨우 한국에서 인정을 받는다는 게 말입니다. 나는 좀 세월이 지난 다음에 한국 아동 문학에서 「고양이학교」가 지워져 있다고 하더라도 별로 놀라지 않을 겁니다. 충분히 그럴 수 있어요. '1'의 논리는 그만큼 무서운 거죠."

## 차이를 다양성으로 포용하는 개혁을 하겠다고?

"선생님이 너무 비관적으로 보시는 거 아니에요?"

"비관적으로 보는 게 아니라 강을 건너려면 강물의 어디가 얼마나 깊은지를 정확히 알아야 한다는 거죠. 예를 들어 보면 우리나라 다문화 인구가 벌써 200만이 넘었어요. 전체 인구의 4% 정도죠. 농촌 지역 학교는 다문화 가정 아이들이 더 많은 경우도 있습니다. 지금 같이 출산율이 낮아 급격히 인구가 줄어들면 어쩔 수 없이 취업 이민을 받을 수밖에 없고 다문화 가정 비율은 **빠른** 속도로 늘어날 겁니다."

"벌써 200만이 넘었군요."

"그래요, 다문화 가정 아이들이 많은 농촌의 학급을 한번 생각해 보세요. 이 아이들에게 예컨대 중앙에서 시간 배정과 도달해야 할 학습 목표, 도달해야 하는 높은 성취 수준을 빽빽하게 정해 내려보내는 국어 교육과정과 교과서는 어떤 의미를 갖겠습니까? 다문화 가정 아이들은 정해진 시간에 그 국어 교육과정의 성취 수준에 애초에 도달하는 게 거의 불가능합니다. 그러니까 '1'의 논리에 따라 중앙에서 모든 걸 결정해 획일적으로 내려보내는 국어 교육과정과 국어 교과서는 결과적으로 다문화 가정 아이들에게 '너희들은 애초에 안 되는 애들이야.'라고 낙인찍어 배제하는 결과를 가져옵니다. 다문화 가정 아이들의 다름을 다양성으로 포용하려면 '1'의 논리에 따라 중앙에서 모든 걸 결정해 내려보내는 현재의 국어 교육과정 체제를 많은 부분 해체하고 학생들의 상황에 맞게 교수 학습을 할 수 있도록 학교에 대폭 권한을 넘기고 자율성을 주어야 합니다. 그런데 이게 쉽겠습니까, 어쩌면 '1'의 논리에 따른 중앙 집권적인 국어 교육과정 체제 자체, 더 나가 중앙 집권적인 산업 사회 교육 체제 자체를 흔드는 걸 수도 있는데. 다름을 차이로 보아 차별하지 않고 다양성으로 포용하는 개혁이란 건 우리 사장님이 자기 아이가 자폐란 걸 전혀 의식하지 않고 살아갈 수 있는 사회를 바라는 것만큼이나 멀고 험한 길을 가야 하는 일이지요. 「고양이학교」의 고양이들이 영혼의 산을 찾아가는 긴 여정처럼 말입니다. 그래도 우리의 고양이들은 씩씩하고 즐겁게 그 길을 가잖아요."

개혁을 말하는 사람들 중 상당수는 모든 걸 하나로 동일화하고 획일화해 가는 '1'의 논리, 그 결과물인 차별, 학벌 등을 무지나 시스템의 오작동으로 인해 나타난 실수로 생각하고 이 부분적 실수를 바로잡으면 좋아질 거라고 생각하는 경향이 있다. 그래서 다른 사람도 다 아는 것을 고압적으로 계몽하려 들고, 매우 초연한 위치에서 마음만 먹으면 할 수 있는 걸 어떻게 하나도 안 하냐고 분노하기도 한다. 그리고 개혁적 일을 맡으면 남의 핑계를 대며 쉽게 포기하거나, 다양성을 '1'의 논리가 허용하는 범위 안에서의 다양성으로 축소시켜 낡은 체제의 장식품으로 만들어 버린다.

　모든 것을 하나로 동일화하고 획일화하는 '1'의 논리는 결코 무지의 결과로 나타난 게 아니고, 차별 체계와 학벌 같은 그 결과물들은 결코 시스템의 오작동으로 나타난 게 아니다. '1'의 논리는 산업 사회가 전쟁과 같은 극단적 폭력을 포함하는 총력을 기울여 구축한 논리이며, '1'의 논리를 실현하는 고도로 중앙 집권적인 국가 체제, 세계 체제가 총력을 기울여 만들어 낸 것이 차별 체계와 학벌 같은 결과물들이다. 그리고 개혁을 추구하는 사람 역시 이 '1'의 논리를 끊임없이 재생산해 내는 체제에 발을 디디고 있으며 거기로부터 자유롭지 않다. 그런데 모든 것을 하나로 동일화하고 획일화하는 '1'의 논리를 넘어서 '다름을 차이로 보아 차별하는 게 아니라 다양성으로 보아 상호 존중하는' 방향으로의 아름다운 개혁이 가능할까? '1'의 논리가 더 이상 작동할 수 없는 한계에 도달해 세상이 명백한 파국에 이르기 전에는 사람들이 그로부터 돌아설 것 같지 않고, '고양이학교'니 '국가교육위원회'니 하는 나의 노력들은 자취도 없이 사라져 도로에 그칠 것만 같다. 그런데 왜 나는 이런 일을 계속해서 하는 걸까?

　아마도 그것이 언젠가는 빛나는 성공을 거두리라 기대해서가 아니라 세상이 파국에 이르러 사람들이 돌아설 때 폐허 속에서 부려져 있는 희미한 이정표라도 발견할 수 있기를 바라기 때문이리라. 그리고 더 있다면, 횡행하고 있는 "'1'의 논리가 허용하는 범위 안에서의 다양성"이 진정한 다양성이 아니라 거짓말에 불과함을 드러낼 수 있는 척도가 아무도 관심을 갖지 않는다 하더라도 어디엔가 있어야 한다고 믿기 때문이 아닐까? 이렇게 생각한다면 내가 너무 비관적인 걸까?

아파트 전쟁 참전기 ❶

# 아파트라는
# 거주 기계의 탄생

## 지상에 발 디딜 땅 한 평

나는 온 도시가 아파트로 뒤덮인 지금도 여전히 집은 단독 주택이라고 생각할 만큼 집의 건축 형태에 대해 보수적이다. 그것은 아마도 내 개인적인 경험 때문일 것이다. 내가 생각하는 집이 갖추어야 할 필수 요건 중 하나는 '지상에 발 디딜 땅 한 평'에 대한 간절함을 담을 수 있어야 한다는 것이다.

중학교 1, 2학년 때 우리 집은 빚으로 파산지경에 이르러 가족들이 뿔뿔이 흩어졌었다. 아직 어린아이 티를 벗어나지 못한 상태에서 눈칫밥을 먹으며 학교에 다니는 것은 가슴 속에 커다란 얼음덩어리라도 들어 있는 것처럼 한기 드는 일이었다. 그래도 그 정도는 뭐 어 좀 춥네 하면서 버틸 수 있었는데, 1년쯤 지나니까 빚쟁이 아주머니들이 학교로 찾아오기 시작했다. 교실 복도 쪽 창문은 밑부분이 우윳빛으로 처리되어 안을 들여다볼 수 없고 어른 키로 목 부분 정도부터는 교실 안을 들여다볼 수 있게 되어 있었다. 빚쟁이 아주머니들이 찾아오는 게 반복되면서 수업 중에 복도 창문에 아주머니의 머리가 동동 떠 있는 것은 나에게 점점 공포가 되어 가고 있었다.

　초여름의 어느 날이었다. 그날도 복도 쪽 유리창에 아주머니 얼굴이 나타나 나는 반 친구들의 눈총을 등에 받으며 교실을 나서 등나무 아래 벤치로 끌려갔다. 빚쟁이 아주머니에게 붙들려 있기에는 너무도 화창한 초여름이었다. 멀지 않은 산 쪽에서 뻐꾸기 소리가 아련하게 들려오고 달달한 칡꽃 향기가 희미하게 풍겨 왔다. 아주머니들은 대개 그걸 놓치면 돈을 떼일 것처럼 내 손목을 꼭 붙들고 화를 내다가 눈물 바람으로 하소연을 하다가 어머니 있는 곳을 대라고 닦달을 해 대곤 했다. 아주머니가 눈물 바람 끝에 코를 푸느라 내 손목을 놓았다. 나는 그 순간을 놓치지 않고 벌떡 일어나 후문을 향해 달리기 시작했다. 잠긴 후문을 넘어, 차도를 건너, 지붕이 나지막한 주택가 고샅길을 지나 뻐꾸기 소리가 들려오는 산등성이를 향해 무작정 올라갔다. 올라가다 보니 사람 눈에 잘 띄지 않는 숲속 양지바른 곳에 넓직한 너럭바위가 있었다. 주위에 키 큰 소나무들이 자라고 있어 적당히 그늘도 졌다. 나는 햇볕에 적당히 데워진 곳을 찾아 너럭바위에 누웠다. 이 생각 저 생각하다 나도 모르게 잠이 들었다. 깨어

보니 어둑어둑해져 있었다. 그런 단잠을 잔 게 언제였던가 싶게 길고 평화로운 잠이었다.

　그 뒤로 시간이 나면 그 너럭바위를 찾아갔다. 거기 뭐 특별한 게 있다거나 뭘 하기 위해서가 아니라 내가 마음 편히 있을 수 있는 곳이 그곳밖에 없었기 때문이었다. 그런데 초가을 무렵이었던가 너럭바위로 가고 있는데 희미하게 거름 냄새 같은 게 났다. 너럭바위에 가까워질수록 악취는 심해졌다. 너럭바위엔 군복을 입은 사람이 누워 있었다. 올라가 살펴보니 살은 이미 검게 변색되어 있고 눈과 입에선 구더기가 기어 나오고 있었다. 나는 헛구역질을 하며 정신없이 산 밑으로 뛰어 내려왔다. 길가에 주저앉아 숨을 가라앉히는데 엷은 절망감 같은 게 안개처럼 스멀스멀 피어나 가슴을 채워 왔다. 이제 내가 발 디딜 수 있는 지상의 땅 한 평마저 사라졌다는 느낌? 지상의 근거가 사라져 내 존재 자체가 어찌 될지 알 수 없다는 위기감? 그제야 그 너럭바위가 내 존재에 특별한 의미를 가지고 있었다는 것을 깨달을 수 있었다.

　뭐 아파트 등의 주택을 폭리와 투기, 자기 지위 유지의 수단으로나 보는 대형 건설업자나 복부인, 관련 정책 관료들이야 웬 루저들의 푸념이야 하며 콧방귀를 뀌겠지만, 서민들의 집에 대한 생각에는 많건 적건 '지상에 발 디딜 땅 한 평'의 간절함이 있을 수밖에 없을 것이다. 그리고 그러한 간절함은 인류의 주거 문화에 담겨 있는 보편적인 감정이기도 하다.

## 신과 함께

　몇 년 전 집 지킴이 신들을 소재로 한 만화를 영화화한 「신과 함께」가 인기를 끌었다. 가족을 보호하는 신들과 함께 사는 집은 젊은 세대에겐 만화나 영화 속에서나 보는 거겠지만 우리 세대에겐 어릴 적부터 익숙했다. 전통적인 집은 우주의 중심이고, 그렇기 때문에 우주를 축소해 놓은 모습을 하고 있다. 우주에 많은 신들이 살 듯이 집에도 하늘에 해당하는 지붕에는 성주신, 땅에 해당하는 집터에는 터주신 등 많은 집 지킴이 신들이 살았다. 시대가 변해서 신들에 대한 믿음은 사라진다 해도 자기가 거주하는 곳을 자기가 사는 우주, 세계의 중심이라 여기는 생각은 사라지기 어렵고, 사라진다면 비정상일 것이다. 그래서 내가 생각하는 집이 갖추어야 할 필수 요건 중 두 번째는 신과 함께 사는 집은 아니라도 신들의 흔적이나 추억이 사라지지 않을 수 있는 형태여야 한다는 것이다.

　내가 어릴 적 우리 어머님은 독실한 기독교 신자셨는데도 동지가 가까워지면 물엿이나 조청을 간장 종지에 담아 부엌 부뚜막 같은 데 두었다. 부엌의 신인 조왕신에게 바치는 일종의 제사이다. 조왕신이 현실에 나타나는 모습은 바퀴벌레이다. 신화에서 조왕신 바퀴벌레는 천제의 증손자인가 고손자인가 되며 맡고 있는 역할은 자기가 사는 집 가족들의 일거수일투족을 1년 동안 세세히 기억해 두었다가 천제에게 이르는 것이다. 말하자면 천제의 중앙정보부 요원 정도 되는 셈이다. 동짓날은 천제의 중앙정보부 요원 바퀴벌레가 자기가 사는 집 가족에 대해 천제에게 정보 보고를 하는 날이다. 아마도 한 가족을 감시하기로 말하자면 바퀴벌레만큼 안

성맞춤인 놈도 따로 없을 것이다. 가족 입장에서 보면 온갖 가족의 비리를 다 알고 있는 조왕신 바퀴벌레가 천제에게 미주알고주알 다 일러바치면 참 큰일이다. 그래서 일러바치지 말라고 물엿이나 조청을 바치는 것이다. 조왕신 바퀴벌레는 달달한 물엿이나 조청을 너무 좋아하기 때문에 정보 보고가 임박했음에도 참지 못하고 잔뜩 먹는다. 그렇게 끈적끈적한 물엿이나 조청을 양껏 먹는 것까지는 좋은데 문제는 그 때문에 입이 쩍 달라붙는 데 있다. 입이 달라붙은 조왕신 바퀴벌레는 천제 앞에 가서 말도 못하고 버벅거리다 돌아오기 마련이다. 이렇게 해서 동짓날을 둘러싼 천제와 인간 가족 간의 정보 전쟁은 인간 가족의 승리로 끝나기 마련이었다.

## 숨은 신

한국의 집 지킴이 신들은 일제의 식민 지배, 전 국토를 초토화한 동족상잔의 6.25 전쟁 이후에도 의연히 집을 지키고 있을 만큼 끈질긴 생명력을 지니고 있었다. 그래서 신들과 함께 사는 집은 전쟁 중이나 직후에 태어난 우리 세대에게도 익숙한 것이었다.

그렇게 끈질긴 생명력을 지닌 신들이 모습을 감춘 건 박정희 정부가 매우 과격한 근대화를 추진하면서부터였다. 새마을 운동의 일환으로 마을 길을 시멘트로 덮고 초가지붕을 슬레이트 지붕으로 바꾸는 지붕 개량 사업이 진행되었다. 그리고 학교에서는 세계의 중심이 우리가 사는 이곳이 아니라 미국이나 서구 선진국의 어디쯤에 있는 것이고, 그러니 열심히 공부해서 이곳을 벗어나 대도시로, 서울로, 서구 선진국으로 세계의 중심을 향해서 가라고 가르쳤다. 학교를 졸업하고도 이곳에 남으면 낙오자라고, 이곳에서 네가 지니고 있는 것은 미신이니 과감히 버리라고 가르쳤다. 그래서 우리는 신들을 추방하는 홍위병이 되어 어머니가 대들보에 모셔 놓은 성주신의 몸체나 부엌에 조왕신이 먹으라고 놓아 둔 조청을 미신이라고 부수고 버렸다.

이렇게 해서 집 지킴이 신들은 쫓겨나 사라졌으며 인간과의 교류가 끊어졌다. 그리고 인간과의 교류가 끊어진 신들은 간혹 기괴한 모습으로 출몰하여 지역마다 흉가가 한동안 심심찮게 나타났었다. 내가 어릴 때 우리 식구는 의도한 것은 아니지만 단골로 각 지역의 흉가들에 살았다. 아버지가 교직에 계셔서 전근을 다니는데 전근 갈 때마다 보기에는 크고 그럴 듯한 집을 사택으로 주었다. 나중에 알고 보면 그게 사실은 그 지역에서 꽤 유명한 흉가였다. 외지인에게 텃세를 하느라고 모른 채 흉가를 사택으로 내주곤 한 것이다. 그러나 6남 1녀로 아홉 식구였던 우리 식구는 그 흉가들에서 아무 탈이 없었다. 이사 나올 때쯤 되면 동네 할아버지가 나타나 슬쩍 한 마디 했다. 역시 사람 힘이 무서운 거여. 이 집이 유명한 흉가였는데 식구가 아홉이나 되니까 잡귀들도 사람 힘에 눌려서 꿈쩍을 못 하는구먼. 우리 식구는 본의 아니게 집단 퇴마단 노릇을 하고 다닌 셈이었다.

그런데 60년대 후반에 살던 시골집은 문제가 되었다. 형제들이 커서 결혼도 하고 학교에 다니느라 뿔뿔이 흩어져 그 집에는 부모님과 초등학생이었던 동생만 살았다. 여름방학이 되어 집에 갔더니 동생이 양 눈에 다래끼가 심하게 나서 아침마다 눈 뜨는 것도 힘들고 허벅지에 종기가 여러 군데 나서 말씀이 아니었다. 그래도 거기까지는 봐 줄 만한데 한밤중에 벌떡 일어나 희번덕거리는 눈으로 허공을 가리키며 뭐가 보인다고 소리치다 냅다 뛰어나가 집 주위를 뛰어다니는 데는 참 아연실색할 수밖에 없었다. 동생은 다음 날 아침엔 그런 사실들을 전혀 기억도 못했다. 터가 엄청 넓고 뒤에 대나무밭도 있는 그 집이 아무래도 수상했는데, 어느 날 동생이 아픈 걸 알고 동네 아저씨가 찾아와 이 집이 이 지역에서 알 사람은 다 아는 흉가라고 했다.

그런데 정작 나한테 무섭게 느껴지는 건 보이지도 믿지도 않는 귀신이 아니라 동생이었다. 동생은 자기 전에 냇물에 온몸을 담그면 훨씬 낫다고 저녁이면 좀 떨어져 있는 냇물 보에 가서 온몸을 담그곤 했다. 한번은 비가 부슬부슬 오는 저녁에 동생이 냇물에 몸을 담그러 가야겠다고 뿌득뿌득 우겼다. 어머니가 어린 동생을 혼자 보내면 안 된다고 내 등을 떠밀었다. 하는 수 없이 둘이서 집을 나섰는데 동생은 비를 맞는 게 좋다고 우산도 쓰질 않았다. 나만 우산을 쓰고 캄캄한 들판 길을 동생 뒤를 따라가는데 저게 갑자기 돌아서 내가 아직 니 동생으로 보이니 할 것만 같아 오싹했다.

보에 이르자 동생은 옷도 벗지 않고 물속으로 첨벙첨벙 걸어 들어갔다. 거기는 동네 아이들이 헤엄을 치다 간혹 빠져 죽기도 하는 곳이었다. 괜히 저놈이 물귀신에 홀려서 들어가는 거 아니야 싶어 무섭기도 하고 걱정도 되는 터라 돌로 쌓은 보의 둑을 따라 가까이 따라갔다. 동생은 머리까지 물속에 푹 담갔다. 그런데 숨을 참을 수 있는 시간이 지난 것 같은데 동생이 나오질 않았다. 가슴이 덜컥해서 끌어낼 생각으로 물속으로 발을 디디는데 동생이 갑자기 물속에서 푸확 소리를 지르며 솟아올랐다. 뒤로 철퍼덕 주저앉을 때 돌에 엉덩이를 찧어 몹시 아프지 않았다면 아마 난 기절을 했을 것이다.

신들과 함께하는 집은 이상한 병을 앓던 동생에 대한 추억과 함께 끝났다. 그 뒤로는 나도 젊은 세대와 마찬가지로 만화나 영화 속에서나 그런 집을 만나곤 한다.

## 아파트도 집일까?

내가 아파트라는 낯선 주거 형태를 처음 만난 건 아주 극적인 상황에서였다. 70년 봄에 홍대가 자리 잡고 있는 와우산 기슭에 들어선 와우아파트가 무너졌다. 지은 지 몇 개월 되지도 않은 아파트가 바람도 없는 공중에 꽃잎이 지듯이 아무 이유 없이 무너져 내린 것이다. 신문과 텔레비전에 반복해서 나오는 무너져 내린 아파트의 모습은 충격이었다. 더구나 작은형이 마포구청 건축과 말단 공무원을 하면서 한양공대 야간을 다니고 있을 때라 우리 형제들에겐 남의 일일 수가 없었다. 내가 대학 입학시험 준비를 하러 여름방학에 서울에 왔을 때도 작은형은 불안불안해하며 마포구청에 다니고 있었다. 와우아파트는 작은형이 마포구청으로 오기 전에 지은 것이라 직접 상관은 없었지만 건축과 전체가 조사를 받고 있는 모양이었다. 어느 날 작은형이 술에 잔뜩 취해 들어와 말했다.

"어이구 여기 무서워서 도저히 더 못 다니겠다."

"왜? 형은 와우아파트하고 상관도 없잖아?"

"야, 이거 봐라, 이거 봐."

형이 중얼거리며 주머니들에서, 양말 속에서, 팬티 속에서 돈 뭉치들을 꺼내 방바닥에 던지며 중얼거렸다.

"이렇게 업자들에게 받아서 계장·과장에게 상납하고, 경찰에게 상납하고, 검찰에게 상납하고, 정보 기관원들에게 상납하고, 기자들에게 상납해야 돼. 안 그러면 무능한 놈이라고 꼬투리 잡아서 부패 공무원 딱지 붙여 쫓아내. 그러니 와우아파트가 안 무너지고 배기냐? 군바리 출신들이 말도 안 되는 짧은 기간에, 말도 안 되는 공사비를 주고 아파트를 지으라는데 거기서 건설업자한테 돈 뜯어내 봐라. 건설업자는 당연히 뜯긴 돈 이상으로 철근이며 시멘트 빼먹을 거 아니야. 아파트가 무너지지 않는 게 이상한 거지. 처음에 마포구청 건축과 왔을 때부터 와우아파트 담당했던 직원들이 저거 구조 역학상으로 보면 무너질 수도 있는데 하고 불안해하고 있더라. 올 게 온 거야. 사고가 터지면 자기들도 다 한통속으로 해 먹었으면서 말단의 힘없고 빽 없는 놈 몇 골라 희생양 만들고 지나가는 거지 뭐. 여기 있다가 무슨 일을 당할지 겁난다. 경찰이니 검찰이니 감사원이니 눈을 시퍼렇게 뜨고 들락거리는 판에 이럴 때일수록 더 필요한 것이니 돈을 만들어 오래. 더 이상 무서워서 못 해 먹겠다."

초기 아파트는 도시 미관과 주거 환경 개선을 위해 판자촌을 철거하고 거기 살던 서민들을 수용하기 위해 졸속으로 지어진 것이었다. 이러한 아파트는 '자기가 거주하는 곳을 우주의 중심으로 성화하고, 그곳을 중심으로 질서를 부여하여 자기가 살아가는 세계를 창출하는' 전통적인 집의 개념과는 거리가 먼 것이었다. 전통적인 집과 아파트의 관계는 인간과 인간을 본떠 기계로 만든 로봇과의 관계라고나 할까?

70년대 아파트는 전통적인 집과는 본질적으로 다른 '거주 기계'의 출현에 다름 아니었다.

처음 아파트가 출현할 때는 아파트라는 거주 기계가 우리 주거 문화의 보편적 형태가 되리라고는, 더구나 자존심이 센 중산층의 주거 문화가 되리라고는 상상하기 어려웠다. 그런데 그러한 우리의 상상을 뛰어넘어 70년대 후반 80년대로 오면서 아파트라는 거주 기계는 우리의 보편적 주거 형태가 되었고, 특정 지역의 아파트는 선망의 대상이 되었다. 왜 그렇게 되었는지 무의식적으로는 우리도 잘 알고 있는 것이긴 하지만 프랑스 지리학자가 쓴 『아파트 공화국』이라는 책에 잘 분석되어 있다.

2000년대 후반이던가 프랑스 라발이라는 도시에서 열린 도서전에 초청되어 간 적이 있었다. 파리에서 북쪽으로 좀 떨어져 있는 도시이다. 사인회와 강연을 마치고 도서전 주최 측이 시내 구경을 시켜 주었다. 강이 내려다보이는 옛 성터에 올라가니 시가지 전체를 조망할 수 있었다. 도시는 단층 건물이 대부분이었고 큰길가에만 높아야 5, 6층을 넘지 않는 건물들이 늘어서 있었다. 그런데 도시의 한편에 우리나라의 고층 아파트 같은 높은 건물이 두세 개 우뚝 솟아 있는 게 보였다. 나는 드디어 우리에게도 익숙한 공통된 무엇을 발견한 것 같아 그 높은 건물을 가리키며 물었다.

"아, 저기가 이 도시의 중산층들이 사는 곳이군요?"

나의 물음에 일행들이 일제히 놀란 눈을 뜨고 나를 쳐다보았다. 별 덜

떨어진 인간을 다 본다는 표정이었다.

"저 고층 아파트는 국가가 빈민들을 위해 제공한 주거 시설입니다. 대부분 사람들은 단독 주택에 살죠. 그리고 진짜 부자들은 이 성으로 올라오는 길에서 보신 중세 때부터 있던 2층이나 3층짜리 목조 건물에 삽니다."

한국의 아파트 문화에 익숙한 나에겐 엄청난 충격이었다.

거꾸로 『아파트 공화국』을 쓴 프랑스인은 아파트로 뒤덮여 있는 서울을 보며, 부자들이 산다는 강남의 고층 아파트를 보며 엄청난 충격을 받았을 것이다. 무척 신기해하며 한국의 아파트 문화를 주제로 박사 논문을 써 볼 마음을 먹었을 것이다.

아파트 전쟁 참전기 ❷

# 누구도 이 전쟁을 피해 갈 수 없다

거주 기계 전쟁의 서막

## 아파트를 투명 슈트로 걸치고 다니는 사람들

얼마 전 중산층 신도시에서 초등학교 교사를 하는 젊은 후배를 만났다. 코로나19는 빼고 요즈음 아이들 가르치는 데 제일 어려운 게 뭐냐고 물었더니 후배는 얼굴부터 찡그렸다.

"요즈음 아이들은 아파트 평수대로 어울립니다. 그리고 임대 아파트 사는 아이들을 따돌려서 골치 아파요. 그러지 말라고 윽박질러서 되는 것도 아니고, 학급 운영을 잘해서 풀어 볼까 하는데 잘 안 되네요. 별 뾰족한 방법이 없습니다. 트랜스포머들의 전쟁판 같다고나 할까요."

후배가 씁쓸하게 웃었다.

"트랜스포머? 트랜스포머가 뭔데?"

"한때 아이들한테 인기 있었던 영화 시리즈 있잖습니까. 선생님도 한 번쯤 지나가면서라도 봤을 텐데요, 케이블 티브이에서 많이 방영하니까. 인공 지능을 가진 외계의 로봇들이 지구에 와서 전쟁을 벌이는데 철커덕 철커덕 하며 자동차 모양도 되고, 비행기 모양도 되고, 자유자재로 변신하잖아요. 그거처럼 요즈음 아이들은 자기가 사는 아파트를 투명 슈트로 변신시켜 뒤집어쓰고 다니는 것 같아요. 넓은 평수 아파트 투명 슈트는 광채도 나고 힘도 세고, 작은 평수 아파트는 좀 덜하고, 임대 아파트 투명 슈트는 빛도 안 나고 힘도 없고 아이들 말로 허접한 거죠. 좀 과장해서 말하자면 아이들은 사라지고 트랜스포머만 남아 생존을 걸고 싸우는 전쟁판 같다고나 할까요?"

나는 울상을 짓는 후배를 보며 하하 웃었다.

"좀 심한 것 같긴 하지만 재미있는 비유네. 아마 조금 지나면 그 아파트 투명 슈트에 수능 점수도 반짝거리는 백넘버로 표시가 될 걸. 그럼 아파트 투명 슈트 트랜스포머가 완벽한 성체가 되는 거지. 아마 지금도 보이진 않지만 가능 수능 점수가 투명 슈트에 표시되고 있는지도 몰라. 수능 점수란 게 대체로 사교육비 투자와 비례하니까. 아파트하고 교육은 한 세트로 전쟁판이야. 거기서 지든 이기든 전쟁판을 좋아하는 사람은 없는 법인데 말이야. 이민 가는 사람들 말 들어보면 호화판 이민이든 가난뱅이 이민이든 하나같이 남과 비교되는 게 싫어서라고 하더군. 남과 비교되지 않고 내 삶이 인정받는 데서 살고 싶다는 거야. 한마디로 전쟁판이 싫다는 거지. 젊은 사람들이 출산을 기피하는 데도 이 아파트 교육 세트 전쟁판이 큰 원인으로 작용하고 있을 거야. 자기가 겪은 것만 해도 지긋지긋한데 누가 이 끝도 없을 것 같은 전쟁판에 아이를 낳아 놓고 싶겠어. 이놈의 전쟁판 때문에 한국 사회가 소멸할 위기에 처했는데 말이야, 이 전쟁판을 끝낼 수 있는 쌈빡한 방법 같은 건 없을까?"

이 질문에 대해서는 아무도 대답할 수가 없었다.

후배와 헤어져 돌아오는데 후배가 말한 아파트 투명 슈트를 아주 오래전 이미 어디선가 보았었다는 생각이 들었다. 곰곰이 되짚어 보니 80년대 중반에 만났던 친척 누나가 떠올랐다.

학교 교육을 비판하는 민중 교육지를 냈다가 필화 사건으로 1년 감옥살이를 하고 나왔을 때니까 86년 겨울이었을 것이다. 별로 연락이 없었던 친척 누나에게서 한번 보자고 집으로 오라고 전화가 왔다. 나한텐 낯선 압구정동 현대아파트라 가고 싶은 마음이 없었지만 생전 연락이 없던 누나가 모처럼 전화해서 고생했다느니 하면서 오라는데 안 갈 수도 없었다.

난 옛날이나 지금이나 아파트를 집이라고 생각하지 않는 편이라 별 감흥이 없는데 누나는 60여 평이라는 실내를 좀 자랑스러운 표정으로 여기저기 보여 주었다.

"너무 넓어서 청소하기 힘들겠어요."

예의상 무슨 말은 해 줘야겠는데, 나는 결혼한 지 얼마 안 되어 광명 철산리 15평 아파트에 살던 때라 겨우 생각해 낸 말이 그거였다.

"얘는, 청소는 파출부 아주머니들이 하지."

말하는 누나의 몸에서 희미하게 빛이 나는 것 같았다. 후광이라고는 할 수 없고 영화에 나오는 아이언맨이나 배트맨처럼 몸에 딱 붙는 슈트를 걸쳤는데 그 슈트의 재질이 투명하고 약간 빛이 난다고 할까?

"이 아파트 값이면 평창동 같이 공기 좋은 데 집 짓고, 시골에 조그만 별장도 짓고 살아도 될 것 같은데 그렇게 사시지 그래요?"

누나가 타 온 커피를 마시다가 딱히 할 말도 없고 해서 물었다. 그런데 뜻밖에도 그 말에 누나가 걸친 투명 슈트가 갑자기 공격 모드로 바뀌었다.

"얘는, 너는 그러니까 그렇게밖에 못 살지! 요새 트랜드는 강남 아파트야. 그중에서도 여기가 뜨는 데지. 평창동 단독 주택이라니 거기 후지고 집값도 안 올라."

누나는 한참을 잔소리를 해 댔다. 다행히 얼마 지나지 않아 해운회사 상무인지 전무인지 하는 매형이 들어와서 잔소리가 끝났다. 매형은 고생했다고 요즘은 어떠냐고 묻더니 할 얘기를 꺼냈다.

"우리 작은아이가 고등학생인데 자네가 국어 과외를 해 주면 안 되겠나? 요샌 과외 금지라고 하도 그러니까. 뭐 이 아파트 단지 안에 가까이 지내는 집 아이 한두 명 더 모아서 할 수도 있고. 선생 월급의 두세 배는 벌 수 있을 거야. 파면당해서 이제 교사도 할 수 없을 거고 어려울 것 같은데……"

매형이 한껏 너그러운 표정을 지으며 말했다.

"허허 이렇게 신경 써 주시니 고맙습니다. 그런데 집사람도 학교 선생이고 저도 원고도 쓰고 강연도 다니고 해서 어렵지 않게 잘 살고 있습니다. 마음만 고맙게 받겠습니다."

나는 완곡하게 거절을 했다. 그러자 매형이 뭔가를 꾹꾹 참고 있었던 듯 벌컥 화를 냈다.

"자네는 머리도 좋은 친구가 왜 그렇게 사나?"

혼내듯이 말을 퍼붓는 매형은 무슨 강력한 빛을 뿜는 투명 슈트를 걸치기라도 한 것 같은 느낌이었다. 그 투명 슈트의 공격 모드는 공격 모드라기보다는 압도 모드에 가까웠다.

## 불멸의 피부와
## 갑각류 인간

나는 약속이 있다고 커피만 마시고 누나 집을 나왔다. 신사역 쪽을 향해 걸으며 매형이 왜 나한테 터무니없이 화가 나 있는 걸까 매형의 말을 곰곰이 되짚어 보았다. 매형 생각엔 일류대를 나왔으면 열심히 노력해서 중산층이 되어 강남 아파트에 살려고 하는 게 당연한 정상 코스일 것이다. 그런데 내가 이 정상 코스에서 일탈했으니 그것 자체가 뭔가 정상적 질서를 흔드는 불안하고 불쾌한 일일 수도 있을 것이다. 게다가 마음먹고 정상 코스로의 복귀를 돕겠다고 하는데 거절했으니 화가 잔뜩 날 만도 하다는 생각이 들었다. 그러거나 말거나 뭐 호의를 베푸는 건데 사는 길이 서로 다르다 보니 그런 거겠지 하며 잊어버리기로 했다. 그래도 누나하고 매형이 좀 달라진 것 같은데 도대체 어떻게 달라진 거지? 왜? 하는 의문은 길게 남았다.

그에 대한 답은 몇 년쯤 지난 뒤에 얻을 수 있었다. 어떤 심리학책을 읽다가 나는 무릎을 탁 치며 하하 웃었다. 매형과 누나에게 딱 맞는 말을 찾아냈기 때문이었다. 매형에게 딱 맞는 말은 '불멸의 피부'였고 누나에게 딱 맞는 말은 '갑각류 인간'이었다.

불멸의 피부 : 갓난아이는 어머니와 하나의 피부 속에 있다고 느낀다. 아이는 성장하면서 어머니와 함께 속했던 하나의 피부로부터 점차적으로 분리되어 독자적인 피부를 가진 존재로 독립하게 된다. 인간의 심리적 형성에 근원적 영향을 미치는 게 바로 '이 어머니로부터 분리되는 과정이 어땠는가?'이다. '불멸의 피부'는 어머니가 헌신적이고 압도적인 애정을 쏟아 부은 경우에 나타나는 유형이다. 이 경우에는 어머니로부터 분리되어 독자적인 피부를 갖게 된 아기가 자기는 어머니의 피부를 벗겨서 자기 피부로 뒤집어썼다고 느낀다. 아이에게 어머니는 전지전능한 불멸의 신적 존재이다. 이러한 어머니의 피부를 벗겨 자신의 피부로 가졌다고 느끼는 아이는 자기를 전지전능한 불멸의 영웅적 존재로 인식하고 그런 과장된 성격의 인간으로 성장한다.

갑각류 인간 : 인간이 자기 자신을 통제하는 마음속의 힘을 '초자아'라 한다. 이 초자아는 청각을 통해 영유아기에 형성된다. 부모의 '안 돼', '하지 마', '좋아', '나빠' 등의 말들이 영유아의 심리적 피부에 새겨져 초자아의 기초를 이룬다. '갑각류 인간'은 부모가 아이의 욕구를 통제하지 않고 모든 것을 인정하고 허용하며 방치했을 때 나타나는 인간형이다. 이렇게

방치된 아이는 자신을 보호하기 위해 스스로 단단한 껍질을 만든다. 그리고 초자아가 발달하지 않아 자신의 욕구를 가로막는 밖의 세계에 대해 매우 공격적인 성향을 갖게 된다.

그런데 이상하지 않은가? 심리학에서 말하는 '불멸의 피부'와 '갑각류 인간'은 영유아기에 부모와의 관계에 의해 형성되는 것이다. 그런데 십 년 전에 보았을 때의 누나와 매형은 '불멸의 피부'나 '갑각류 인간'과는 거리가 있었다. 그렇다면 만나지 못했던 십 년 사이에 무언가에 의해 '불멸의 피부'와 '갑각류 인간'형으로 바뀌게 되었다는 이야긴데, 그 무언가는 무엇일까?

그 뒤로 수년간 유심히 사람들을 관찰하면서 나는 우리 사회에 친척 누나와 매형처럼 '불멸의 피부' 투명 슈트와 '갑각류 인간' 투명 슈트를 걸치고 다니는 인간이 많다는 걸 알게 되었다. 그리고 그러한 사회 심리적 인간형이 아파트로 상징되는 한국 사회의 중산층 문화로부터 비롯되었다는 것을 어렴풋이 깨닫게 되었다.

그런데 도대체 아파트로 상징되는 한국의 중산층 문화 형성 과정이 어떠했기에 이러한 사회 심리적 인간 유형이 나타나게 된 걸까?

# 한국 중산층의 아파트 문화는
# 어떻게 시작되었나?

　70년에 무너진 와우아파트는 철거한 판자촌의 주민을 수용하기 위한 서민용 주거 시설이어서 중산층과는 거리가 멀었다.
　70년 와우아파트가 무너질 무렵 여의도는 활주로가 있는 넓은 풀밭이었다. 빙 둘러 순환 도로를 따라 철조망이 쳐져 있고 간혹 L19 경비행기가 착륙해 있기도 했다. 이전까진 군사용 비행장으로 쓰였었다고 한다. 와우아파트가 무너지고 나서 여의도가 개발되기 시작했고, 그 일환으로 여의도 시범아파트가 70년에 착공되어 71년에 완공되었다. 이 여의도 시범아파트는 와우아파트에 비하면 무척 호화로운 아파트였고 대기업이나 관에서 상대적으로 높은 지위에 있는 사람, 사업가 등 중산층들이 입주했다. 여의도 시범아파트는 중산층 아파트 주거 시설의 효시라고 할 수 있다. 이어서 75, 6년에 압구정동 현대아파트, 잠실주공아파트가 완공되면서 아파트는 중산층 주거 문화로 확고하게 자리 잡았고 강남이 그 상징이 되었다. 프랑스의 지리학자 발레리 줄레조는 『아파트 공화국』이라는 책에서 이 과정을 '군사 정권, 재벌, 중산층'의 삼각 동맹으로 설명하고 있다.
　군사 쿠데타로 집권한 박정희 정부는 정권의 정당성이 취약해서 정치적 저항에 시달렸고 그 때문에 안정적 지지 세력을 확보하고자 하는 욕구가 대단히 컸다. 그래서 박정희 정부는 대규모의 고급 아파트 단지를 지어 대기업 회사원, 관료 등으로 새로이 계층 상승을 해 온 중산층을 수용하는 정책을 폈다. 중산층으로 하여금 저렴한 가격으로 아파트를 분양받

게 하고, 이 아파트 입주를 사회 경제적 성공으로 상징화하여 아파트 가격 상승을 유도함으로써 중산층에게 사회 경제적 혜택을 주었다. 이러한 혜택을 주는 것을 통해 중산층을 안정적인 정권 지지 기반으로 끌어들이려 한 것이다. 재벌은 이 과정에서 폭리가 보장되는 대규모 아파트 공사 수주를 통해 초기 자본 축적을 이루었다. 한국 사회의 강자인 군사 정권과 재벌, 중산층 사이에 욕망의 삼각 동맹이 형성된 것이다. 이 욕망의 삼각 동맹이 한국 중산층 집단이 탄생한 모태이다.

이렇게 형성된 한국 중산층 집단은 특혜를 통해 자기 욕망을 실현하는 데는 익숙하고 빠르지만, 사회의 상층으로서 사회에 기여해야 한다는 책무에 대해서는 대단히 둔감하고, 자신의 욕망을 가로막는 대상이나 사회적 제약에 대해 매우 공격적인 특성을 가지고 있다. 아이의 욕구를 무한히 허용하고 인정하는 부모 밑에서 자란 아이가 자신을 '불멸의 피부'나 '갑각류의 외피'를 가진 특별한 존재로 여기고 자신의 욕망을 가로막는 바깥 세계의 장애에 대해 매우 공격적인 사람이 되는 것과 유사하다.

그런데 더 심각한 문제는 사회적 책무를 도외시하는 중산층의 아파트와 관련한 왜곡된 욕망이 강력한 확산력을 갖는다는 데 있다. 우리나라 주택의 70%는 아파트이다. 이렇게 획일화된 주거 문화가 중산층의 왜곡된 욕망이 강력한 확산력을 갖는 주요 원인 중 하나일 것이다.

만약에 우리나라의 중산층 주거 문화가 단독 주택 중심이어서 다른 계층의 주거 형태와 구분되었다면 중산층의 주택을 둘러싼 욕망이 지금처럼 강력한 확산력을 갖지는 못했을 것이다. 주거 형태의 다름이 방화벽 역할을 할 수도 있기 때문이다. 주거 문화가 아파트로 획일화되어 있어 중산층의 아파트와 관련된 왜곡된 욕망이 아무 방화벽 없이 전 국민으로 확산되어 가는 것이다.

## 아파트 트랜스포머들의 척후병이 나타나다

나는 83년에 결혼하고 나서 양평동의 아파트에 전세를 살다가 광명 철산리 15평짜리 아파트를 사서 이사를 갔다. 그런데 아파트는 전세든 소유든 도무지 집이라는 느낌이 안 들었다. 내 존재의 근거로서 '지상에 발 디딜 수 있는 땅 한 평'이라는 느낌이 없었다. 그냥 임시의 삶으로 공중에 붕 떠 있는 느낌이라고 할까?

아파트는 도저히 아닌 것 같아서 87년이든가 88년이든가 집사람과 나는 상당히 무리를 해서 사당동 봉천고개 꼭대기 어름에 단독 주택을 사서 이사를 했다. 끼고 산 융자금과 전세금을 갚는 고생이야 모든 서민들이 겪는 일이니 이하 동문이고, 어쨌든 이제야 '지상에 발 디딜 수 있는 땅 한 평'이 생겼으니 이제 여기서 늙어 죽을 때까지 살면 되겠다 싶어 적이 안심이 되고 마음이 편해졌다.

그런데 이 평화는 채 10년을 가지 못했다. 온 나라로 아파트 전쟁판이 번지는데 내가 사는 단독 주택 동네만 어찌 그냥 지나칠 수 있으랴. 90년대 후반부터 이 단독 주택 마을을 아파트 단지로 재건축하자고 한 무리의 사람들이 가가호호 방문하기 시작했다. 주택조합 준비위원회를 추진하는 위원장이라는 사람은 이미 다른 데서 재건축에 성공하여 아파트를 두 채 가지고 있다고 하니 아파트 투명 슈트를 두 개씩이나 뒤집어쓰고 있는 셈이었다. 재건축의 화려한 비전을 한바탕 늘어놓는데 위원장은 딱 '불멸의 피부'형 인간이었다. 그러거나 말거나 내 반응이야 이 집 고쳐서 죽을 때까지 살 작정이니 그냥 놔 둬라일 수밖에 없었다. 그러면 같이 따라다니는 사람들이 벌떼같이 말을 거드는데 이 사람들은 딱 '갑각류 인간'형들이었다. 시간이 갈수록 '불멸의 피부'형 트랜스포머와 '갑각류 인간'형 트랜스포머의 방문이 잦아졌다. 그러다 보니 재건축이 실제 되든 안 되든 내 존재의 근거인 '지상에 발 디딜 땅 한 평'이 오염되어 '지상에 발 디딜 땅 한 평'으로서의 의미를 잃어 간다는 느낌이 들고 불안해졌다.

그러던 차에 친구가 더 나이 들면 들어가 살려고 시골 땅을 보러 다니는데 바람도 쐴 겸 같이 가자고 했다. 원주를 지나 중앙고속도로를 타고 신림 톨게이트를 빠져나왔다. 주천 쪽으로 가다가 황둔이라는 곳에서 시골길로 접어들었는데, 이렇게 가다간 영영 못 나오지 싶게 산속으로 한도 끝도 없이 들어갔다. 연료통이 깨질까 겁날 정도로 길바닥 돌에 쿵쿵 부딪치며 한참을 가다 해발 650미터에 차가 섰다. 치악산 원주 반대쪽이라고 하는데 행정 구역으론 영월군이었다.

나는 친구가 가리키는 터를 보자 충격에 빠졌다. 중학교 2학년 때 내 존재에 '지상에 발 디딜 수 있는 땅 한 평'이 되어 주었던 그 숲속의 너럭바위와 그 터의 느낌이 똑같았기 때문이다. 사람이 나간 지 6, 7년이라 어른 키만큼 자란 쑥대가 밭을 뒤덮고 있고, 화전민이 살던 토방집은 반쯤 무너져 있어 흉흉하게 보여야 하는데, 봄 햇볕이 가득해서 그런지 너무 따뜻하고 편안해 보였다.

"여기는 너무 외지고 멀다. 전기도 끌어와야겠고…… 엄두가 안 나네."

마루에 흩어져 있는 초 토막들을 툭툭 건드리며 친구가 중얼거렸다.

"너 살 생각 없으면 내가 살까?"

그렇게 해서 영월 치악산의 터를 샀다. 오지의 터라 땅값이야 얼마 안 하지만 객관적으론 적은 돈이어도 해직 교사로 15년을 산 나에겐 엄청 큰돈이었다.

치악산 터를 사고 나니 '지상에 발 디딜 땅 한 평'을 잃을 수도 있다는 불안감이 사라졌다. 난공불락의 든든한 진지를 하나 마련한 듯한 느낌이라고 할까? 이제 10년이 걸릴지 20년이 걸릴지 모르지만 아파트 트랜스포머들과 싸워 볼 만하다는 생각이 들었다.

생각해 보면 아파트 트랜스포머들과의 싸움은 오래고 큰 전쟁의 한 부분일 뿐인지도 모른다는 생각이 들었다.

"각자가 자기 삶의 시간들을 그 자체를 목적으로 생각하고 각자 자기 방식대로 충만하게 채워 가며 살면 안 되나요?"

이 지극히 평범하고도 당연한 인간의 요구는 사실은 가장 실현되기 어려운 것이다. 적어도 내가 태어나서 경험한 바로는 세상은 늘 모든 개인을 하나의 논리와 하나의 목적 속으로 욱여넣으려 하고 개인의 삶의 시간은 쉽게 수단으로 전락하곤 한다. 한국은 그게 상대적으로 심한 경우일 것이다. 아파트라는 거주 기계의 전쟁은 그 한 예에 불과할 것이다.

# 우리를 슬프게
# 하는 것들

엘리트주의와 법조 테크노크라트

## 혼자서 낯을 붉히는 일

난 가끔 길을 걷다가 혼자서 괜히 낯을 붉힐 때가 있다. 지난날 내가 저질렀던, 혹은 생각했던 부끄러운 일이 떠올라서이다. 사회 고위층의 '국민 개, 돼지' 등의 막말이 논란이 되던 때도 나는 담배를 피우다가 혼자서 낯을 붉혔다. 대학 시절 친구와 나누었던 이야기들이 떠올라서였다. 막걸리를 마시다가 뜬금없이 친구가 모든 국민에게 똑같이 한 표의 투표권을 주면 안 된다고 화를 벌컥 냈고, 나도 투표권을 제한하거나 행사하는 표 수를 달리 줘야 한다고 맞장구를 치며 대취한 기억이 있다. 물론 박정희 영구 집권을 위한 유신 헌법이 통과된 것에 대한 울분을 토로한 것이긴

했지만 도도한 엘리트주의적 치기의 발로임엔 틀림없었다.

우리 때는 중학교부터 입시가 있어 초등학교 6학년 때는 도시락 두 개를 싸 가지고 다녔다. 그렇게 시작해서 일류 중학교, 일류 고등학교를 거쳐 일류 대학을 나오면 자기도 모르게 지독한 엘리트주의자가 되고 마음 한 구석 어디엔가 많건 적건 국민 개돼지론 같은 생각이 자리 잡고 있기 마련이다. 특별한 계기가 없으면 평생을 지독한 엘리트주의자로 살게 되고, 계기가 있어 엘리트주의에서 벗어나더라도 그 과정이 참 험난하다.

내가 엘리트주의에서 상당 정도 벗어나게 된 계기는 5.18 민주화 운동이었다. 물론 그 전에도 군사 독재 아래서 잘 나가는 이른바 엘리트들을 보며 그렇게 똑똑하다고 하는 사람들이 겨우 저런 짓을 하고 사는구나 싶어 엘리트주의가 조금씩 깨지기 시작했지만, 5.18 민주화 운동은 나 자신이 떨치지 못한 엘리트주의에 대해 혐오를 불러일으켰다. 그렇게 공부해서 똑똑하다고 하는 놈들이 국민의 가슴에 대검을 박고, 그걸 숨기고 미화하는 데 앞장서고 그 피의 대가로 배를 불리고, 오히려 못났다고 무시당하던 사람들이 정의를 위해 목숨을 거는구나 싶어 참 부끄러웠다.

## 수레바퀴 밑에서

내가 엘리트주의에서 자유로워진 것은 85년 징역을 살면서였다. 85년 학교 교육을 비판하는 민중 교육지를 냈다가 필화 사건으로 학교에서 파면당하고 1년 좀 넘는 감옥살이를 했었다. 재판을 받는 9개월 동안은 지금은 역사 공원이 되어 있는 서대문 구치소에 있었다. 내가 교사 출신이라서 그랬는지 하필이면 소년수를 수용한 사동에 집어넣었다. 나는 정치범이라고 2평짜리 방을 혼자 쓰고 소년수들은 2평짜리 방에 일고여덟 명을 수용했다.

어느 날 소지(수감자 중에 배식 등 잡일을 하는 사람)가 배식 수레에 두유 팩을 까서 펼친 은박지를 한 뭉텅이 싣고 와 배식구로 넣어 주었다. 이게 뭐냐고 물었더니 11방의 꼬마와 5방의 덩치가 보낸 거라며 감시구로 끝을 뾰족하게 간 대나무 젓가락과 공소장 서류를 건네주었다. 소지가 가리키는 5방과 11방을 보니 감시구 밖으로 손을 흔드는 게 보였다.

"여기까지 온 애들은 학교에서도 집에서도 버려진 애들입니다. 집이 괜찮은 애들은 살인같이 아주 무거운 죄가 아닌 한 여기까지 오지도 않죠. 그리고 여기까지 와도 살인 미수 정도는 돈 들여 변호사만 쓰면 1심에서 다 나가요. 여기 남아 항소심 재판을 받는 애들은 변호사 쓰는 건커녕 집에서 면회도 잘 안 오고 영치금 넣어 줄 사람도 없는 법무부 자식들입니다. 법무부 자식들은 2000원만 훔쳐도 실형을 받아요. 11방 꼬마가 아마 2000원 훔쳐서 6개월 받았을 걸요. 초범이면 1심에서 나갔을 건데 전에도 몇천 원 훔치다 걸린 적이 있었던 모양입니다. 5방 덩치는 폭력으로 들어온 초범인데 1심에서 1년 6개월이나 받았어요. 둘 다 죄질에 비해 너무 무겁게 받았죠. 유전 무죄 무전 유죄(有錢無罪無錢有罪)니 어쩌겠습니까. 그나마 저런 애들이 갖는 유일한 희망이 항소 이유서를 잘 쓰고 읍소를 해서 감형을 받는 거죠. 그런데 저놈들이 학교 다닐 때 무슨 국어 공부를 열심히 했다고 항소 이유서를 제대로 쓰겠어요? 그래서 선생님에게 항소 이유서 좀 써 달라고 부탁하는 거죠."

두유 팩을 뒤집어 펼친 은박지에 뾰족하게 간 대나무 젓가락으로 눌러서 글을 쓰는 건 쉬운 일이 아니었다. 그래도 그게 필기도구를 쓸 수 없는 감옥에서 글을 쓸 수 있는 유일한 방법이었다. 그나마 교도관이 묵인을 해 줘야 가능한 것이었다.

11방 꼬마가 항소심 재판을 받고 돌아왔다. 감시구로 복도를 지켜보는데 꼬마가 교도관을 따라 제 방으로 가다가 나를 향해 주먹으로 감자를 먹였다. 감형을 받지 못한 모양이었다. 울었는지 얼굴이 좀 부은 것 같았다. 소지의 예상대로 11방 꼬마도 5방의 덩치도 감형을 받지 못했다.

다음 날 아침 창밖 마당을 보고 있는데 누군가 문을 두드렸다. 돌아보니 11방 꼬마였다.

"저 소년원으로 이감 가요. 어제는 죄송했어요, 그냥 너무 억울해서……. 그래도 저를 위해서 그렇게 글도 써 주고 한 사람은 선생님밖에 없어요. 건강하세요."

아직 중학생 정도인 소년의 송아지 같은 눈에 눈물이 어렸다. 그냥 말없이 손을 잡아 주는 것 외엔 해 줄 수 있는 게 없었다.

그 뒤로도 소지는 몇 번 두유 팩을 뒤집은 은박지를 가져다주었다. 하지만 항소 이유서를 써 주어서 감형을 받거나 하는 일은 한 번도 없었다.

## 감옥에 와서야 감옥으로부터
## 벗어날 수 있었다

어느 날 소지가 배식을 마치고 짬을 내어 내 방문을 두드렸다.

"저 오늘이 마지막 배식입니다. 며칠 뒤에 출소해요. 그래서 인사나 드리려고요."

소지가 환하게 웃었다.

"아이고, 축하합니다. 나가시면 이제 뭘 하실 겁니까?"

"뭐 배운 게 운전이니 택시 운전대 다시 잡아야죠."

"인사 사고를 내면 운전대 잡는 게 겁이 나기도 한다던데 한동안은 힘드시겠습니다. 그나저나 이제 출소하시니 난 항소 이유서 써 주는 일을 더 안 해도 되니까 좋습니다. 뭐 써 줘서 감형이라도 되어야 쓸 맛이 나지. 아무리 유전 무죄 무전 유죄라지만 변호사를 쓰고 안 쓰고에 따라 그렇게 심하게 양형이 달라지는 건 너무한 거 아닙니까?"

"뭐 그래야 법 만지는 사람들도 먹고살 수 있지 않겠어요? 판사든 검사든 언젠가는 변호사로 먹고살아야 하는데 큰돈 들여 변호사 쓴 거하고 아닌 거하고 형량 차이가 별로 안 나면 누가 변호사 쓰겠습니까? 장사 안 되죠. 그래도 잡범들 재판은 애들 코 묻은 돈 빼먹는 정도밖에 안 되는 거죠. 검사 판사 출신으로 전관예우 받는 동안은 힘 있는 사람들 재판 맡아서 거금을 번다고 하잖아요. 그리고 중소기업 하는 친구 얘기 들으니까 납품하는 대기업으로부터 아무리 억울한 일을 당해도 싸울 생각을 할 수 없다고 하더군요. 유형무형의 압력도 압력이지만 대기업의 어마어마한 변호사진을 어떻게 당하겠어요? 다 그렇게 끼리끼리 먹고사는 구조가 있는 거죠. 법 앞의 평등? 엿이나 먹으라죠."

나는 이런저런 경험을 통해 볼썽사나운 이른바 엘리트들의 모습이 개인적 윤리 의식의 결여 문제가 아니라 끊임없이 재생산되는 이권 구조와 관련되어 있다는 것을 몸으로 깨닫게 되었다. 어쩌면 나도 저 끼리끼리 먹고사는 이권 구조의 최말단에 속해 있었던 건지도 모른다는 생각도 들었다. 게다가 내 담당 검사의 끔찍한 엘리트주의는 이 끼리끼리 먹고사는 이권 구조에 넌덜머리가 나게 만들었다. 담당 검사는 엉뚱한 문구를 신문조서와 공소장에 넣고 싶어 했다. 내가 자기처럼 법대에 다니고 싶었는데 가정 형편 등으로 사대에 가게 되어 불만을 갖고 사회와 교육을 왜곡된 시선으로 보게 되었고, 결국 사회주의 사상에 빠져들게 되었다는 투의 내용이었다. 덕분에 조사받는 동안 감옥에선 금지되어 있는 커피와 담배를 마음대로 즐길 수 있었지만 무척 집요했다. 이건 아무래도 국가안전기획부 요원들이 대국민 선전을 위해 그런 구절을 넣으라고 요구하는 거거나 검사의 엘리트주의가 갑자기 발작을 일으켜 머리가 이상해진 거거나 둘 중 하나겠지 싶었다.

감옥에 가는 건 사회의 울타리 밖으로 쫓겨나는 경험이기 때문에 그 경험 자체가 엘리트주의를 일정 부분 무너트린다. 게다가 위에서 이야기한 경험들이 겹치면서 나는 완전히란 말을 붙이기는 좀 그렇겠지만 어쨌든 엘리트주의로부터 자유로워졌다. 그러자 내 생애 두 번째 경험하는 희한한 느낌이 나를 사로잡았다.

나는 초등학교 때 덩치가 작고 빼짝 마르고 얼굴이 노랬다. 형들의 말에 의하면 어머니가 나를 안 낳으려고 키니네(해열 진통제로, 예전에 낙태를 목적으로 사용되기도 하였다.)를 기절할 때까지 먹은 후유증일 거라고 했다. 그래서 그랬는지 초등학교 저학년 때는 머릿속이 안개가 낀 것 같아서 한글도 제대로 깨치지 못하고 구구단도 못 외워 나머지 공부를 하곤 했다. 그런데 5학년 초 어느 날 교과서를 읽는데 갑자기 그 뜻이 쉽게 이해되며 머릿속에 쏙쏙 들어오기 시작했다. 어둑어둑해지는 저녁 전등을 켰을 때처럼 머릿속과 세상이 환해지는 느낌이라고나 할까? 무척 신기했다.

감옥에서도 그런 느낌이 찾아왔다. 사회과학 책을 차입해 읽는데 갑자기 잘 이해가 안 되던 구절들의 속뜻이 쉽게 다가오기도 하고, 어떤 일들을 생각하면 그 일의 배후가 쉽게 파악되기도 하고, 내 생각을 가두고 있던 벽들이 떨어져 나가면서 더 넓은 세계가 보이는 것 같다고나 할까? 나는 그제야 엘리트주의가 나를 가두어 온 감옥이었음을 깨달았다. 그 감옥의 벽이 허물어지면서 생각과 상상이 자유로워진 것 같았다. 감옥에 와서야 엘리트주의의 감옥에서 벗어났다고 할까?

우리 교육의 가장 큰 잘못은 모든 사람을 엘리트주의의 감옥과 열등의식의 감옥에 가두는 것이다. 엘리트주의와 열등의식은 창조력과 잠재적 능력을 억압한다.

국가교육위원회 전말기 ❶

# 30년 만에 끝낸 숙제

## 내가 가장 많은 글을 썼던 때

　내가 글을 가장 많이 썼을 때가 언제일 것 같으냐고 물으면 내가 글쟁이인 걸 아는 사람들은 첫사랑에 실패했을 때 같이 뭔가 좀 그럴듯한 상황을 떠올릴 것이다. 그런데 불행히도 내가 가장 글을 많이 썼던 때는 85년 초여름 남산 국가안전기획부 지하 조사실에서였다.

　처음 한 3, 4일은 엄청 겁을 주고 잠도 안 재우며 태어난 후 기억나는 때부터 지금까지 살아온 과정을 최대한 자세히 쓰라고 했다. 얇은 편지지에 연필로 내 자서전을 열 번 가까이 썼던 것 같다. 책상 위에 얇은 편지지 쌓아 놓은 것이 거의 내 어깨 높이까지 올라오고, 연필을 잡은 손가락

마디 안쪽에 물집이 잡혀 세 번쯤은 터졌으니 내 생애에 다시 그렇게 많은 글을 짧은 시간에 쓸 일은 아마도 없을 것이다.

그렇게 살아온 과정을 반복해서 쓰게 하는 것은 설명이 안 되는 비는 시간이나 만난 사람 중에 설명이 잘 안 되는 사람을 찾아내기 위해서인 듯싶었다. 수사관 둘은 먼저 쓴 것과 뒤에 쓴 것을 비교하며 일치하지 않는 빈 곳을 찾으려 애를 쓰고 있었다. 빈 곳을 찾아내기 위해 며칠씩 잠을 못 자게 하여 비몽사몽간의 극한까지 몰아붙이는 모양이었다. 크게 비는 시간이 나오거나 설명이 안 되는 사람이 나오면 엉뚱한 조직 사건으로 조작할 수도 있지 싶어 정신이 없는 중에도 바짝 긴장하지 않을 수 없었다.

"이 자식 머리가 좋아서 더 쓰게 해 봤자 소용없겠어. 다른 게 안 나와. 그리고 뭐 뒤져도 별 거 없는데. 왜 그런 잡지 만들었는지 거기부터만 자세히 새로 쓰게 하지."

나이 든 수사관이 내가 쓴 걸 들고 나가 한참 있다 오더니 툴툴거리듯이 말했다. 사건을 조직 사건으로 키우는 건 포기하고 필화 사건으로 만들기로 방침이 정해진 모양이었다.

## 유체 이탈 교육

생각나는 대로 최대한 자세히 쓰라고 해서 이런저런 이야기를 쓰다가 잡지를 만들 때 참고했던 미르체아 엘리아데의 책에 나오는 이야기도 썼다.

한 인류학자가 일정한 주거 없이 밀림을 옮겨 다니며 사냥을 하는 뉴기니 원주민에 대한 연구를 하였다. 이 원주민들은 이동해 다니는 터라 몹시 불편할 텐데도 늘 오래되어 보이는 거대한 나무 기둥을 가지고 다녔다. 원주민들은 밀림 속에 캠프를 차릴 때마다 캠프 가운데에 이 거대한 기둥을 세웠다. 이 기둥이 인류학자의 관심을 끌었다. 인류학자는 이 기둥이 뜻하는 바가 무언지를 알아보고자 수년간 원주민과 함께 생활하며 연구를 하였다.

인류학자가 알아낸 바로는 원주민들이 들고 다니는 거대한 기둥은 우주의 중심을 상징했다. 그러니까 이 기둥이 있는 한 원주민들은 하늘과 인간과 땅이 소통하는 우주의 중심에 안전하게 있는 것이며, 우주의 중심에서 카오스에 질서를 부여하여 세계를 창조하는 자로서 존재하는 셈이었다.

연구를 마치고 돌아온 인류학자는 뒤에 이 뉴기니 원주민들에게 일어난 사건에 대한 소식을 듣고 충격을 받았다. 이 원주민들은 어느 날 밀림 안에서 모두 땅에 누워 빈사 상태에 이른 채로 발견되었다. 가지고 다니던 거대한 기둥이 사고로 부러지자 원주민들은 이제 우주의 중심이 부러져 세계가 붕괴되었으니 우리는 죽은 것이다 하고 땅에 누워 실제로 죽어가고 있었다. 인류학자는 기둥의 의미에 대한 자신의 이해가 매우 얕았음을 깨달았다. 인간이 자신이 있는 곳을 우주의 중심으로 생각하고 혼돈스러운 주위 환경에 질서를 부여하여 세계를 창조해 나가는 것은 단순한 논리의 문제가 아니라 적어도 그 부족원에게는 삶과 죽음 전부가 걸린 자기 존재의 이유이자 본질이었음을 깨닫게 된 것이다.

앞의 원주민 연구에서 이야기하는 인간 존재의 본질은 여러 시대의 주거 문화, 도시 구조, 설화, 종교 의례 등 다양한 현상에 대한 연구에서도 발견된다. 자신이 거주하는 곳을 우주의 중심으로 성화하고 카오스 상태의 주위 환경에 질서를 부여하여 세계를 창조해 나가는 존재로서의 인간의 본질은 아이들의 소꿉놀이에서도 발견된다. 마당에 네모난 선을 긋고 '여기가 우리 집이야.'라고 말하는 아이의 행위는 자신이 있는 곳을 우주의 중심으로 성화하는 행위에 다름 아니다. '그리고 나는 아빠고 너는 엄마야. 이게 우리 아기고 여긴 부엌.' 등등으로 질서를 부여하여 세계를 창조해 나간다.

필화 사건을 겪은 85년 민중 교육지의 핵심적인 주장은 우리의 학교 교육이 '자신이 거주하는 곳을 우주의 중심으로 성화하고 혼돈에 질서를 부여하여 세계를 창조해 나가'는 인간의 창조적 본질에 반한다는 거였다. 세계의 중심은 미국이나 서구의 어느 나라고 네가 사는 곳은 변방의 변방이니 성공하여 하루라도 빨리 대도시로 서울로 가능하다면 미국이나 서구의 어느 나라로 나가라고 가르치는 교육, 네가 이 학교를 졸업하고도 이 지역에 남아 있으면 넌 패배자고 낙오자라고 가르치는 교육은 인간의 창조적 본질을 억압하고 아이들을 자기로부터 소외시켜 유체 이탈을 강요하는 교육이다. 그런 교육은 급속한 산업화를 추진했던 때는 도움이 된 측면이 있었겠지만 머지않아 우리 사회 발목을 잡을 것이라는 비판이 민중 교육지 핵심 주장 중 하나였다. 나는 그런 교육의 문제점을 바로잡아 나가는 방법의 하나로 지역 교육과정을 이야기했고, 민중 교육지 표지 날개에 그러한 취지에 따라 지역 사회 교과서를 개발하여 보내

주면 책으로 출판해 주겠다는 광고도 냈었다. 그것도 정부에서 모든 출판물에 대해 사전 검열을 하던 엄혹한 시절이라 시비를 걸까 봐 지역 사회 교과서라는 말은 쓰지도 못하고 향토 교과서라는 고색창연한 이름을 붙여 광고를 냈다.

## 비자발적 유체 이탈과 자발적 유체 이탈

"그래 이렇게 시원시원하게 솔직하게 쓰라고. 미르체아 엘리아데 답 딱 나왔네. 이 자식 마르크스주의자지? 정통 마르크스주의자는 아닌 것 같고 종속 이론간가?"

수사관이 내가 쓴 걸 읽어 보고 얼굴이 환해져 웃으며 물었다.

"그 사람 그런 사람 아닌데요. 그 사람 세계적으로 유명한 종교학자입니다. 그 사람 책 우리나라에도 여러 권 번역되어 나왔어요."

"하하, 이 자식, 우릴 우습게 아네. 잠깐 기다려 봐."

수사관이 내가 쓴 걸 들고 잠시 어딘가 갔다가 인상을 쓰며 들어왔다.

"하, 이 자식, 속 썩이네. 누가 이런 종교학자 얘기 쓰라고 그랬어? 솔직하게 쓰란 말야, 솔직하게!"

또 이삼 일 동안 잡지에 나온 글 구절이 무슨 뜻인가를 풀어서 쓰는 글쓰기가 반복되었다. 새로 쓴 얇은 편지지가 가슴까지 쌓이도록 결론이 나지 않았다. 지겹기도 하고 수사관들이 딱하게 느껴지기도 해서 물었다.

"도대체 원하는 정답이 뭡니까?"

지쳐 늘어져 있던 수사관이 피식 웃으며 눈을 반짝였다.

"허, 이 자식 봐라? 그런 거 우리가 얘기하면 불법이지. 우리는 그런 불법적 방법으로 수사하는 사람들 아니야. 우린 그런 거 얘기 안 한 거다."

"우리 없다고 도망갈 생각 마. 이 지하실에서 나가 봤자 갈 데도 없어."

수사관 둘이 늘 내가 쓴 내용과 비교해 보던 타이핑된 서류를 슬쩍 책상 위에 흘리고 조사실을 나가 나 혼자 남았다. 뭐가 쓰여 있나 두고 간 서류를 대충 넘겨 보았다. 잡지에 실린 내 글과 대담의 구절들을 발췌해 놓고 마르크스주의 계급론, 종속 이론 등에 따른 반미 반제국주의 주장으로 북한에 동조 찬양 운운하는 뻔한 내용이었다.

한참 뒤에 수사관 둘이 돌아와 편지지 뭉치를 내밀었다.

"이제 좀 말이 통하려나? 새로 써 봐."

그 뒤부터는 조사라기보다는 절대적 갑과 절대적 을 사이에 벌어지는 일종의 협상이었다. 군사 정권이 마음먹고 정치 공안 사건으로 만들어 중앙 일간지 톱으로 여론 몰이를 했으니 그냥 풀어 줄 수는 없고, 그렇다고 자기들이 만들어 놓은 틀에 꼭 맞지 않는다고 무한정 시간을 끌 수도 없고, 잠을 못 자 비몽사몽인 상태에서 나도 지루한 줄다리기를 하는 데 한계가 있었다. 몽롱한 상태에서 똑같은 내용을 가지고 닦달을 당하다 보니 나중에는 내 원래 생각이 어떤 것이었는지 헷갈려 내가 분열되어 가는 느낌이었다.

드디어 조사가 끝나고 일주일만인가 처음으로 조사관들이 가져다준 군용 침대에 누웠다. 눕기만 하면 바로 곯아떨어질 줄 알았는데 너무 오래 잠을 못 자고 긴장 상태에 있어서 그런지 쉽게 잠이 오지 않았다. 잠이 든 건지 아닌지 모르는 상태에서 얼마나 시간이 지났을까, 나는 무언가에 깜짝 놀라 눈을 떴다. 그리고 한순간은 눈에 보이는 걸 이해할 수 없어 어리둥절했다. 그리고 다음 순간 경악하여 소리를 지르려고 하는데 목소리가 나오지 않았다.

내가 눈을 뜬 순간 내 눈에 들어온 것은 군용 침대에 얇은 모포를 덮고 누운 채 정면으로 나를 마주 보고 있는 나였다. 초췌해진 얼굴에 수염이 지저분하게 자란 모습이 생생했다. 저기 있는 게 나라면 나를 바라보고 있는 나는 뭐지? 물음과 함께 나는 공중에 떠서 정면으로 군용 침대에 누워 있는 나를 바라보고 있는 나를 자각하였다. 그 자각은 내가 경험한 것 중에 가장 끔찍한 공포였다. 비자발적 유체 이탈이란 그런 것이다. 유령을 만나는 것보다 더 큰 공포.

박근혜 정부 이후 일종의 사회적 용어로 쓰이게 된 유체 이탈이란 말은 정확하게 말하면 자발적 유체 이탈이고 대강 내로남불, 책임 회피, 자기 잘못을 모른 척 딴전 부리기 정도의 뜻을 갖는 듯싶다. 이 자발적 유체 이탈을 하시는 분들은 아마도 다른 많은 사람들에게 비자발적 유체 이탈을 강요할 힘을 가지신 분들일 게다. 나는 이 엉뚱한 의미로 쓰이게 된 유체 이탈이란 말을 들을 때마다 옛날 생각이 나서 기분이 좋지는 않다. 자발적 유체 이탈이야 여유만만한 분들이 하시는 거니까 공포스러운 건 아니겠지만 그래도 그리 권장할 만한 것은 아니지 싶다.

## 비자발적 유체 이탈

그런데 비자발적 유체 이탈이란 말은 내가 만들어 쓰는 말이 아니고 내가 처음 교단에 섰을 때 그 학교에 있었던 선배 교사가 한 말이었다. 76년 대학을 졸업하고 서울에 있는 한 고등학교 교사로 나갔는데 어느 날 출근을 했더니 책상 위에 시험지 뭉치 같은 유인물과 주소와 사람 이름이 나열되어 있는 서류가 놓여 있었다.

"또 지랄이야. 뭐 늘 하던 지랄이긴 한데……."

학교 선배이기도 한 강 선생이 한숨을 푹 내쉬며 투덜거렸다. 강 선생은 내가 부담임을 맡은 반의 담임이기도 했다.

"뭔데요?"

내가 의아한 표정을 짓자 강 선생이 내 책상에 놓인 유인물 한 장과 서류를 집어 내게 건넸다.

"정부에서 매월 말일을 반상회의 날로 정했잖아. 가정 방문 해서 거기 꼭 참여하라고 학부모들에게 홍보하고 확인 도장 받아 오라는 거야."

반은 ○○동 ○통 ○반 할 때의 반으로 행정 조직의 최말단 단위였다. 반상회는 그 반별로 매월 말일에 주민들이 모여 정부 방침도 전달하고 정부 홍보도 하는 회의였다. 참가하지 않으면 페널티도 있고 공무원 같은 경우는 불이익도 있고 해서 국민들의 상호 감시 체제를 만드는 거라고 논란이 많았다.

"아니 교사가 무슨 정권의 선전원입니까? 무슨 그런 걸 가지고 가정 방문까지 하고 확인 도장을 받아 와요?"

내가 발끈했다.

"역시 그렇지? 얼마 전까지 대학 캠퍼스에서 군사 정권에 돌 던졌는데 갑자기 이런 일 하는 건 무리겠지? 이리 줘 내가 김 선생 몫까지 알아서 할 테니까."

강 선생이 내 책상에 있는 유인물과 서류를 자기 책상으로 옮겼다. 내 것까지 합치면 가정 방문을 해야 할 집이 육칠십 군데는 되어 보였다.

"저 많은 걸 정말 가정 방문을 다 하시려고요?"

좀 미안한 마음이 들기도 해서 물었다.

"저걸 다 어떻게 가정 방문을 해? 애들한테 도장 받아 오라고 하고, 아주 안 갈 수는 없으니까 몇 군데 다른 일로 가정 방문 필요한 집에 겸사겸사 가 보는 거지. 또 비자발적 유체 이탈 몇 번 하는 거지 뭐."

"비자발적 유체 이탈요?"

"그럼 유체 이탈 안 하고 어떻게 반상회 꼭 참여하는 걸로 확인 도장 찍어 달란 말을 해? 정신은 저기 먼 다른 행성으로 보내 놓고 나 아닌 다른 놈이 얘기하듯이 말하는 수밖에 더 있어?"

그렇게 해서 나는 반상회 사태와 관련해서는 비자발적 유체 이탈을 안 하고 지나갈 수 있었다. 하지만 수업에 들어가 교과서를 가르치다 보니 비자발적 유체 이탈을 할 수밖에 없는 상황이 수시로 나타났다. 국어 교과서에는 '새마을 운동에 관하여' 같이 정권을 직접 선전하는, 하지만 국어 교육 관점에서 보면 문장이나 내용이 허접하기 짝이 없는 소단원들이 여러 개 들어 있었기 때문이다.

"얘들아, 이 소단원은 그냥 넘어간다. 왜 그냥 넘어가는지 말 안 해도 알겠지?"

대부분의 반은 이렇게 말하고 넘어가도 별 문제가 안 되었는데 일부의 반에서는 이거 대학 입시에 나오면 어떻게 하라고요 하며 문제 제기를 하는 아이들도 있었다. 그러면 비자발적 유체 이탈 상태에서 정신은 먼 행성으로 보내 놓고 나 아닌 다른 놈이 얘기하는 것처럼 가르치는 수밖에 없었다. 강 선배가 얘기한 비자발적 유체 이탈이 참 실감이 났다. 민중 교육지의 우리 학교 교육에 대한 문제 제기도 이 비자발적 유체 이탈 문제 의식의 연장선에 있었다.

## 교사들의 비자발적 유체 이탈에서 벗어나기

하지만 민중 교육지의 비자발적 유체 이탈을 강요하는 교육에 대한 문제 제기는 단순히 정권의 직접적인 개입에 한정되어 있는 건 아니었다. '서구 지식을 빨리빨리 받아들여 될 수 있으면 짧은 시간에 될 수 있으면 많은 사람에게 주입 암기하게 함으로써 서구 선진국을 빨리빨리 쫓아가야 한다.'는 서구 모델 따라가기 교육은 앞에서 이야기했듯이 인간의 창조적 본질을 억압하여 비자발적 유체 이탈을 강요한다. 그렇기 때문에 급속한 산업화를 추진하는 초기에는 도움이 될 수 있을지 모르지만 그 이후에는 오히려 경제 사회의 발목을 잡을 수 있다는 주장이었다.

민중 교육지 사건으로 징역을 살고 나온 이후 내가 주로 한 일은 교과

별·주제별 전국 교사 모임을 만들고 관련된 책이나 자료집을 만드는 거였다. 89년 전국국어교사모임을 시작으로 열 개 내외의 교과별 교사 조직을 만들고 교과 모임 연합을 만들었다. 그리고 환경, 통일, 교육 문예 등 주제별 전국 교사 모임도 서너 개 만들었다. 학생에게나 교사에게나 비자발적 유체 이탈을 강요하는 교육에서는 좀 벗어나 보자는 취지였다. 그리고 그런 취지에서 교육부에서 만든 '5차 교육과정 국어 교과서 지침서'에 대항하여 전국국어교사모임판 대안 '5차 교육과정 국어 교과서 지침서'를 만들어 단행본으로 출간하였다. 교육부가 만든 국어 교과서에 대항하는 대안 국어 교과서를 만들면 또 민중 교육지처럼 필화 사건이 될 것 같아 교사들이 교과서를 가르치는 데 도움이 되도록 교육부에서 만들어 배포하는 국어 교과서 지침서의 대안을 만든 거였다. 학생이 읽는 책이 아니라 교사들이 읽는 책이니 굳이 문제 삼지는 않겠지 했다. 그런데 전국국어교사모임 회장이 경찰 정보과에 가서 조사를 받았는데 당신에게 수배가 걸린 것 같으니 집에 들어가지 말라고 연락이 왔다. 집에 들어가지 못하고 한동안 떠돌이 생활을 했다.

그렇게 몇 개월 이 집 저 집을 전전하다 보니 어느덧 가을이 되어 있었다. 그때는 서울의 오래된 소형 아파트에 사는 후배 집에 숨어 있었는데 어느 날 아침에 창문을 여니 길을 따라 늘어선 은행나무들이 새파란 하늘을 향해 방전이라도 하는 듯 노랗게 물들어 있고 떨어진 은행나무 낙엽으로 길바닥이 온통 황금빛이었다. 숨이 턱 막히는 느낌이어서 나도 모르게 집을 나서 한참을 걸었다. 걷다 보니 전화 부스가 보여서 모처럼 집으로 전화를 했다. 집사람은 이런저런 얘기를 하다가 교육부에서 국어과 편수 책임을 맡고 있는 선배에게서 연락이 왔었다고 전화번호를 알려 주었다. 그 선배는 국어교사모임에서 하는 5차 국어과 교육과정에 대한 토론회에 발제자로 초청되어 오겠다고 했던 적이 있었다. 군사 정권 아래서 정부 부처의 중견 관료가 정부에 대해 비판적인 단체의 토론회에 참석하는 건 매우 이례적이고 당사자에겐 위험한 일이기도 해서 의아했는데 역시나 행사에 임박해서 취소하였었다.

통화를 해 보니 선배는 국어교사모임의 집요한 비판과 공격으로 엄청 곤란한 모양이었다. 그리고 무척 자존심이 상해 있었다. 미국 유학을 하고 와서 젊은 나이에 국어과 편수 책임을 맡고 나름 진취적으로 새로운 교육과정을 내놓았는데 그게 국어 교사들에게 집중포화를 맞으니 요샛말로 토론 배틀이라도 하고 싶은 심정이었나 보다. 그런데 위의 압력으로 토론회 참석도 못해 혼자 부글부글 끓고 있었던 모양이었다. 자기도 교육과정과 교과서를 만드는 중에 대통령비서실에서 이거 넣어라 저거 빼라 수시로 메모가 날아오는 거 정말 싫다. 그런 거 비판하는 거 충분히 공감한다. 그런데 5차 국어 교육과정에 대해 그렇게 비판하는 건 납득이 안 된다. 자기가 EBS 교육방송에 프로그램 시간을 확보해 놓았으니 토론을 하자고 했다. 내가 수배 중이어서 곤란하다고 했더니 자기가 교육개발원 사람들에게 망을 보게 할 테니 안심하고 오라고 했다. 당시에 교육개발원은 양재동 우면산 자락에 있었고 EBS도 당시에는 교육개발원의 부속 기관이어서 그 안에 같이 있었다.

집사람과 후배들의 위험하다는 만류를 뿌리치고 정해진 시간에 교육개발원 EBS 스튜디오로 가서 그 선배와 토론 배틀을 벌였다. 그 선배의 자존심을 믿고 간 것이었다. 토론의 말미에 선배가 그럼 대안이 뭐냐고 물었다. 그래서 교육과정에 대해 정권이 그렇게 직접적으로 개입하지 말고 사회적 합의가 가능하도록 '국가교육과정위원회'를 구성해서 국가 교육과정을 만들었으면 좋겠다고 했다. 그게 91년 무렵이니 지금으로부터 30년 전이다.

이 '국가교육과정위원회' 안은 2000년부터 중장기 교육 정책 전반을 다루는 '국가교육위원회' 안으로 확대되어 정치권에서 제기되기 시작했다. 그리고 문재인 정부에서 '국가교육위원회' 설립을 국정 과제로 정해 그 준비를 위해 대통령 자문 기구로 '국가교육회의'를 두었다. 나는 국가교육회의 1기 단장을 거쳐 2기, 3기, 4기 의장을 맡아 '국가교육위원회'를 준비해 왔다. 그리고 2021년 7월 초 마침내 '국가교육위원회 설치 및 운영에 관한 법률(국가교육위원회법)'이 국회를 통과하였으니 일단은 30년 만에 숙제를 한 셈이다. 하지만 내용적으로 보면 한 숙제보다 하지 못해 아직 남은 숙제가 훨씬 많다.

# 삼겹살에 소주 한잔

"어이, 오늘 비도 오시는데 삼겹살에 소주 한잔할까?"

'삼겹살에 소주 한잔'은 나 같은 서민 남성이 친구에게 술 한잔하자고 청할 때 쓰는 관용어이다. 코로나19로 사람 만나는 게 부쩍 어려워져서 요즈음은 '삼겹살에 소주 한잔'이란 관용어를 쓸 기회도 별로 없다.

그런데 4년 동안 매달려 온 '국가교육위원회법'이 통과된 날 '삼겹살에 소주 한잔'이 으레 쓰는 관용적 표현을 넘어 지글지글 비계가 끓는 불판의 냄새와 쓴 소주 맛으로 알싸하게 다가왔다. 모처럼 친구에게 전화를 걸었다.

"오늘 삼겹살에 소주 한잔 어때?"

그런데 말을 하는 순간 엉뚱하게도 노무현 대통령의 얼굴이 떠오르며 콧마루가 시큰해졌다. 노무현 대통령은 내가 만난 사람 중에 '삼겹살에 소주 한잔'이라는 말을 가장 간절한 마음으로 말했던 분이다. 아마도 '삼겹살에 소주 한잔'을 그렇게 간절한 표정과 억양으로 말하는 사람을 다시 만날 수는 없을 것이다.

참여정부 대통령비서실 교육문화비서관으로 들어간 지 한 달이 채 안 되었을 때였다. 노무현 대통령이 '교육은 내가 잘 모르니까 교육문화비서관한테 교육 문제에 대해 좀 배워야 되겠으니 한 시간 독대할 수 있게 일정을 잡으라.'고 지시를 했다고 대통령부속실에서 연락이 왔다. 대통령이 한 시간 독대 시간을 잡는 건 대단히 이례적인 경우라 바짝 긴장해서 2, 3일 열심히 준비해서 비서동 건물에 있는 대통령 집무실로 갔다. 노무현 대통령과 조기숙 홍보수석이 기다리고 있었다. 교육 문제에 대해 브리핑을 해야 하는 줄 알았는데 노무현 대통령은 한참 동안 나에게 말할 기회를 주지 않았다. 탄핵을 당해서 대통령 집무 정지로 관저에 유폐되다시피 했을 때의 일과 답답하고 외로웠던 심정에 대해 한참을 이야기하더니 탄핵에서 풀린 직후의 일을 이야기했다.

"탄핵이 풀리고 업무에 복귀했는데 거 왜 스트레스 엄청 받는 일 끝나고 나면 삼겹살에 소주 한잔 곽- 당길 때 있잖아? 마, 예전처럼 불판에 삼겹살 지글지글 구워 상추 싸서 마늘 고추 쌈장에 푹 찍어 얹고 소주 한잔하고 싶은 기라. 그래 가까운 젊은 비서관들에게 전활 했어요. 마, 해 지고 컴컴해질 때쯤 돗자리에 부르스타, 불판, 삼겹살, 소주 구해 가지고 청와대 본관 앞 잔디밭으로 와라. 오랜만에 예전에 부산에 있을 때처럼

'삼겹살에 소주 한잔' 하자. 그래 가 컴컴해질 무렵 본관 앞 잔디밭에 돗자리 깔고 부르스타에 불판 얹어 삼겹살을 지글지글 구운 기라. 머, 경호실에서 쫓아와서 그러시면 안 된다고 생난리지. 마, 씰 데 없는 소리 마라 하고 쫓아 보냈어요. 느그덜이 내 여기 갇혀 사는 게 얼마나 감옥 같은지 아나? 이런 것도 못하면 우째 살라고? 그래그래 해서 마침내 지글지글 삼겹살이 익은 기라. 한 손 상추에 삼겹살 마늘하고 고추 쌈장에 찍어 얹어 들고, 다른 손 소주잔에 찰랑찰랑 소주 부어 입에 막 털어 넣으려는 판인데 허 참 하필이면 그 순간에 누가 손목을 턱 잡는 기라. 아니 되옵니다. 보니 비서실장 영감인 기라. 경호실에서 연락을 했는지, 아 연락을 했어도 그렇지, 나이 많은 영감이 머 기운이 넘쳐서 이기 머 큰일이라고 집에 갔다가 그리 득달같이 쫓아오노? 와ㅡ 그래 다 구워 놓고 삼겹살 한 점 소주 한잔도 못 먹었어요. 머 노인네가 기운이 넘쳐서 득달같이 쫓아온 거 좋다 이기라. 근데 눈치라도 좀 있어야 하는 거 아니요? 아 삼겹살 몇 점 소주 두세 잔이라도 입에 넣는 거 지켜보고 있다가 나타나 손목을 잡으면 안 되나? 하여튼……."

노무현 대통령이 화를 내면서 말하다가 말을 뚝 끊고 내 눈치를 살짝 살폈다. 욕이라도 한마디 나올 판인데 문득 내가 이제 두 번째 얼굴을 보는 아직은 편하게 말할 수 있는 사람이 아니라는 게 생각난 모양이었다. 나는 눈이 마주쳐 씩 웃어 주었다. 노무현 대통령이 환하게 웃으며 말을 돌렸다.

"저번엔 좀 놀랬지요? 그때도 말했지만 대통령 되고 나서 정말 교육을 바꿔 보고 싶었습니다. 그래서 전교조에서 추천한 사람 교육부총리 시키고 해 보려고 했어요. 그간 전교조가 교육에 대한 문제 제기도 많이 해 왔고 준비도 되어 있다고 사람들이 그럽디다. 근데 별 문제 될 것도 없는 네이스가 무슨 엄청난 인권침해가 되는 것처럼 전교조가 전면 투쟁을 해서 결국 전교조가 추천한 교육부총리도 날아가고 아무것도 할 수 없는 상황이 되어 버렸잖아요? 정말 속이 상했습니다. 탄핵도 당했었고 임기 후반기라 늦은 감이 있지만 지금이라도 애들을 위해서 뭔가 할 수 있다면 해 보고 싶습니다."

나는 교육문화비서관으로 가기까지는 노무현 대통령과 일면식이 없는 사이였다. 어느 날 후배가 청와대 민정비서관이 교육 문제에 대해서 이야기를 듣고 싶어 한다고 저녁이나 같이하자고 전해 왔다. 그러지 뭐 하고 별 생각 없이 나갔는데 당시는 민정수석이었던 문재인 대통령이 같이 나와 있었다. 이호철 비서관이나 문재인 민정수석이나 나는 처음 보는 사람이었다. 교육 문제에 대해 이것저것 물어보아 이야기가 오갔다. 저녁을 마치고 헤어지기 전에 문재인 민정수석이 교육문화비서관을 맡아 줄 수 있냐고 물었다. 나는 갑작스러운 말이라 당황스러웠다. 이런 식으로 연고가 전혀 없는 사람을 쓰기도 하는구나 싶어 참 희한한 정부네 하는 생각도 들었다. 그리고 한편으론 참 신선하다는 느낌도 들었다. 그래서 그러마고 했고 바로 며칠 뒤부터 출근을 했다.

출근하고 일주일쯤 되었나 노무현 대통령과 점심을 같이한다고 연락이 왔다. 정책실장과 민정수석, 홍보수석 등이 둘러앉아 점심을 먹는데 노무현 대통령이 정권 초에 전교조의 네이스 투쟁으로 모처럼 마음먹고 전교조와 함께해 보려던 교육 개혁이 무산된 얘기를 하며 한 10분 넘게 불같이 화를 냈다. 노무현 대통령이 초면에 좀 미안했던지 점심을 마치며 '우리 교육문화비서관한테 화를 낸 거 아닙니다. 정권 초의 교육 개혁 기회를 놓친 게 너무 안타까워서요. 같이 열심히 해 봅시다.' 했다. 한 시간 독대 시간을 만든 데는 아마 처음 만나는 자리에서 뜬금없이 화를 냈던 데 대한 미안함도 있었던 모양이었다.

한 30분 쯤 지난 뒤에야 교육 문제에 대한 이야기가 오갔다. 국가교육위원회 안에 대한 질문도 있었다. 나는 그 안이 처음에는 정권의 직접 개입을 막고 사회적 합의에 의해 교육과정을 만들고 실행하자는 취지의 국가교육과정위원회 안으로 시작되었다는 얘기를 포함해서 설명을 했다. 노무현 대통령이 '그걸 우리가 만들 수는 없겠지요? 다음 정부에서라도 그런 게 되었으면 좋겠네요.' 하며 좀 쓸쓸하게 웃었다.

이제 국가교육위원회법이 통과되었으니 돗자리와 부르스타 불판에 삼겹살과 소주 들고 봉하 묘소에라도 가야 할까? 그 안에 누워만 계시는 것도 참 답답하실 테니 어떻습니까, 삼겹살에 소주 한잔!

# 사람을 움직이는 향기

○
●
●

 전국교직원노동조합이 만들어지고 얼마 지나지 않은 90년대 초의 일이다. 전교조 일로 지방에 다니느라 집에 자주 못 들어가는 날이 많았다. 다행히도 장모님을 모시고 처제들과 함께 살고 있어서 집을 비워도 그리 큰 염려는 되지 않았다.

 어느 날 지방에 갔다가 저녁에 집에 들어갔는데 집사람과 장모님이 현관에까지 나와 쭈뼛쭈뼛하는 게 분위기가 이상했다. 아내가 내 손을 잡고 안방으로 끌었다.

 "무슨 일 있었어?"

 내가 의아한 표정으로 묻자 내 귀에 대고 무슨 비밀처럼 아내가 말했다.

 "어젯밤 강도 둘이 칼을 들고 들어왔어."

"뭐?!"

나는 가슴이 쿵 하고 내려앉아 소리쳤다.

"그런데 아무 일도 없었어. 훔쳐 간 것도 없고. 좀 놀라긴 했지만……."

"애들은?"

"애들은 자고 있어서 몰라. 그러니까 애들한텐 아무 얘기하지 말아요."

난 뭔가 숨기려는 건가 싶어 유심히 아내의 표정을 살폈다. 아내의 얼굴은 평온했다.

"칼 든 강도 둘이 들어왔는데 아무 일도 없었다니 그게 무슨 얘기야?"

내 물음에 아내가 자초지종을 이야기했다.

새벽 두 시쯤 한참 자고 있는데 누군가 깨웠다. 내가 밤늦게 온 줄 알고 일어나는데 누군가 밧줄로 몸을 묶고 무릎을 꿇렸다. 정신이 번쩍 들어 쳐다보려는데 고개를 숙이라며 손전등을 얼굴에 비췄다. 언뜻 손에 들린 칼이 보였다. 무릎을 꿇고 벌벌 떨고 있는 동안 강도는 장롱을 뒤졌다.

"뭐 이렇게 가져갈 게 없어? 너 뭐하는 년이야?"

강도가 다시 얼굴에 손전등을 비추며 을러댔다. 아내는 자기는 전교조 해직 교사고 남편은 학교 교육을 비판하는 책을 썼다가 감옥살이를 한 해직 교사인데 지금은 전교조 일을 하고 있다고 미주알고주알 한 모양이었다.

"정말이야?"

"예, 현관문에 가 보세요. 거기 쟁반만 한 참교육 스티커 붙어 있어요."

뜻밖에도 강도는 확인을 하러 현관으로 갔다. 문 여닫는 소리가 들리더니 이층을 향해 외치는 소리가 들렸다.

"야, 이 집 전교조 해직 교사란다. 그냥 가자."

강도는 방으로 와 묶은 밧줄을 풀어 주었다.

"아이고, 고마워요. 정말 고마워요."

아내가 강도를 따라 마루로 나서는데 2층으로 통하는 계단으로 또 다른 강도를 따라 장모님이 내려오고 계셨다. 둘이 들어와 다른 한 명은 2층으로 가 장모님과 처제 둘을 묶고 집을 뒤진 모양이었다.

"아이고, 젊은이들 고마워. 정말 고맙네. 이걸로 차비라도 해요."

장모님이 현관으로 내려서는 두 강도에게 머리를 조아리며 꼬깃꼬깃한 만 원짜리 몇 장을 내밀었다.

"됐습니다. 그걸로 애들 과자나 사 줘요. 경찰에 신고 안 하실 거죠?"

아내에게 왔던 강도가 피식 웃으며 다짐을 주었다.

"그럼요. 그럼요."

강도 둘이 얼굴에 썼던 복면을 벗었다. 30대 초중반의 건장한 청년들이었다.

"그럼 믿고 갑니다."

두 청년은 현관문에 붙어 있는 참교육 스티커를 힐끗 돌아보고는 대문 밖으로 사라졌다.

난 가끔 이 일이 떠오를 때마다 두 강도를 그렇게 행동하게 한 힘이 과연 무엇일까 스스로에게 물어보곤 한다. 사람과 사람이 하는 일에도 무슨 향기 같은 게 나는 걸까? 두 강도는 움직인 방식이나 태도로 보면 프로에 가까운데 어떤 향기의 힘이 그들을 평소와 다르게 움직이도록 했을까?

어느 봄날 처가에 갔다가 비는 시간이 생겨 안양천 둔치를 따라 산책을 했다. 벚꽃이 활짝 핀 강변길을 따라 거니는 젊은 남녀들의 얼굴이 꽃보다 환하고, 아이들이 노는 소리들이 강가의 조약돌처럼 반짝였다. 그런데 공단 배수구 곁을 지나다 보니 목이 긴 새 한 마리가 검은 기름에 덮여 죽어 가고 있었다. 마지막 닫혀 가는 눈으로 나를 쳐다보는데, 막상 그 지독한 고통과 절망에는 아무 소리가 없었다. 문득 '참혹한 것에는 입이 없다'는 말이 머리를 스치고 지나갔다. 가장 할 말이 많은 참혹한 것에는 입이 없다. 그건 사회적으로 보아도 마찬가지다. 가장 해야 할 말이 많은 참혹한 삶은 사회적 발언권을 가지고 있지 못하다.

그날 밤 집으로 돌아와 '참혹한 것에는 입이 없다'는 제목의 시를 썼다. 시를 고치다가 문득 입이 없는 참혹한 것은 그냥 참혹할 뿐인데 왜 입이 없는 참혹한 것을 그린 그림이나 음악이나 시는 아름다울까 하는 의문이 들었다. 입이 없는 참혹한 것에 입을 달아 주는 그 행위, 그 관계 맺음이 어떤 향기를 만들어 내서 그림이나 음악이나 시를 아름답게 느끼도록 하는 것일까?

80~90년대 초의 전교조에는 향기가 있었던 것 같다. 입이 없는 참혹한 것에 입을 달아 주려는 열정, 획일적 교육에 눌려 입이 없는 참혹한 것이 되어 버린 아이들과 교육적으로 소외된 사람들에게 교육적 입을 달아 주려는 열정이 향기를 만들어 냈고, 아마도 그 향기가 우리 집에 강도로 들어왔던 두 청년에게도 영향을 미친 것이리라.

지금은 이 향기가 너무도 희미해진 것 같아 종종 쓸쓸해지곤 한다.

# 허무의 무게를
견디는 일

## 어머니

　우리 부모님 세대는 우리 역사에서 고난과 격동의 시대를 산 세대 중 하나일 것이다. 일제하에서 태어나 성장해서 결혼을 하고, 가족을 거느리고 해방 이후 이념적 대립의 격랑과 6.25 전쟁을 겪었고, 우리나라가 고도성장을 하던 시기에 그 짐을 지며 많은 자식들을 성장시켜 사회인으로 내보내야 했으니 말이다. 그래서 그런지 우리 어머님은 관용적이고 부드러운 성격이셨지만 매우 강한 정신력을 가지고 계셨다. 6남 1녀인 우리 집은 경제적 어려움으로 때로는 가족이 뿔뿔이 흩어져 살기도 하는 등 많은 우여곡절을 겪었다. 그런 중에도 어머님이 자식 앞에서 어렵다는 소리를 하는 경우가 거의 없었다. 연세가 많이 드신 뒤에도 늘 내게서 책을 가져다 웅얼웅얼「심청전」읽듯이 소리 내어 읽으시고 내 원고지를 가져다 뭔가를 쓰셨다. 어머니는 그 시대엔 여자를 학교에 보내려 하지 않았기 때문에 무학이셨고 교회에 다니며 한글을 깨치셨으니 내게서 가져가 읽는 책들의 대부분은 뭔가를 이해하려고 읽는 건 아니셨다. 쓰시는 글도 이제는 없어진 한글 글자인 '아래아'를 쓸 정도로 옛날 문법이어서 큰형만 해독할 수 있는 거였다. 큰형은 살아오신 이야기를 쓰시는 것 같은데 너무 성글어서 이야기 맥락이 잘 통하지 않는다고 했다. 그럼에도 어머니는 내게서 가져간—그게 때로는 난해한 사회과학이나 철학책이기도 해서 당혹스럽기도 했는데—책을 늘 읽고 내게서 가져간 원고지에 뭔가를 쓰고 계셨다. 어머니에겐 읽고 쓰는 행위 자체가 중요한 것 같았다. 어쩌면 그것은 무력해져 가는 몸과 함께 무력해지려고 하는 정신을 다잡고 벼리는 행위였을 것이다. 사람이 차지하는 무게는 그 사람이 사라진 뒤에야 제대로 알 수 있다더니 2000년에 어머니가 돌아가신 뒤에야 나는 비로소 어머니가 서 있던 자리의 무게를 알 수 있었다. 그리고 어머니가 왜 이해도 할 수 없고 맥락도 통하지 않는 책 읽기와 글쓰기를 멈추지 않았는지를 이해할 수 있었다.

어머니가 살아 계실 때는 아무런 권력도 재산도 학력도 없는 분이지만 어머니는 최종적으로 내가 마음을 기댈 수 있는 언덕이었다. 어머니가 돌아가시고 나니 이제는 내가 마음을 기댈 데는 없는데 내가 언덕이 되어 버텨 줘야 하는 가족과 후배들만 많다. 그런데 도대체 한 자연인으로서 내게 무엇이 있단 말인가? 죽어야 하는 존재로서의 허무와 한 자연인으로서의 무력감밖에 더 있는가? 내가 서 있는 자리는 절벽의 끝이었다. 절벽 아래는 죽음과 무력함의 심연이 시커멓게 입을 벌리고 있었다. 그런데 살날이 많이 남아 있는 아이들과 후배들은 아직은 이 허무의 심연에 적나라하게 직면해서는 안 된다. 사는 동안엔 열심히 충만하게 살아야 하니까. 절벽 밑 허무의 심연을 가리고 서서 그 허무의 무게를 혼자 견디며 마음을 기대 오는 후배들에게 삶은 살아 볼 만한 것이니 과정 과정을 충만하게 살라고 말하는 수밖에 없는 것이다. 이것이 무학의 아무런 권력도 재산도 없는 어머니가 혼자 외롭게 견뎌야만 했던 어른의 자리였다. 이해도 안 되는 책 읽기와 맥락도 통하지 않는 글쓰기를 통해서라도 정신을 끊임없이 벼리지 않고는 견디기 어려우셨을 것이다.

## 윤영규 선생

돌아가신 분들 중에 가족을 제외하고 나에게 어른으로 느껴졌던 사람을 들라면 나는 우선 초대 비합법 전교조 위원장이셨던 윤영규 선생님을 들 것이다.

전국교직원노동조합이 만들어질 때 나는 전교조와는 별개로 교과별 전국교사모임을 만드는 데 열중하고 있어서 교사들의 노동조합은 내 주된 관심사가 아니었다. 그런데 전교조 창립 대회 직전 지도부가 전교조 창립 대회를 예고한 상태에서 탄압 중지를 걸고 농성을 하던 공덕동의 김영삼 민주당 당사로 오라고 연락이 왔다. 윤영규 선생이 '농성을 끝내고 창립 대회를 강행하면 곧바로 구속되어 볼 기회가 없을 수도 있으니 그 전에 꼭 한번 보아야겠다.'고 한다는 거였다. 그래서 공덕동 당사로 갔다. 위원장단과 지부장들이 비장한 표정으로 둘러앉아 있었다. 자리를 차지하고 앉자 윤영규 선생이 무겁게 입을 열었다.

"창립 대회 끝나고 나면 여기 있는 사람들 중 어디까지 구속될지 알 수가 없네. 김진경 선생이 정책실장을 맡아서 전교조를 지켜 주었으면 좋겠네. 여기 있는 중앙집행위원회 위원들이 그렇게 뜻을 모았네. 김진경 선생은 잡혀가면 안 되니까 창립 대회 현장에 나오지 말고 안전한 데 있으시게. 뒤를 잘 부탁하네."

전혀 예상하지 못한 말이라 별로 실감이 나지 않고 얼떨떨했다. 어쨌든 일은 이미 벌어졌고 감당하기 어려운 어마어마한 짐을 지라는 것 같아 사양하고 싶은 마음은 굴뚝같은데 차마 못한다는 말을 할 수 있는 상황이 아니었다.

"우리랑 같이 움직이면 위험하니까 먼저 나가시게. 어려운 짐 지워서 미안하네."

윤영규 선생이 크고 두툼한 두 손으로 내 손을 꼭 쥐었다. 지부장들도 차례차례 악수를 하며 잘 부탁한다고 했다.

당사를 나와 어디로 가는지도 모르고 한참을 걸었다. 어느새 신촌 로터리까지 와 있었다. 시간이 지날수록 짐의 무게가 실감이 되어 눈에 보이는 다방에 들어가 소파에 몸을 묻었다. 그때는 실내에서도 담배를 피울 수 있었던 때라 줄담배를 피웠다. 다방 레지가 재떨이를 갈아 주러 왔다가 앞에 앉으며 실없는 소리를 했다.

"실연이라도 하셨어요?"

나는 그 엉뚱한 질문에 폭소를 터뜨렸다. 한참을 웃고 나니 이미 지워진 짐인데 못 질 것도 없지 하는 생각이 들었다. 나를 웃게 만든 레지가 고마워 레지 몫으로 커피를 한잔 시켜 주었다. 사람은 때로 다른 사람에게 전혀 의도하지 않은 상태에서 엉뚱하게 선한 역할을 하기도 하는구나 하는 생각이 들며 세상의 한 구석이 조금은 따뜻해진 느낌이었다.

전교조 창립 대회는 성동격서의 전술로 무사히 치러졌다. 대부분의 조합원들은 한양대로 집결하여 경찰들은 창립 대회 원천 봉쇄를 위해 한양대를 둘러싸고 조합원들을 연행하였다. 그 사이 지도부와 일부 조합원이 연세대에서 기습적으로 전교조 창립 선언을 하고 창립 대회를 마쳤다. 그리고 지도부들이 예상대로 차례차례 구속되거나 수배되어 활동을 할 수 없는 상태가 되어 갔다. 임시 지도부들은 구속의 위험성이 있는 행사나 장소에서는 나를 열외시켰다. 그래서 운명처럼 '만 명이 해직 위협에 굴하지 않고 버티면 이긴다, 버텨라'부터 1500명 해직 교사의 기습적인 명동성당 단식 농성까지 스스로 팔다리를 자르고 머리를 자르는 무수한 결정들을 부들부들 손을 떨며 할 수밖에 없었다.

1500 해직 교사들의 명동성당 단식 농성으로 비합법 전교조의 윤곽이 잡혔다. 군사 정권도 1500 해직 교사가 흩어지지 않고 결집해서 꾸려 나가는 비합법 전교조라는 실체를 그 이상 전면적으로 건드릴 수 있는 근거는 없었다. 다만 전교조가 학교 현장에서 후원회원을 확대해 나가고 시민 사회의 지지를 넓혀 나가는 걸 차단하기 위한 간접적 탄압을 하는 정도였

다. 그런 상황에서 나는 다시 한 번 손이 부들부들 떨리는 결정을 할 수밖에 없었다.

그간의 전교조 사수 투쟁을 마무리하고 이후 비합법 전교조를 어떻게 꾸려 나갈지를 논의하는 대의원 대회가 열렸다. 해직으로 어려움을 겪고 있는 해직 교사들은 대부분 심정적으로 3년 정도의 강력한 합법화 투쟁을 통한 합법화, 그 이상은 버티기 어렵다고 생각하고 있었다. 하지만 그건 바람일 뿐이지 현실은 아니었다. 나는 해직 교사 복직은 그 전에 이루어질 수도 있겠지만 합법화는 10년 정도 걸릴 것이니 현장과 지역에 튼튼히 뿌리내리기 위한 대중 사업을 중심으로 하면서 합법화 투쟁을 병행해 나가야 한다는 안을 냈다. 반대하는 사람들이 많아 격렬한 논쟁이 벌어졌다. 내가 낸 안은 말하자면 사람을 살리기 위해 심장에 닿지 않을 정도로 심장을 향해 칼을 찌르는 처방과 같았다. 적어도 해직 교사들에겐 심정적으로 그렇게 느껴졌을 것이다. 나는 어쩔 수 없이 아픈 소리를 하는 수밖에 없었다. 해직 교사들이 전교조 결성을 위해 엄청난 희생을 치르고 고통을 겪고 있는 게 사실이나 그럼에도 불구하고 전교조를 해직 교사들의 전교조로 만들어선 안 된다. 그건 전교조가 지는 길이다. 전교조는 모든 교사의 전교조, 모든 국민의 전교조가 되어야 이긴다. 표결을 통해 내가 낸 안으로 결정이 되자 책상을 치며 우는 해직 교사들이 곳곳에 보였다. 통곡을 하고 싶은 심정이야 난들 다르겠는가? 나는 안의 결정과 함께 이제 전교조 사수 투쟁은 마무리되었으니 정책실장 직을 내려놓겠다고 선언했다. 아무리 목숨을 살리기 위한 것이라 하더라도 심장을 향해 칼을 찌른 건 찌른 거였다.

정책실장 직을 내려놓고 연단에서 내려오는데 비유가 아니라 육체적 실감으로 양쪽 어깨에서 거대한 바위 두 개가 툭 떨어져 나가 적응이 안 되어 발을 헛디딜 정도로 몸이 가벼워졌다. 그때는 서른여덟의 젊은 나이여서 그냥 묵은 스트레스가 떨어져 나간 것이려니 했다. 그런데 어머니가 돌아가시고 나서 되돌아보니 그 떨어져 나간 바위의 무게가 내가 견딘 허무의 무게라는 걸 깨달을 수 있었다. 수많은 교사들이 각각 다른 사연을 지닌 채 교사로서의 생명을 걸고 기대 오는 데 막상 나는 죽어야 하는 존재로서 무력한 자연인으로서 그 허무를 묵묵히 견디는 것 이외에는 달리 방법이 없었던 것이다.

그러나 그 거대한 바위의 무게는 윤영규 선생이 평생 짊어지고 간 허무의 무게를 일시적으로 나누어 진 것에 불과했을 것이다. 윤영규 선생은 돌아가실 때까지 묵묵히 그 거대한 허무의 무게를 견디며 우리 후배들의 기댈 언덕이 되어 준 어른이다.

## 유상덕 선생

2010년 무렵이던가 유상덕 선생이 돌아가시면서 많건 적건 내가 마음을 기댈 수 있는 언덕이 되어 주던 선배는 이제 지상에서 사라진 셈이 되었다. 유상덕 선생은 80년대 이래 교사 교육 운동의 맏형이어서 우리가 가는 길이 과연 옳은 것이고 그만한 희생을 치를 가치가 있는 건지 회의에 빠질 때 마음을 기대며 편하게 짜증도 부리고 하는 어른 아닌 어른이었다. 그 때문에 유상덕 선생은 늘 군사 정권의 타깃이 되어 운신이 조심스럽고 자유롭지 못했다.

85년 내가 기획했던 민중 교육지 좌담에 유상덕 선생도 참여했었는데 나는 잡지 발간을 주도했다고 구속이 되고 유상덕 선생은 해직이 되었다. 서대문 구치소에 있다가 형이 확정되어 대전 교도소로 이감했는데 집사람이 면회를 와서 뭔가 말을 할 듯 말 듯 했다. 뭐냐고 물었더니 마음 상할 거라고 얘기하지 말라고 했는데…… 토를 달며 얘기를 꺼냈다. 유상덕 선생이 서울대 지리교육과 이병설 교수 간첩 사건에 연루되어 구속되었다고 했다. 깜짝 놀라서 얼마나 형을 받았냐고 물었더니 2년 형인가 3년 형인가 받았다고 했다.

"또 활동 못하게 하고 교사 교육 운동에 색칠하려고 억지로 엮었구먼. 진짜 간첩 사건에 연루되었으면 형을 그렇게 작게 받을 리가 없지. 별로 걱정할 것도 아니네. 그런다고 교사들 움직임을 막을 수 있는 것도 아니고……."

말은 그렇게 했지만 가슴이 몹시 아려왔다. 면회를 끝내고 방으로 돌아와 한참 멍하니 있었다. 그러다 책 행간에 끝을 뾰족하게 간 대나무 젓가락으로 꾹꾹 눌러 시를 썼다. 필기도구를 쓸 수 없기 때문에 글을 쓸 수 있는 방법은 그것뿐이었다. 서대문 구치소 소년수 사동에 있을 때 소년수들 항소 이유서를 써 주며 배운 방법이었다. 책 행간에 젓가락으로 눌러 글을 쓰면 잘 보이지 않아 책을 내보낼 때 교도관들의 검열에 걸리지 않았다. 「지금은 우리가 만나서 서로에게 고통뿐일지라도」란 시였는데 뒤에 윤민석이 곡을 붙여 노래로 만들었다.

지금은 우리가 만나서

서로에게 고통뿐일지라도

벗이여, 형제여, 사랑하는 사람이여 어서 오게나

지금은 우리가 고통으로 서로를 아는 때

지금은 우리가 상처로 서로를 확인하는 때

지금은 우리가

가슴에 박힌 가시철조망으로 서로를 부르고

흐르는 피로 끈끈하게 하나가 되는 때

형제여, 그러니 어서 오게나

이제 밤은 너무도 깊어

우리 살아 있음의 표지조차 어둠 깊이 사라져 가고

이제 고통만이 살아 있음의 유일한 척도이어라

오게나

이 밤엔 고통도 성스러워라

이 밤엔 고통만이 성스러워라

그것이 이 어둠을 건너

우리를 부활하게 하리니

첫새벽에 그것이

우리의 빛나는 보석임을 알게 되리니

사랑하는 사람이여

형제여

어서 오게나

그대 움푹 패인 수갑 자욱 그대로

그대 고통에 패인 주름살 그대로

우리 어떠한 것에도 고개 숙이지 않고

오직 서로에게 고개 숙여 서로의 상처에 입맞추느니

이 밤엔 고통만이 성스러워라

어서 오게나

지금은 우리가 만나서

서로에게 고통뿐일지라도

그것이 이 어둠을 건너

우리를 부활하게 하리니

## 허무의 무게를 견디는 일

유상덕 선생이 돌아가시고 마음을 기댈 언덕이 되어 줄 만한 사람도 없어졌지만 더 이상 교육과 관련하여 외롭게 허무의 무게를 견디는 일도 더 이상 없으리라 생각했다. 그런데 이제 칠십을 목전에 둔 나이에 다시 국가교육회의를 맡아 국가교육위원회 만드는 일을 하게 되었다. 다행히 국가교육위원회법이 통과되어 허망함은 면했으나 그 과정에서 89, 90년에 전교조 해직 교사들에게 했던 것과 같은 결정을 교육 전문가들에게 할 수밖에 없었다.

"나도 해직 교사이기 때문에 해직 교사 동지들이 어떤 뼈아픈 고통을 겪고 있고 어떤 희생을 치렀는지 너무도 잘 압니다. 하지만 그렇다고 해서 전교조가 해직 교사의 전교조가 되어서는 안 됩니다. 그건 지는 길입니다. 전교조는 모든 교사의 전교조, 모든 국민의 전교조가 되어야 이깁니다. 전교조는 아무리 강력하게 싸운다고 해도 절대 3년 안에 군사 정권이 합법화시켜 줄 리가 없습니다. 차마 그렇게 말하고 싶지 않지만 복직은 그 전에 될 수도 있지만 합법화는 10년은 걸립니다. 모든 교사의 전교조 모든 국민의 전교조를 만들겠다고 생각하며 사업을 해야 10년을 버티고 합법화를 이룰 수 있는 기반과 힘이 나옵니다."

교육 전문가들에게 아픈 소리와 결정을 할 때마다 전교조 해직 교사들에게 예리한 단도처럼 들이댔던 말들이 새록새록 떠올라 가슴이 아팠다. 하지만 똑같은 말을 할 수밖에 없었다.

"나도 여러분과 같은 자리에서 살아왔기 때문에 교육 전문가 분들이 오랜 세월 고생하고 헌신해 온 것 잘 압니다. 하지만 그렇다고 해서 국가교육위원회가 교육 전문가의 국가교육위원회가 되어서는 안 됩니다. 국가교육위원회는 아이들과 모든 국민을 위한 국가교육위원회여야 합니다. 길게 보면 그게 교육 전문가들이 사는 길입니다."

나는 격렬한 논쟁을 마다하지 않고 교육 전문가들 중심의 국가교육위원회 구성을 막는 결정을 계속할 수밖에 없었다. 일곱 명의 당연직에 지역 주민 대표를 집어넣고 국회 추천 아홉 명 중에 청년, 학생 각 한 명과 학부모 두 명을 의무적으로 추천하도록 하고 상설 자문 기구로 국민참여위원회를 두도록 하여 교육 전문가들이 의사결정에 관여하는 폭을 대폭 좁혔다.

우선은 디지털 기술이 일상화되고 사회가 급격하게 변하고 있는데 학교가 너무 폐쇄적이어서 현실로부터 괴리되고 있어 학교 시스템을 개방화하는 개혁이 필요하기 때문이었다. 그러한 개혁안은 폐쇄적 교육 시스템에 익숙해져 있는 교육 전문가들만 모아서는 나올 수도 추진될 수도 없는 것이다.

둘째는 우리나라도 선진국에 진입하여 서구 모델 따라가기에서 벗어나 스스로 길을 만들어 나갈 때가 되었기 때문이다. 산업화 시대의 교육 정책은 중앙에서 서구의 이론과 모델을 받아들여 적절히 가공하여 현장에 내려보내 시행하는 하향식이었다. 그렇기 때문에 외국 유학을 했거나 외국 이론과 모델을 공부한 전문가들의 권위와 정책적 영향력이 컸다. 하지만 이제 우리 스스로 길을 찾아 나가야 한다. 그러기 위해서는 우리의 현실로부터 올라오는 목소리와 국민의 집단 지성의 힘을 받아 전문성을 갱신하지 않으면 안 된다.

정치권의 간섭을 배제하고 교육 전문가들이 자유롭게 법적 구속력을 갖는 교육 정책을 결정하여 시행하면 교육적 이상 국가를 만들어 갈 수 있으리라 꿈꾸었던 교육 전문가들에게 지금 법률로 현실화된 국가교육위원회는 심정적으로 심장을 향해 찔러 들어오는 예리한 단도처럼 느껴질 것이다. 당연히 그런 결정의 중심에 있었던 사람은 욕을 먹을 수밖에 없다. 그만한 결정엔 그만한 욕이 따르는 것이려니 한다. 그런데 그런 욕이 윤영규 선생이나 유상덕 선생과 나의 관계를 건드릴 땐 웃음도 나오고 좀 걱정도 되어 혼자서 중얼거린다.

"이 양반은 '허무의 무게'를 주고받을 수 있는 사람 간의 관계가 어떤 것인지 알기나 하는 것인가? 그런 관계가 그렇게 쉽게 어그러질 수 있다고 생각하다니 이 양반은 그 연세가 되도록 한 번도 허무의 무게를 짊어져 본 적이 없는 건가?"

# 대입 정책은
# 왜 무능해졌을까?

국민의 교육 주권 행사 방식과 대입 제도

## 대입 정책은
## 모든 교육 정책의 무덤?

한 대선 후보가 수능 100%의 대입 정책을 발표했다는 기사를 보며 웃음이 나왔다. 대입 정책이 꼭 파리 잡는 끈끈이 같다는 생각이 들어서였다. 대선 때마다 관심을 끌기 쉽고 뭔가 쌈빡한 안을 내면 대량 득점을 할 것 같은 유혹 때문에 대선 후보들은 으레 대입 정책안을 발표하곤 한다. 그 바탕에는 물론 대입 정책을 지렛대로 해서 학교 교육을 일정한 방향으로 바꾸어 보고 싶다는 의지도 일정 정도 깔려 있기는 할 것이다.

그런데 막상 정권을 잡고 보면 무리한 대입 정책은 파리 잡는 끈끈이 같아서 한번 댄 손은 떨어지지 않고, 그 손을 떼려다가 다른 손이 들러붙고, 두 손을 떼려다 두 발이 들러붙어 옴짝달싹 못 하게 된다. 임기 내내 대입 정책 논란에 휩싸여 다른 교육 정책은 다뤄 보지도 못하고 지나가게 되는 경우가 많다.

가령 수능 100%를 주장한 대선 후보가 당선되어 다음 정부의 대통령이 되었다고 치자. 수능 100% 대입 안은 교육계 내부 지형은 물론 국민적 여론 지형에서 봐도 무리한 안이기 때문에 인수위 단계서부터 격렬한 내부 논란에 휩싸일 것이다. 대통령 당선자의 의지로 인수위 방침이 확정된다 하더라도 최소한 2022년은 수능 100% 대입 개편안을 연구 수립하는 데 들어가고, 대입 개편안은 2023년 초중반 정도 되어야 가시화되어 사회적 공론화에 들어가게 될 것이다. 수능 100%의 대입 안은 대단히 무리한 안이기 때문에 이때부터 정부 정책 전반의 진전을 어렵게 할 정도의 격렬한 사회적 논란이 시작될 수밖에 없다. 사회적 논란이 격렬해지면 사회적 공론화 과정이 얼마나 길어질지 알 수 없다. 결국 수능 100%의 대입 개편안은 2024년이나 2025년에 가서야 확정 발표될 수 있을 것이다. 그런데 현재는 대입의 안정성과 예측 가능성을 위해 4년 예고제를 시행하도록 법령에 규정되어 있다. 2024년이나 2025년에 확정 발표하는 대입 개편안은 2028년이나 2029년에 시행되는 것이다. 결과적으로 자기 임기 내에 시행되지도 않을 대입 안 때문에 임기 내내 사회적 논란에 시달려 다른 교육 정책은 다뤄 보지도 못하게 될 가능성이 크다.

그렇다고 2027년에 대통령 선거에 출마한 후보들이 그렇게 격렬한 사회적 논란을 일으킨 수능 100% 안을 그대로 이어받을까? 그럴 가능성은 제로에 가깝다. 결국 다음 정부에서 격렬한 사회적 논란을 겪으면서 수립된 수능 100% 대입 개편안은 다다음 정부에서 폐기될 가능성이 크다. 수능 100% 안이든 그와 정반대되는 학교생활기록부 100% 안이든 무리한 대입 개편안은 그대로 시행되지도 못하면서 격렬한 사회적 논란을 야기해 모든 교육 정책의 무덤이 될 뿐이다.

## 국민의 교육 주권 행사 방식과 대입 제도

세계 각 나라의 대입 제도를 살펴보면 대입 제도는 국민의 교육 주권 행사 방식이 어떠한가에 따라 크게 두 유형으로 나누어진다.

그 첫 번째는 국민의 교육 주권 행사가 주로 중앙 정부를 향해 간접적으로 이루어지고 단위 학교에 대한 인사, 재정 등의 직접적 주권 행사는 잘 이루어지지 않는 경우이다. 중앙 집권적인 교육 시스템인데, 이러한 시스템에서 대입 제도는 대체로 국가 차원의 시험이 주가 되고 학교생활기록이 부차적 자료가 되는 형태를 갖게 된다. 그리고 중앙 집권의 교육 체제에서는 국가 수준의 고사가 강력한 영향을 미치기 때문에 국가 고사의 문항들은 고교 교육과정과 최대한 일치시켜야 한다. 그러지 않으면 고교 교육과정이 허구화되기 때문이다. 프랑스, 중국, 일본 등이 여기에 속한다고 볼 수 있다.

그 두 번째는 국민의 교육 주권 행사가 주로 단위 학교를 향해 직접적으로 이루어지고 지방 정부나 중앙 정부에 대해서는 간접적, 부차적으로 이루어지는 경우이다. 카운티 주민들이 학교 이사회를 구성하고 교장을 초빙하며 교사와 임용 계약을 맺는 미국이 대표적이고 서구의 여러 나라들이 이와 유사하다. 이 경우에는 대입 제도가 학교생활기록을 주로 하고 국가나 외부 기관의 일괄적 시험이 부차적 자료가 된다. 그리고 국가나 외부 기관이 시행하는 대입 고사는 고교 교육과정에 온전히 일치시킬 필요는 없다. 고교 교육과정이 매우 다양화되어 있기도 하고, 국가 고사가 대입의 부차적 자료이기 때문에 대학 수학에 필요한 일반적 능력을 갖추었는지 좀 자유롭게 물을 수도 있다.

한국은 국민의 교육 주권 행사 방식으로 보면 주권 행사가 주로 중앙 정부를 향해 간접적으로 이루어지고 단위 학교를 향해서는 직접적으로 이루어지지 않는 첫 번째 유형에 속한다. 그리고 노무현 정부 때까지는 입시를 둘러싼 논란도 '대입에서 국가 고사가 주가 되고 학교생활기록이 부가 되는 제도'의 틀 안에서 이루어졌다. 노무현 정부 때의 대입 논란은 주로 수능 등급을 9등급으로 나눌 것인가 7등급으로 나눌 것인가 5등급으로 나눌 것인가를 두고 벌어졌는데, 이는 대입에서 국가 고사가 주가 되기는 하지만 그 틈을 성글게 하여 학교생활기록이 반영될 여지를 넓히자는 정도였다. 그래야 대입에 학생의 다양성을 살릴 수 있고 그게 미래 사회 변화에 맞는다는 취지였다. 그리고 노무현 정부 때는 이러한 입시 제도 변화에 부응하는 교육 자치 제도의 진전도 있었다. 교육감 직선제가 실시되고 단위 학교 교장 초빙제도 시범적으로 실시되었다.

그런데 이명박 정부 시절 이주호 장관은 입학 사정관 제도를 도입하고 학종 선발 비중을 대폭 높이는 등 학교 주민 자치를 기반으로 하는 미국식 대입 제도를 적극 수용하였다. 한국의 중앙 집권적 학교 시스템에 그와 정반대로 학교 주민 자치를 기반으로 하는 미국식 대입 제도가 결합된 것이다. 이러한 결합은 지극한 자기모순을 안고 있어 국민의 동의를 얻기가 쉽지 않다.

국민은 자신이 주권 행사를 하는 부분에 대해서는 일정 정도 신뢰를 보내고 책임도 지려 하지만 자신이 주권 행사를 하지 못하는 부분에 대해서는 신뢰하지 않고 책임도 지려 하지 않는다. 중앙 집권적인 우리나라의 교육 시스템에서 단위 학교는 지역 주민이 인사, 재정 등에 직접적으로 주권을 행사할 수 없는 영역이다. 그렇기 때문에 국민들은 대입과 관련하여 단위 학교에서 생산되는 학교생활기록에 대해 잘 신뢰하지 않고 그 기록의 결과에 대한 책임을 잘 받아들이지 않는다. 반면 국가 기구는 간접적 방식이지만 교육 주권을 행사할 수 있다고 믿기 때문에 대입과 관련하여 국가가 주관하는 대입 고사는 상대적으로 더 신뢰하며 그 결과를 받아들인다. 그래서 대입과 관련한 국민 여론은 압도적으로 수능과 같은 국가 고사를 선호하는 것으로 나타난다.

교원 등 교육 전문가의 입장에서는 중앙 집권적 교육 체제 속에서 학종 중심의 미국식 대입 제도가 시행되는 것을 선호할 수밖에 없다. 신분이 안정되는 속에서 간섭은 적게 받고 권한은 최대로 행사할 수 있기 때문이다. 이것은 학교 주민 자치가 이루어지는 미국의 학교와 비교해 보면 쉽게 알 수 있다. 미국 학교의 교장은 미국에서 자살률이 가장 높은 직종의 하나이다. 또한 미국의 교사는 학교 단위에서 계약을 통해 임용하기 때문에 신분이 안정적이지 않고, 따라서 지역 주민이나 학생 학부모의 요구에 대단히 민감하다. 학교 주민 자치가 이루어지는 학교에서 교원들이 받는 중압은 이와 같이 대단히 큰 것이다. 그렇기 때문에 학교에서 작성되는 학교생활기록을 신뢰하고 그 기록이 개인 학생에 미치는 영향을 받아들일 수 있는 것이다. 중앙 집권적인 교육 체제에서 미국식 대입 제도가 도입되면 학교 주민 자치가 이루어질 때 교원이 지게 되는 의무와 부담은 대부분 면제되고, 학생의 삶에 절대적 영향을 끼치는 교육적 권한을 갖게 된다. 그래서 교원과 교육 전문가의 여론은 학종 중심의 대입이 압도적으로 높다.

중앙 집권적 교육 체제에 그와 정반대의 토양에서 형성된 미국식 대입 제도를 도입함으로써 나타나는 위와 같은 모순을 완화하는 최소한의 방법은 교육장 직선제 도입 등을 통해 교육 자치를 기초 단위로 심화하는 것이고, 그보다 진일보한 방법은 교육 자치와 지방 자치를 통합하는 것이고, 가장 완벽한 방법은 교육 자치를 학교 주민 자치까지 심화시키는 것이다.

그러나 이명박, 박근혜 정부는 정반대로 직선 교육감의 교육청에 대해서는 적대적인 태도를 취하고 교장 초빙제의 확대를 가로막는 등 오히려 중앙 정부의 장악력을 높이려 하였다. 대입 제도에 대한 국민의 불신과 불만은 폭발 직전까지 커졌고, 대입 제도에 대한 국민 여론과 교육 전문가 여론의 괴리 또한 커질 대로 커졌다. 그리고 유력 인사 자녀의 부정 입학으로 대입에 대한 국민적 불만과 불신이 폭발하였고, 대입 제도에 대한 국민의 불신과 불만이 공정성 논란으로 표출되었다.

## 다음 정부가 풀어야 할 참 난감한 숙제

촛불 혁명으로 박근혜 대통령이 퇴진하면서 문재인 정부는 인수위 없이 정부를 출범시켜야 했다. 꼭 그것 때문이라고만은 할 수 없지만 문재인 정부는 교육 부문에서 이주호 장관이 도입한 미국식 제도 정책 기조의 연장선에서 교육 정책을 전개하였고, 특히 정권 초기에 박근혜 정부에서 잡아 놓은 일정대로 학교생활기록 중심의 대입 개편안을 발표하였다. 이를 계기로 이명박 정부 박근혜 정부를 거치며 누적되어 온 대입 정책에 대한 불만이 한꺼번에 터져 나와 초기 문재인 정부를 흔들었다. 교육부는 대입 개편안 확정을 유보하고 국가교육회의 공론화에 넘기는 방식으로 갈등을 수습하는 수밖에 없었다.

하지만 그 이후에도 문재인 정부의 교육 정책이 이주호 장관이 도입한 미국식 제도 정책의 연장선에서 추진되었고 그에 부응하는 학교 주민 자치를 지향하는 교육 자치 제도의 심화는 없었기 때문에 근본적인 문제는 해결이 안 되었다. 여기서 근본적 문제라 함은 앞에서 말한 중앙 집권적 교육 체제와 학교 주민 자치 토양에서 형성된 미국식 대입 제도 고교 학점제, 교육과정과의 불일치로 나타나는 모순과 갈등을 말한다. 이 근본적 문제를 풀어야 하는 주체는 다음 정부이다. 교육과정 개편, 고교 학점제 전면 시행, 대입 제도 개편안 확정 일정이 모두 다음 정부 임기 내로 잡혀 있으니 말이다. 그리고 그 구체적 숙제는 아마도 새로 출범하는 국가교육위원회로 떨어질 것이다. 국가교육위원회는 출범하자마자 참 강적을 만나는 셈이다.

  중앙 집권적 교육 체제와 학교 주민 자치에 뿌리를 둔 미국식 제도 사이의 괴리로 나타나는 모순을 해결하기 위해서는 우선 학교 주민 자치를 지향하는 교육 자치 제도의 심화에 대한 로드맵이 만들어져야 하고, 그 로드맵에 맞추어 정책들을 섬세하게 조정해 나가야 할 것이다. 그런데 말이 쉽지 학교 주민 자치를 향한 교육 자치의 심화는 엄청난 저항의 벽을 넘어야 하는 일이다. 그렇기 때문에 문제를 해결하는 마지막 수순은 한국의 상황에서 가능한 교육 자치 제도의 최대치를 가늠하여 윤곽을 잡고 그에 맞게 정책의 지향을 조정하는 일일 것이다.

국가교육위원회 전말기 ❷

# 학교로부터 발신되는
# 위험 신호

### 30년이 지나도 끝내지 못한 숙제

### 왜 교사들은 학생으로부터
### 도망가려 할까?

요즈음 가장 심각한 교육 문제가 뭐냐고 묻는다면 나는 서슴없이 '교사가 아이들을 두려워하고, 아이들로부터 도망치는 것'이라고 대답할 것이다. 학교 현장을 폭넓게 아는 사람이라면 아마도 쉽게 이 대답에 고개를 끄덕일 것이다.

이러한 현상은 학교에서 학생부장이나 담임을 누가 맡고 있는지를 들여다보기만 해도 금방 확인이 된다. 학생부장은 교육 경력 1, 2년인 기간제 교사가 맡고 있는 경우가 많고, 담임도 일단 기간제 교사들로 채우고 사람이 부족하면 정규직 교사들이 맡는다. 교사들이 모두 학생으로부터 도망가려 하기 때문에 결국 교사 중 신분상 약자인 기간제 교사가 일천한 교육 경력에도 불구하고 학생 생활 지도의 어려운 일을 맡게 되는 것이다.

수업은 어떤가? 학교마다 편차가 있긴 하지만 중학교 기준으로 대략 80%의 아이들은 자거나 딴짓을 한다. 10%의 아이들은, 공부는 방과 후에 사교육을 통해 하니까 피곤하다고 잔다. 수업을 열심히 듣는 아이들은 10% 정도이다. 대다수 아이들이 자거나 딴짓을 하기 때문에 수업하기가 힘들다. 자거나 딴짓을 하는 아이들을 타일러 데리고 가는 게 원칙이지만 엄두가 나지 않기도 하고, 그러다가는 아이들과 싸우는 게 일이 되어 교과서 진도를 나가기도 어렵다. 하는 수 없이 90%의 아이들은 없는 것처럼 혼자서 떠드는 식의 수업을 할 수밖에 없다. 학교가 이런 상태이다 보니 대부분의 교사들이 연금만 된다면 빨리 명퇴를 하고 싶어 한다. 명퇴는 아이들로부터 완벽하게 도망치는 마지막 방법이다. 그런데 교사들은 왜 이렇게 아이들로부터 도망치려 하는 것일까?

그 이유는 대다수 아이들이 학교와 학습으로부터 도망가는데, 어디에서도 그걸 수습할 방도가 제공되지 않아 교사 개인으로서는 감당하기가 어렵기 때문이다.

# 아이들은 왜 학교와
# 학습으로부터 도망가려 할까?

아이들이 학교와 학습으로부터 도망가는 문제가 소수가 아닌 아이들 일반의 문제가 되기 시작한 것은 90년대 초중반이었다. 우리 사회에서 처음으로 왕따, 학교 폭력, 교실 붕괴가 신문, 텔레비전 등을 통해 공론화된 것이 바로 93, 94년 무렵이었다. 왕따, 학교 폭력은 70, 80년대에도 있었던 말이긴 하지만 사회적으로 중요성을 갖는 말은 아니었고, 교실 붕괴란 말은 70, 80년대에는 아예 없었던 말이었다. 이전에는 존재하지 않았던 교실 붕괴란 말이 사회적으로 중요한 의미를 갖는 단어로 자리 잡았다는 것은 이 시기에 수업이나 학생 지도가 사실상 불가능할 정도로 '아이들이 학교와 학습으로부터 도망가는' 현상이 일반화되기 시작했다는 것을 의미한다. 왜 90년대 초중반에 갑자기 이러한 현상이 나타난 것일까? 그 이유는 학교에 오는 아이들에게 90년대 초 4, 5년 사이에 질적 변화가 일어났기 때문이었다.

이러한 아이들의 질적 변화는 89년에 해직되었다가 94년에 복직한 전교조 해직 교사들을 통해 충격적으로 드러났다. 1500명 남짓의 전교조 해직 교사들은 그들에 대해 어떤 가치 판단을 하던 상관없이 하나 분명한 것은 아이들을 좋아하고 아이들과 소통이 활발했던 교사라는 것이다. 그래서 94년 이들이 복직했을 때 무척 행복해하리라 생각했었다. 그런데 행복해하기는커녕 대부분이 우울증을 앓았고 정신과 치료를 받는 복직 교사들도 심심치 않게 있었다. 왜 그러느냐고 물어보면 이구동성으로 하는 말이 89년까지 교실에 앉아 있던 아이들과 전혀 다른 아이들이 교실에 앉아 있다는 것이었다. 그래서 해직되기 이전의 경험을 바탕으로 온갖 방법을 동원하여 소통하려고 하는데 안 된다고 했다. 교육은 최종적으로는 교사와 학생의 관계에 의해 완성이 되는 것이니 교사와 학생 간의 소통이 끊겼다는 것은 교육적으로 매우 근본적이고 심각한 문제가 아닐 수 없었다. 그렇다면 90년대 중후반 아이들은 어떻게, 왜 변했을까?

우리 산업화 세대 의식 구조의 가장 큰 특징은 정신적 가치를 대단히 높게 평가하고 몸의 가치를 대단히 낮게 평가한다는 것이다. 그래서 몸의 욕구는 천한 것이고 그렇기 때문에 정신에 의해 늘 감시되고 통제되어야 한다고 생각한다. 산업화 세대의 가치관은 이러한 의식 구조를 바탕으로 하여 형성되어 있다. 예컨대 산업화 세대는 부부 사이가 안 좋아도 이혼을 거의 하지 않는다. 결혼이라는 사회적 약속은 정신적 가치로서 높은 지위를 갖고 부부간에 궁합이 맞는지 안 맞는지는 몸의 욕구이기 때문에 천한 것이다. 그래서 부부간 몸의 욕구가 안 맞아도 참고 살아야 한다고 생각한다. 89년까지는 교실에 앉아 있던 아이들이나 교사나 위와 같은 산업 사회형 의식 구조를 가지고 있었다. 그래서 60~70명의 학생이 교실에 앉아 있다고 해도 수업이나 학생 지도에 큰 어려움은 없었다.

그런데 놀랍게도 90년대 초 4, 5년 사이에 교실에 앉아 있는 아이들의 의식 구조에 질적 변화가 일어났다. 의식 구조에서 몸의 지위가 상당히 높아지고 정신의 지위가 상대적으로 낮아졌다. 지금의 젊은 세대는 산업화 세대처럼 몸의 욕구를 천하다고 생각하거나 억누르고 참아야 한다고

만 생각하지 않는다. 그리고 정신적 가치를 그렇게 높게 생각하지도 않는다. 그래서 부부간에 몸의 욕구가 맞지 않으면 쉽게 이혼한다. 아이들의 의식 구조가 산업화 세대와 반대 방향으로 바뀌기 시작한 것이다. 그러니 복직 교사들은 전혀 다른 아이들이 앉아 있다고 느낄 수밖에 없고, 온갖 방법을 동원해도 소통이 잘 안 될 수밖에 없었다. 한데 진짜 심각한 문제는 아이들의 의식 구조가 산업화 세대와 반대 방향으로 변하면 아이들이 산업 사회 학교 교육 시스템과 정면충돌할 수밖에 없다는 데 있다.

현재까지 유지되고 있는 근대 학교 교육 시스템은 산업화 세대의 의식 구조를 그대로 제도화해 놓은 것이다. 근대 공교육의 성립 근거는 '국민이 자녀 교육의 권한을 국가에 위임했다.'이다. 국가는 국민으로부터 위임받은 자녀 교육의 권한을 학교장에게 위임하고, 교사가 그 위임받은 자녀 교육의 권한을 구체적으로 행사한다. 국민이 자녀 교육의 권한을 국가에 위임했다는 것은 국민이 학교 교육에서 머리, 즉 이성의 지위를 국가에 부여했다는 것이다. 그러니까 '국가-학교장-교사'는 근대 학교 교육에서 머리 즉 이성의 지위를 갖는다. 그러면 몸의 지위를 갖는 건 누구인가? 근대 학교 교육 시스템에서 몸에 해당하는 것은 학생이다. 이성에 의한 몸의 통제 체제, 이것이 근대 훈육 교육 시스템이다. 그래서 산업화 세대는 근대 학교 교육에 상대적으로 잘 적응했다. 자신의 의식 구조와 학교 교육 시스템의 구조가 똑같으니까.

그런데 산업화 세대와는 반대로 의식 구조에서 몸의 지위가 높아지고 정신의 지위가 상대적으로 낮아진 젊은 세대는 학교 교육 시스템과 충돌할 수밖에 없다. 의식 구조에서 정신의 지위가 낮기 때문에 학교 교육에서 정신의 지위를 갖는 교사와 학교장의 권위를 잘 받아들이지 않는다. 의식 구조에서 몸의 지위가 높아졌기 때문에 학교 교육에서 몸에 해당하는 학생들의 자기주장이 강해진다. 이렇게 의식 구조가 달라진 아이들이 낡은 학교 교육 시스템과 전면적으로 충돌하기 시작한 때가 바로 90년대 초중반이었다.

## 아이들의 변화를 돌이킬 수 없다면 학교가 학생들에 맞추어 변해야지?

그런데 아이들의 이러한 변화는 싫다고 되돌릴 수 있는 것일까? 그렇지 않다.

인간의 노동력을 통제할 필요성이 큰 시대에는 인간의 의식 구조가 정신의 지위가 높고 몸의 지위가 낮은 형태로 형성된다. 그래야지만 인간의 몸, 인간의 노동력을 통제하기가 쉽기 때문이다. 농경 사회나 산업 사회가 그런 시대이다. 예컨대 산업화 시대에 노동자들이 임금 인상을 요구한다고 하자. 관리자가 가서 묻는다. 당신들 육체노동 해요, 정신노동 해요? 우리 육체노동 하는데요. 그럼 정신적 가치가 높아요, 몸의 가치가 높아요? 당연히 정신적 가치가 높지요. 그러니까 육체노동을 하는 당신들 임금 싸게 받는 게 맞잖아요. 그리고 육체노동 하는 당신들은 당연히 정신노동 하는 내 말을 잘 들어야 하는 거 아닌가요? 의식 구조에서 정신적 지위가 높으면 높을수록 몸의 지위가 낮으면 낮을수록 노동자는 위와 같은 관리자의 논리에 순응하게 될 것이다.

　인간의 몸을 통제할 필요성이 적은 시대에는 인간의 의식 구조에서 몸의 지위가 높아지고 정신의 지위가 상대적으로 낮아진다. 지금 아이들이 살아가는 지능 정보 사회, 소비 사회가 그런 사회이다. 지능 정보 사회에서는 주된 부가 가치가 새로운 지식 정보를 생산하는 지식 노동에서 나오고, 산업 사회에서 인간이 하던 단순 육체노동을 인공 지능 로봇이 대체해 간다. 인간의 몸, 육체 노동력을 통제할 필요성이 적어지는 것이다. 또 소비 사회에서 몸의 욕구는 천한 거니까 억누르고 참으라고 해서는 물건을 팔아먹을 수가 없다. 우리의 일상생활을 가득 채우고 있는 상품 광고가 하는 말은 '몸의 욕구는 중요한 거니까 잘 채워야 해. 그것도 얼마나 고급으로 채우는가가 너의 가치를 결정하는 거야.'이다. 90년대 초중반 아이들의 의식 구조에서 몸의 지위가 높아지고 정신의 지위가 상대적으로 낮아지는 변화는 이러한 지능 정보 사회, 소비 사회로의 사회 변화를 반영한 것이다. 객관적인 변화이고 우리 사회가 산업 사회로 후퇴하지 않는 한 되돌릴 수 없는 변화이다.

　아이들의 변화가 되돌릴 수 없는 거라면 학교가 아이들의 변화에 맞추어 변화하는 수밖에 없다. 그런데 우리의 학교 교육 시스템은 30년을 변하지 않고 그냥 왔다. 그 사이에 90년대 초의 X세대는 가정과 지역 보호 교육 기능의 공동화로 인한 성장 환경의 위험, IMF 관리 체제와 신자유주의의 정글, 게임 중독과 준게임 중독의 보편화를 거치면서 MZ 세대로까지 나아갔다. 이러한 상태에서 교사들은 낡은 산업 사회 교육 시스템과 변화한 아이들 사이에 끼어 아무런 문제 해결의 수단을 찾지 못하고 아이들로부터 도망가는 꿈을 꿀 수밖에 없다. 문제 해결의 실마리를 어디서 찾아야 할까?

## 교육 현장에 어떤 수단들이 주어져야 문제를 풀어 나갈 수 있을까?

문제를 선명하게 하기 위해 극단적인 예를 들어보겠다.

서울에서 부부 교사를 하던 친구가 시골에 내려가 교사를 하다 명퇴하고 거기 살겠노라고 집을 짓고 시도 간 전출을 내서 내려갔다. 친구는 집을 지은 어항에 있는 고등학교에 근무하게 되었고 부인은 좀 떨어진 도시 근처의 중학교로 출퇴근을 했다. 전출 간 첫해에 그 집에 놀러가 친구에게 물었다.

"여기 애들은 어때? 가르칠 만해?"

나의 물음에 친구는 얼굴을 찌푸리며 난감한 표정을 지었다.

"애들이 쉬는 시간에 의자를 늘어놓고 그 위에 누워 자. 그런데 수업 시작했다고 깨워도 일어나지를 않네. 그간에 아마 그냥 그렇게 지냈나봐. 내 1년간의 목표는 아이들이 수업 시간에 누워 자지 않고 의자에 앉아 자게 하는 거야. 자 1년간의 목표를 위하여!"

싱거운 소리를 잘 하는 친구가 잔을 내밀며 웃었다. 그곳은 아직 평준화가 안 되어서 친구가 있는 학교는 중학교 성적이 하위인 아이들이 오는 모양이었다.

1년 뒤에 다시 놀러가서 목표 달성했냐고 물었다.

"그럼! 목표 초과 달성했지. 이제 아이들이 앉아서 책상에 엎드려 자. 그뿐인 줄 알아? 애들한테 처음엔 딱 5분만 나중엔 딱 10분만 수업하는 걸로 약속을 해서 50분 중 10분은 수업을 해. 그나마 역사 과목이니까 재미있는 이야기로 만들어서 수업을 하지, 수학이나 영어 과목이었다면 명퇴하는 수밖에 없었을 거야."

그 고등학교의 경우는 거의 전부라고 해도 과언이 아닌 아이들이 이미 학습으로부터 도망간 상태이다. 그런데 중앙에서 내려오는 교육과정에는 천차만별의 학교와 학생들의 상황과는 상관없이 획일적으로 과목과 이수 시간, 그 시기 시기에 도달해야 하는 학습 목표, 상당히 높은 수준의 성취 기준이 촘촘하게 정해져 있고, 그에 따라 진도를 끝까지 다 나가야 하는 획일적 교과서가 주어진다. 그리고 교육청과 교육지원청은 교사가 이 교육과정에 따라 교육 활동을 충실히 하는지 관리 감독을 한다. 이 교육과정과 교과서를 충실히 따르는 방법은 친구가 있던 고등학교에서는 모든 학생들이 잠든 교실에서 교사 혼자 떠들다 나오는 것뿐이다. 중앙에서 세부적인 것까지 모든 것을 획일적으로 정해 현장에 내려보내는 산업 사회의 학문 중심 교육과정 체제, 그 교육과정이 제대로 시행되는지 관리 감독하는 산업 사회 교육 행정 체제가 그대로 온존하는 한 그 고등학교 교사들은 모든 아이들이 잠든 교실에서 혼자 떠드는 수업을 하거나 명퇴하는 것 외에 다른 선택지가 있을 수 없다.

그렇다면 어떤 제도와 정책적 수단이 주어져야 그 고등학교 학생들이 잠에서 깨어나고, 교사와 함께 의미 있는 교육 활동을 하며 성장해 나갈 수 있을까?

　우선 교육과정 전체 시간 중 30% 이상의 시간에 대해 과목 설정, 시간 배당 등 모든 권한을 학교 자율로 줄 필요가 있다. 그래서 학교가 (1) 학생들의 자기 형성에 필요한 견학, 스포츠 활동, 노작 활동 등의 체험 학습, 멘토링과 상담 등의 커리큘럼을 자유롭게 운용하거나 (2) 학생의 자기 진로와 관련된 심화된 강의, 현장 체험 등의 커리큘럼을 자유롭게 운용할 수 있도록 해야 한다.

　둘째, 중앙에서 과목과 시간을 정하는 70%의 교육과정도 학교와 학생의 상황과 수준에 따라 내용을 재구성하여 교수 학습을 할 수 있도록 자율성을 주어야 한다. 예컨대 친구가 가르치는 역사 과목이라면 그 지역의 역사 탐방부터 시작하여 흥미를 유발하는 과정이 없으면 실질적 수업 진행이 어려울 것이다.

　셋째, 광역 단위로 그 지역의 고등 직업 교육 등 모든 교육 자원을 개방하여 디지털 플랫폼(K-EduVerse)을 구축하고 학생들이 이 플랫폼을 활용하여 자기 커리큘럼을 짜서 학교 자율로 주어진 30%의 학점을 이수할 수 있도록 지원할 필요가 있다. 이와 관련하여 교사는 컨설턴트 역할을, 교육청과 일반 지자체는 온오프라인 이수가 가능하도록 지원하는 역할을 해야 한다.

　위와 같은 제도 정책의 변화는 '학생 개인이 학력 경쟁을 하는 산업 사회 교육 체제'에서 '학교와 교육 자치체, 지방 자치체가 교육력 경쟁을 하는 미래형 교육 체제'로의 전환을 의미한다.

# 변화는
# 도미노처럼 일어난다

 현장에까지 파급력을 갖는 실질적인 변화는 도미노처럼 다른 변화들을 일으킨다.

 앞에서 말한 광역 단위 교육 디지털 플랫폼 'K-EduVerse'의 이용 연령을 청년, 장년, 노년으로 확대하면 'K-EduVerse'는 그대로 전 국민의 평생 학습 플랫폼이 된다. 모든 국민이 고등학교 시절에 'K-EduVerse'에 등록하고 총 수업 시간의 30%를 스스로 커리큘럼을 짜서 이수를 하면 고교 졸업 이후에도 'K-EduVerse'를 활용할 가능성이 크다. 여기에 조금만 제도, 정책적 지원이 가해지면 미래형의 평생 학습 체제가 국민의 삶과 교육의 중심으로 들어오게 될 것이다.

 또한 학생들이 총 수업 시간의 30%를 스스로 짜서 'K-EduVerse'를 통해 이수하게 되면 학생부는 학생마다 다른 진로 성장 과정을 담은 의미 있는 기록이 되고 대학은 학생 선발에서 이 진로 성장 기록을 비중 있게 반영할 수밖에 없다. 자기 적성과는 무관하게 획일적으로 서열화된 점수에 따라 대학과 학과를 선택하는 대입 체제가 자기 진로 성장 과정에 따라 대학과 학과를 선택하는 대입 체제로 서서히 바뀌기 시작할 것이다.

 이렇게 되면 대학 교수들은 긴장할 수밖에 없다. 예컨대 사회학과의 학년당 학생 수가 20명인데 그중 정말로 사회학에 관심 있는 학생은 2명뿐이고 나머지 학생들은 모두 학과 전공과 무관한 법학 전문 대학원 진학 공부나 공무원 시험공부를 하고 있다면 그 사회학과 교수는 긴장하지 않을 것이다. 적당히 가르치고 적당히 연구하면 된다. 그런데 20명 중 18명이 정말 사회학에 관심 있어 온 학생이라면 교수는 긴장할 수밖에 없다. 학생들은 자기 진로로서 사회학을 선택했기 때문에 은연중에 자기 교수와 다른 대학의 같은 전공 교수를 비교할 수밖에 없고, 교수들은 그 압력 때문에 가르치는 것이나 연구를 소홀히 할 수 없을 것이다. 그렇게 교육력 경쟁, 연구력 경쟁이 이루어지면 대학의 질적 발전이 가능해진다.

어느 사회에나 경쟁은 있을 수밖에 없고, 엘리트도 존재할 수밖에 없다. 이른바 SKY로 상징되는 우리나라 학벌이 문제인 것은 과도한 경쟁을 강요하는 엘리트 체제이기 때문이 아니라 노블리스만 있고 오블리제가 없기 때문이다. 법학, 의학, 경영학 정도를 제외하면 대다수의 학생이 자기 학과 전공과 무관하게 공무원 시험 준비 등에 골몰하는 이른바 일류 대학은 노블리스만 있고 오블리제는 없는 대학이다. 이러한 대학에서 과연 우리 사회의 발전을 뒷받침하는 학문의 질적 발전을 기대할 수 있을까? 왜 한국의 일류 대학은 학부를 줄이고 대학원을 강화하여 연구 중심 대학으로 가는 걸 거부하는가? 거대화된 자기 대학 학부 출신들이 경영계, 정·관계 등에서의 학연을 기초로 한 네트워크를 형성하여 사회적 영향력을 키워 나가는 데 우선적 관심을 갖는 게 아니라고 할 수 있는가? 우리나라 학벌은 엘리트라는 명예만 있고 엘리트로서의 사회적 책무는 없다는 데 문제가 있다.

이 학벌 문제는 서울대를 없앤다고 해도 해결되지 않는다. 서울대를 없애면 일류 사립대가 서울대를 대체하여 문제가 더 악화될 가능성이 크다. 사회적 책무가 결여된 학벌 문제를 해결해 나가는 정공법은 자기 적

성과 상관없이 획일적 점수에 따라 대학과 학과를 선택하는 대입 체제를 자기 진로 성장 과정에 맞게 대학과 학과를 선택하는 대입 체제로 전환하는 것이다.

# 2부
# 진정한 뉴 노멀을 위하여

# 정미조의 「개여울」과
# 아이유의 「개여울」

젊은 세대가 느끼고 생각하고 말하는 법

### 1인칭으로 말하기

후배가 치악산 시골집에 놀러 왔다. 같이 술을 마시다가 무의식중에 김소월 시를 노래화한 「개여울」을 휘파람으로 불었더니 대뜸 자기는 아이유가 부른 「개여울」을 좋아하는데 형님은 정미조의 「개여울」과 아이유의 「개여울」 중에 어떤 게 더 좋으냐고 물었다. 난 아이유의 노래를 들어 본 적이 없어서 모르겠다고 했다. 후배가 잠시 핸드폰을 조작하자 정미조의 「개여울」과 아이유의 「개여울」이 각기 다른 창법과 음색으로 흘러나왔.

"당신은 무슨 일로 / 그리합니까? / 홀로이 개여울에 주저앉아서 // 파릇한 풀포기가 / 돋아 나오고 / 잔물이 봄바람에 헤적일 때에 // 가도 아주 가지는 / 않노라시던 / 그런 약속이 있었겠지요 // 날마다 개여울에 / 나와 앉아서 / 하염없이 무엇을 생각합니다 // 가도 아주 가지는 / 않노라심은 / 굳이 잊지 말라는 부탁인지요."

노래가 다 끝나자 어떠냐고 후배가 물었다. 나는 "글쎄 정미조는 3인칭으로 노래하고 아이유는 1인칭으로 노래하는 것 같은데……."라며 말끝을 흐렸다.

정미조의 노래는 맑은 음색으로 깔끔하게 시에 담긴 그리움과 회한의 정서를 소화하고 있는데 가수가 그리움과 회한을 품은 당사자가 되어 노래한다는 느낌은 들지 않았다. 가수가 시 속 주인공의 마음속을 들여다볼 수 있는 전지적 3인칭 시점에서 노래하는 것 같다고나 할까? 아이유의 노래는 좀 허스키한 음색이 섞이는 독특한 목소리에 가사를 발음하는 전후에 살짝살짝 날숨이 섞여 들어 마치 시 속의 주인공이 한숨을 폭 내쉬며 가슴속의 그리움과 회한을 노래하는 것 같았다.

문득 정미조 노래와 아이유 노래의 차이는 기성세대와 젊은 세대의 느끼고 생각하고 말하는 방식의 차이가 아닐까 하는 생각이 들었다. 기성세대가 3인칭 전지적 시점으로 느끼고 생각하고 말하는 경향이 강하다면 젊은 세대는 1인칭으로 느끼고 생각하고 말하는 경향이 강한 게 아닐까?

## 당신은 한 번이라도 절실하게 '나'였던 적이 있는가?

요즈음 젊은 세대에 대해 "너무 자기중심적이다." "너무 주관적이다." 라고 툴툴거리는 소리를 종종 듣는다. 친구들이 그런 소리를 할 때마다 나는 거꾸로 물으며 웃곤 한다.

"그런데 그러는 당신은 한 번이라도 절실하게 '나'였던 적이 있어? 거 괜히 질투하는 거 아니야?"

"질투하는 거 아니야?"란 말은 늘 형들의 옷을 줄여 입어 내 옷 스타일 따위가 애초에 있을 수 없었던 우리 세대의 경험에 비추어 해 본 우스갯소리다. 하지만 "한 번이라도 절실하게 '나'였던 적이 있어?"란 말은 한번쯤 진지하게 생각해 볼 필요가 있다.

가끔씩 놀러 가는 후배 시인이 하는 출판사가 있다. 돈 안 되는 철학책과 문학책을 주로 내는 가난한 출판사라 갈 때마다 읽을 수 있을지 없을지 모르는 철학책들을 한 묶음씩 사 오곤 했다. 프랑스를 중심으로 한 유럽의 현대 철학을 소개하는 책들이 대부분이다. 어렵기도 하고 절실하게 콕 집어 뭘 알아봐야 하는 것도 없어서 시간 날 때 띄엄띄엄 읽었다. 그래서 그런지 시간이 지나고 나면 머릿속에 별로 남아 있는 게 없었다. 나는 후배에게 불만 겸 해서 생각난 김에 제안을 했다.

"너는 왜 맨날 외국 철학을 소개하는 책만 내냐? 거기 번역자들이나 필자들 보면 공부도 열심히 하고 생각도 괜찮은 사람들 같던데 모아서 예컨대 80년 5.18이든, 촛불 혁명이든, 90년대 이후 아이들의 변화든, 왜 한국의 교육과 아파트는 늘 사회적 전쟁터가 되는지든 우리한테 절실한 문제들에 대해 철학적으로 사회학적으로 사회 심리학적으로 해명하는 책을 만들어 내면 안 되냐? 예컨대 90년대 이후 아이들의 변화가 어떤 건지를 아는 건 나에겐 절박한 문제인데 그걸 철학에서든 사회학에서든 심리학에서든 해명하는 책이 하나도 없더라. 뭐 유럽 현대 철학을 소개하는 것도 의미가 있겠지만 궁극적으로는 그게 우리의 절실한 문제를 해명하는 데 도움이 되지 않는다면 무슨 의미가 있냐? 필요하다면 나라도 무료 봉사로 좌장 노릇을 할 테니 한번 좋은 친구들을 모아 책 작업을 해 보는 건 어떠냐?"

그래서 네댓 명이 모였다. 결론은 취지에는 충분히 공감하나 제안한 모임이 어렵겠다는 거였다. 각자 자기 전공인 철학자의 이론 연구만도 버거워하고 있고, 또 철학 전공자들이 놓여 있는 여건이 여유가 없다는 것이었다. 그런가 보다 하고 듣고 있는데 인문학의 위기를 이야기하며 요즈음 젊은 세대는 너무 즉자적이어서 철학에 관심도 없고 철학을 하겠다는 사람은 정말 희귀하다고 했다. 즉자적이란 말은 자기중심적, 주관적이란 말을 철학적 용어로 바꾸어 놓은 것일 게다. 나는 좀 화가 나서 술을 한잔 하며 농담 반 진담 반으로 꾸짖듯이 말했다.

"주관적이고 자기중심적이라는 게 뭐가 문제요? 철학이든 뭐든 절실한 '나'와 나의 문제로부터 출발해야 진짜인 거 아니요? 절실한 '나'가 있어야 '나'와 대립하는 '남'이 있는 거고, 절실한 '나'와 '남'의 갈등, 협상, 화해가 있어야 '나'와 '남'을 넘어서는 더 높은 생각으로 나갈 수 있는 거 아닙니까? 난 오히려 한 번도 절실하게 '나'였던 적도 없으면서 높은 차원의 사고 운운하며 폼 잡는 기성세대가 문제라고 보는데. 그거 좋은 결과만 똑 따다 주입 암기하여 써먹는 서구 모델 따라가기 산업화 시대 스타일 아닌가? 설마 우리 교수님들도 괜히 프랑스니 철학이니 하는 게 멋져 보여서 프랑스 철학 공부하게 된 거 아니겠죠? 만약 그렇다면 반성하는 의미에서 우리에게 절실한 문제를 철학적으로 해명하는 책도 좀 내 보소."

가까운 후배의 친구들이기도 하고 또 신랄한 농담을 충분히 받아들일 만큼 열려 있는 사람들로 보여서 한 말이었다.

## '1인칭으로 말하기'를 탄압하는 사회?

내 말을 들으며 고개를 끄덕이던 한 교수가 그런 측면이 많이 있다며 말문을 열었다.

"난 그 철학을 본격적으로 공부하진 않았지만 한때 칸트에 매료되었었죠. 칸트는 지병이 심해서 한 번도 자기가 사는 도시를 떠난 적이 없었습니다. 시간을 정해 놓고 산책을 한 것도 건강 때문이었죠. 대학생 시절의 칸트가 늘 같은 시간에 같은 코스를 산책하면서 본 것은 지주에게 채찍으로 맞는 농민들이었어요. 그 당시 독일은 근대 시민 사회 국가로 발전한 유럽의 다른 나라에 비해 뒤떨어져 있어 농민들이 봉건 시대의 농노 같은 취급을 받고 있었던 겁니다. 그래서 청년 칸트는 어떻게 하면 저

지주에게 채찍으로 얻어맞는 농민이 자유로운 시민이 되게 할 수 있을까 하는 문제의식을 갖게 되죠. 그 문제의식을 평생 끌고 가 근대 시민 사회를 뒷받침하는 철학을 완성한 겁니다. 칸트가 대학 시절에 쓴 논문을 보면 저 채찍으로 맞는 농민이 어떻게 하면 자유로운 시민이 되게 할 수 있을까 하는 문제의식이 생생하게 살아 있어요. 난 그걸 보면서 엄청난 충격을 받았습니다. 사실 내가 철학과에 들어간 건 그걸 싫어한 건 아니었지만 우리나라 학생들이 대개 그렇듯이 점수에 맞춰서 간 측면이 크거든요. 그리고 철학과 수업을 듣다 보니 프랑스 철학에 관심을 갖게 되고 유학까지 가게 된 거죠. 칸트 초기 철학을 보면서 내가 철학을 계속해도 되나부터 시작해서 별 생각이 다 들었어요. 한동안 헤맸죠. 선배님 말대로 한 번도 절실하게 '나'였던 적도 절실한 '나'의 문제의식을 가졌던 적도 없었다는 생각이 들면서 몹시 부끄럽더라고요. 그때까지 내가 살아온 걸 되돌아보니까 어쩌면 우리나라는 '1인칭으로 말하기'를 탄압하는 사회인지도 모르겠다는 생각이 들었습니다."

우리는 '1인칭으로 말하기'를 탄압하는 사회란 말에 빵 터져 웃었다.

우리 사회, 특히 지나간 서구 모델 따라가기 산업화 시대가 '1인칭으로 말하기'를 탄압하는 사회라는 건 지방 중소 도시의 학교를 들여다보면 금방 알 수 있다. 지방 중소 도시의 학교에 근무하는 교원들 중 그 지역에 거주하는 사람은 거의 없다. 즉 그들은 그 지역을 1인칭으로 말할 수 있는 사람들이 아니다. 낮 동안 이들은 아이들에게 너희들이 사는 이곳은 덜 문명화된 지역이다. 너희들 중 이 학교를 졸업하고 계속해서 이 지역에 남는 사람이 있다면 그 사람은 패배자고 낙오자다. 학교 공부를 열심히 해서 성공하면 대도시로 나갈 수 있다. 더 성공해서 서울로, 더욱 더 성공해서 앞선 다른 나라로 가라고 가르친다. 이런 교육을 '1인칭으로 말하기'를 탄압하는 교육이 아니라고 할 수 있을까? 이런 교육 체제가 만들어 낸 학벌이 좌지우지하는 사회를 '1인칭으로 말하기'를 탄압하는 사회가 아니라고 할 수 있을까? 이런 사회에서 성장하는 사람은 끊임없이 더 문명화되어 있는 'ㅇㅇ처럼 되기'를 해야 하기 때문에 절실한 '나'가 될 기회를 갖기 어려울 것이다. 이미 90년대 초에 젊은 세대였던 서태지가 「교실 이데아」에서 그런 교육과 사회에 대해 "그런 가르침은 됐어! 됐어!"라고 거부하는 목소리를 냈는데 상황은 별로 달라지지 않은 것 같다. '너무 자기중심적이다.', '주관적이다.'라고 욕을 먹는 젊은이들이 더 많아진 게 변화라면 변화랄까?

## 연애를 1인칭으로 하지 3인칭으로 하나?

"뭐 '1인칭으로 말하기'를 이렇게 조직적으로 체계적으로 탄압하는 나라에서 '너무 자기중심적이다.', '주관적이다.'라고 젊은 세대가 욕을 먹는 건 그리 나쁜 거 아니잖아요? 어쩌면 그게 우리나라가 서구 모델 따라가기의 행성형 사회를 넘어서 스스로 에너지와 빛을 창출하는 항성형 사회로 나가는 힘이 될 수도 있는 거죠. 항성형 사회의 주민은 아무래도 1인칭으로 말하기를 잘하는 사람들일 것 같으니까. 문제는 '1인칭으로 말하기'를 탄압하는 사회 시스템이 완강하게 남아 있어 그런 가능성을 조각내고 왜곡시키는 거겠죠."

나는 웃으며 말끝에 정미조의 「개여울」과 아이유의 「개여울」이야기를 꺼냈다.

기성세대는 워낙 '1인칭으로 말하기'가 탄압받는 사회 속에서 3인칭의 더 문명화된 '○○처럼 되기'를 맹렬하게 하며 살다 보니까 1인칭으로 말하는 걸 아예 잊어버린 것 같다. 그러니까 정미조의 「개여울」처럼 연애도 전지적 3인칭 시점으로 하려고 든다. 그런데 연애를 1인칭으로 하지 3인칭으로 하나? 1인칭의 아이유 노래가 훨씬 강한 울림으로 가슴속의 에너지를 깨워 낸다.

# 남북 관계를 보는 젊은
# 세대의 또 다른 시각, '공정'

 90년대 말, IMF 관리 체제로 우리나라가 어려웠을 때였다. 후배 부부가 사업이 망해서 가족이 함께 살 수 없는 형편이라 딸아이를 복지원을 운영하는 친구에게 맡겼다. 그 복지원은 장애인만 돌보는 곳이었다. 후배의 딸은 장애가 없는 아이였다. 후배는 딸아이가 장애인 아이들과 잘 어울려 지낼까 걱정이 되어 수시로 딸을 찾아가 살폈다.

 복지원에 간 처음 얼마간 후배의 딸아이는 "장애가 있는 불쌍한 아이들이니까 내가 잘해 주어야 해."라고 말했고, 아이들과 다툴 거리가 있어도 참고 피했다. 그런데 좀 지나자 "얘들도 나랑 다르지 않아, 똑같아."라고 말하며 다투기 시작했고, 더 세월이 지나자 장애인이니 다르니 똑같으니 하는 말 자체가 없어지고 아이들과 똑같이 싸우고 화해하고 웃고 하며 지냈다. 후배는 그 모습을 보고 딸아이가 장애인들과 하나가 되어 잘 지내는구나 하고 안심하였다.

2018년 평창 동계올림픽 여자 아이스하키 남북 단일팀을 구성하려 했을 때 젊은 층으로부터 불공정하다는 반발이 나왔다. 남쪽 여자 아이스하키 팀의 실력이 북한 여자 아이스하키 팀보다 훨씬 나은데 그렇게 갑자기 남북 단일팀을 비슷한 비율로 섞어 만들면 남쪽 선수들에게 불공정한 게 아니냐는 문제 제기였다. 통일 운동과 통일 교육에 관심이 많은 친구를 만났더니 남북 분단이 너무 오래 지속되어 젊은 세대에게서 통일에 대한 생각이 흐려져 가는 것 아니냐고 걱정을 했다. 나는 웃으며 IMF 관리 체제 때 장애인 복지원에 맡겨졌던 후배 딸아이 얘기를 했다.

"나한테는 남북 단일팀 구성에 대한 공정성 시비가 신선하게 느껴졌는데. 북한이 우리보다 어려운 상태에 있으니까 도와주어야 한다든지 단일팀을 구성할 때 무조건 배려해 줘야 한다든지 하는 우리 세대의 태도가 오히려 북한 사람들을 멀게 생각하는 거 아닐까? 장애인들과 처음 같이 지내게 된 후배 딸아이가 장애가 있는 불쌍한 아이들이니까 잘해 주어야 겠다고 생각한 것처럼 말이야. 역설적으로 남북 단일팀에 공정성 시비를 거는 젊은 세대가 북한 사람들을 가깝게 생각하는 것일 수도 있지. 후배의 딸아이가 다른 아이들을 자신과 똑같다고 하면서 싸우고 화해하고 함께 웃으며 가장 가까워진 상태이듯이 말이지."

60년대와 70년대 초에 초중고등학교를 다닌 우리 세대는 반공 교육에 찌든 세대이다. 초등학교나 중학교 때까지는 북한 사람을 뿔 난 괴물로 상상했고, 고등학교 때도 괴물에 가까운 사람 정도로 생각했다. 대학에 와서 그런 비정상적 상상과 생각에서 벗어나는 과정은 무척 혼란스럽고 충격적인 과정이었다. 그런 과정을 거쳤기 때문에 냉전 체제가 해소되면서 북한을 괴물이 아닌 동족으로 만나는 것은 그것 자체가 감격이었다. 따라서 우리 세대의 남북 분단이나 통일을 보는 시각에는 일정 정도 낭만적 요소가 있을 수밖에 없다.

지금의 젊은 세대는 냉전 체제가 무너진 상황에서 성장하였고, 북한 사람을 뿔 달린 괴물로 보는 반공 교육으로부터 상대적으로 자유롭다. 그래서 북한 사람을 나와 구분되지 않는 사람으로 보는 자리에서 출발할 수 있고, 남북문제나 통일 문제를 매우 현실적이고 합리적 방식으로 접근할 수 있을 것이다.

"그래도 젊은 세대가 통일에 관심이 없다는 건 사실이야. 설문 조사를 해 보면 통일을 바라지 않는다고 대답하는 젊은이들이 더 많거든. 이제부터라도 학교에서 통일 교육을 제대로 해야 할 것 같아."

친구가 내 말을 납득할 수 없다는 듯 토를 달았다.

"설문 조사 결과가 그렇게 나오는 건 남북이 하나의 체제, 하나의 국가로 되는 것만 통일이라고 이야기하니까 그런 거 아닌가? 지금 당장 남북이 하나의 국가, 하나의 체제로 되는 통일을 하자고 한다면 나부터 반대야. 그건 우리가 감당할 수 없는 엄청난 혼란을 가져오고 최악의 경우는 전쟁에 준하는 상황을 야기할 수도 있으니까. 그렇게까지 가려면 많은 과정이 필요한 거지. 남북이 서로 다른 체제를 유지하는 상태에서 느슨한 국가 연합이나 연방을 이루는 것부터가 통일이고, 그렇게 나가기 위해 남북이 경제·사회·문화 전반에서 교류와 협력을 활발히 하며 평화 체제를 구축하는 것부터가 통일의 시작이라고 한다면 통일에 그렇게 반대하지 않을 것 같은데? 그런 걸 통일이라고 한다면 젊은 세대는 찬성, 반대 차원이 아니라 이미 통일을 임박한 현실로 받아들이고 있다고 볼 수도 있지. 진짜 큰 통일 교육은 학교가 아니라 현실에서 이루어지는 거 아니야? 남북 정상들이 만나고 그에 열광하는 국민들의 모습을 보면서 통일을 올 수밖에 없는 임박한 현실로 느끼는 거야."

"그럼 학교에서의 통일 교육은 필요가 없다는 거야?"

친구가 좀 발끈했다.

"필요 없다는 게 아니라 네 말대로 제대로 해야 한다는 거지."

우리 세대는 통일을 우리 의지가 작용하는 선택의 문제라고 생각했다. 통일의 조짐이 잘 보이지 않으니까 우리의 의지로 오게 해야 한다는 거였다. 그래서 우리가 오게 해야 할 완전한 통일에 대해 이야기했고, 그걸 당길 기회만 있다면 작은 것은 과감하게 희생해서라도 기회를 살려야 한다고 생각했다. 그래서 과감하게 남쪽 선수들의 희생을 감수하며 갑작스러운 여자 아이스하키 단일팀을 구성하려 한 것이다.

그런데 지금의 젊은 세대에겐 통일이 싫어하든 좋아하든 자기 의지와 상관없이 임박해 오는 현실이다. 어떤 과정을 거치며 올 건지, 어떻게 대처해야 하는 건지 아무도 가르쳐 주는 사람이 없어 어리둥절한데 갑자기 일방적으로 단일팀을 만든다고 한다. 남한 선수가 개인적으로는 상당히 억울하게 희생되는 것 같은데 통일을 앞당기기 위한 양보이니 어쩔 수 없다고 한다. 그러니까 확 짜증이 나는 거다. 당신들이 언제 그놈의 통일이 어떤 과정을 거쳐 어떻게 진행될 것이며 어떻게 대처해야 하는 건지 말해 준 적 있어? 아무것도 얘기해 주지 않고 갑자기 희생하라는 건 불공정한 거잖아? 이렇게 해서 우리 사회 내부의 기울어진 운동장 문제를 다루는 '공정'이 남북문제에도 적용되게 되었다. 우리 사회 내부의 불평등 문제와 남북문제가 공정이란 고리로 덜커덕 묶이게 된 것이다.

앞으로의 통일 교육은 언제 도달할지도 모르는 완전한 통일이 아니라 임박해 오는 현실로서의 통일의 구체적 과정을 이야기할 필요가 있다. 그리고 분단이 만들어 낸 우리 사회의 지나치게 기울어진 운동장들에 대해서도 이야기할 필요가 있을 것이다. 우리 사회는 약자의 주장이나 약자를 위한 주장들을 너무 오랜 세월 색안경을 끼고 보아 왔다. 그래서 운동장들이 강자 쪽으로 너무 많이 기울어 있다. 어떻게 해서 구체적 통일의 과정이 분단이 야기한 기울어진 운동장을 바로잡는 과정이 되도록 할지를 이야기할 때이다.

# '가족'의 위기와 미래

여성의 1인칭으로 말하기가 왜 중요한 이슈가 되는 걸까?

어느 날 작은딸이 내가 쓴 신문 칼럼을 들고 와서 무척 신기한 듯이 나를 보며 "아빠도 이런 거에 관심을 가져?" 했다. 무언가 봤더니 여성들의 미투에 대해 쓴 칼럼이었다.

"그럼 딸만 둘인데 관심을 가져야지."

가볍게 응수하고 넘어가려는데 계속해서 신기한 동물 보듯이 쳐다본다. 내가 그렇게 마초 꼰대로 보였나? 하는 수 없이 짧은 칼럼엔 담을 수 없었던 성과 가족의 미래, 페미니즘 등에 대해 이런저런 얘기를 나누게 되었다.

## 왜 동양에선 '뽕'이 남녀 간의 사랑을 상징하는 말이 되었을까?

"우리나라 속담에 '임도 보고 뽕도 따고'란 게 있지? 동양의 나라들에선 대체로 '뽕'이 남녀 간의 사랑을 상징하는 말로 쓰여 왔는데 왜 그런지 아니?"

내가 빙긋이 웃으며 묻자 작은딸이 "아빠 요새 그런 이상한 말 하면 큰일 나요." 하고 질색을 했다.

"아니야, 이건 이상한 얘기가 아니라 '사회(社會)'란 말의 어원에 담긴 성과 가족 제도에 대한 진지한 이야기야."

"사회? 뽕이 사회하고 무슨 상관이 있는데요?"

좀 뜻밖이라 여겨지겠지만 동양에서 쓰이는 '사회'란 말은 처음엔 '여와 신의 사당에서 봄철에 이루어지는 청춘 남녀들의 모임'을 가리키는 말이었다.

중국에선 인류를 창조했고 땅의 풍요와 인간의 결혼을 주관하는 신으로 여와를 모신다. 여와는 흙으로 사람 모양을 빚어 생명을 불어 넣은 인류의 어머니이며, 생명과 자연의 풍요를 주관하는 대지의 여신이다. 그리스·로마 신화의 가이아와 비슷하다. 대지가 여와 신의 몸이라면 산은 여와 신의 젖무덤이다. 그래서 산을 지유(地乳) 즉 땅의 유방이라고도 한다. 여와 신의 사당에 모시는 여와 신의 몸체 역시 흙을 젖꼭지 모양으로 쌓아 올려 만든 거였다. 이 여와 신의 몸체 모양을 본떠서 만든 글자가 '흙

토(土)' 자이다. '사(社)'는 이 대지의 젖꼭지를 모신 여와의 사당을 가리키는 말이었다.

'사' 주위에는 뽕나무를 많이 심어 뽕나무 숲을 형성했다. 신화에 의하면 동해의 끝에는 부상수(扶桑樹)라는 거대한 뽕나무가 있다고 한다. 열 개의 해는 이 거대한 뽕나무의 가지 위에서 머물며 쉬다가 매일매일 교대로 하나씩 떠오른다. 해가 영원히 떠오르지 않으면 모든 생물은 죽는다. 해는 생명의 원천이다. 이 생명의 원천인 해가 머물며 사는 집이 거대한 뽕나무이다. 뽕나무는 생명의 근원의 근원인 셈이다. 가히 생명과 풍요의 신인 여와의 사당 주위에 심을 만한 나무인 것이다.

이 뽕나무 숲에서 농사를 시작하기 전, 여와에게 제사 지내는 일정 기간 동안에 이루어졌던 청춘 남녀들의 모임을 가리키는 말이 '사회'였다. 청춘 남녀들은 뽕나무 숲에 모여 가무를 즐기고 사랑을 나누었다. 이 모임의 유일한 원칙은 남녀가 서로 눈이 맞아야 한다는 것이었다. 엄연히 결혼 제도가 확립되어 있는 부계 사회였음에도 여와에게 제사 지내는 기간 동안 사당 주위의 뽕나무밭에서는 원시 시대의 군혼제(群婚制)가 부활한 셈이다.

그런데 재미있는 것은 유교를 세운 공자가 바로 이 뽕나무 숲에서 만난 청춘 남녀 사이에서 태어났다는 점이다. 당시 공자의 아버지는 결혼을 한 상태였다. 유부남으로서 '사회'에 갔다가 처녀와 사랑을 나누었고 그 처녀에게서 공자가 태어난 것이다. 요즈음으로 하면 사생아인 셈인데 공자는 그러한 사실을 숨기지도 않았고 한 번도 부끄러워한 적이 없었다. 또 다른 사람들이 공자의 그러한 출생을 비난하지도 않았다. 여와에게 제사 지내는 기간 동안에 뽕나무 숲에서 이루어진 남녀 간의 사랑을 당시에는 사회적으로 허용하였던 것이다.

『시경(詩經)』에 실려 있는 시들의 상당수가 사랑 노래들인데 그중에 '사회'에서 만난 남녀 간의 사랑을 노래한 시들도 많이 전해진다.

*하릴없이 새삼을 뜯네, 매의 마을에서*
*가슴에 가득 떠오르느니 아름다운 맹강의 모습*
*뽕나무 숲에서 기다리다*
*상궁까지 나를 마중 나오고*
*헤어질 땐 기수까지 바래다주었지*

— 「상중(桑中)」, 『시경』

위 시에서 상궁은 여와를 모시는 사당을 말한다. 새삼을 뜯으면서 '사회'에서 만났던 연인을 떠올리며 그리워하는 노래이다. 『시경』에 실려 있는 시들은 주로 민요들이다. 이렇게 '사회' 때 뽕나무 숲에서 맺어진 남녀의 사랑 노래가 민요로 널리 퍼지면서 동양권에서 뽕은 자연스럽게 남녀 간의 자유로운 사랑을 상징하는 말이 되었다.

그런데 왜 이미 부계의 왕권 국가가 확립되고 여성에게 정조 관념이 요구되었던 춘추 전국 시대에 '사회'와 같은 군혼제의 풍습이 부활했던 것일까? 그것은 인구 문제 때문이었던 것으로 추정된다. 춘추 전국 시대 때 중국은 수많은 작은 왕국들로 나뉘어져 패권 전쟁을 벌이고 있었다. 전쟁이 일상화되어 인구가 감소하고 특히 남성들이 전쟁에서 많이 죽었기 때문에 성인 남성 인구의 감소가 심각한 문제였다. '사회'는 이러한 인구 감소로 인한 국가와 종족의 소멸을 막기 위한 탈출구였다고 볼 수 있다.

역사적으로 보면 성(性)과 가족은 인류라는 집단적 생명의 존속을 중심에 두고 끊임없이 변화해 온 핵심적 사회 제도이다. 성 관념이나 가족 간의 윤리 또한 이 제도의 변화에 따라 끊임없이 변화해 왔다.

## 왜 고대 국가를 세운 영웅들은 태어나자마자 버려졌을까?

고대 국가를 세운 영웅들은 으레 태어나자마자 버려진다. 고구려의 주몽이 그렇고 중국의 주나라를 세운 후직이 그렇고, 출애굽의 영웅 모세가 그렇다. 왜 고대 국가를 세운 영웅들은 버려진 것일까? 한자 '버릴 기(棄)' 자 속에 그 비밀의 열쇠가 들어 있다. '기' 자의 갑골문은, 갓난아이가 들어 있는 요람을 두 손으로 들어다 버리는 모습을 나타내고 있다. 이 글자는 고대 부족 국가들이 만들어지던 시기에 아이를 버리는 풍습이 있었음을 보여 준다. 물론 모든 아이를 버린 것은 아니고 결혼해서 낳은 첫아이를 가져다 버렸다. 왜 첫아이를 버리는 풍습이 생겼을까?

**'棄'의 갑골문**

고대 국가가 세워진다는 것은 부계 사회가 확립되었다는 것을 의미한다. 재산과 권력이 아버지에서 아들로 승계될 수 있을 정도로 부권이 강화되는 것을 전제하지 않으면 고대 국가는 성립할 수 없다. 그런데 고대 국가가 만들어지던 초기에는 이미 부계 사회로 넘어온 상태였지만 모계 사회적 요소도 많이 남아 있었다. 그래서 여성들이 결혼 전에는 성적으로 자유로웠고 결혼을 한 이후에는 정조를 지킬 것을 요구받았다. 게다가 당시에는 임신 기간에 대한 과학적 지식이 없었다. 아버지의 입장에서 결혼하고 처음 낳은 아이는 자기 자식인지 아닌지 확신할 수가 없었다. 이렇게 소속이 불분명한 아이에게 재산과 권력을 물려줄 수는 없었기 때문에 첫아이는 가져다 버린 것이다. 고구려의 시조 주몽이나 주나라의 시조 후직은 그래서 버려진 아이들이다.

그런데 그 당시에는 부계 사회였지만 모계의 영향력이 상당히 컸다. 그래서 버려진 장남들이 모계 부족의 지원을 받아 국가를 세울 수 있었던 것이다.

위의 이야기에서 알 수 있듯이 성과 가족 제도를 결정하는 또 다른 핵심 요인은 사유 재산의 상속 문제이다. 생산력이 낮아서 남는 잉여의 생산물이 없고 따라서 사유 재산이 있을 수 없었던 수렵 채취 경제 시대에 인류 사회는 모계 사회였다.

그런데 농경과 유목 경제가 시작되어 생산력이 높아지면서 잉여 생산물이 생겨났고 이 잉여 생산물을 사유 재산으로 독점하는 집단이 나타나게 되었다. 이렇게 사유 재산이 형성되면 그것의 상속이 문제가 된다. 아무에게나 사유 재산을 물려줄 수는 없기 때문에 아버지의 혈통을 순수하게 물려받은 아들인가 아닌가를 따지는 부계 사회가 출현하게 되고, 이

순수 혈통을 보장하기 위해 여성에게 엄격하게 정조 관념이 요구되는 것이다.

이러한 점은 근대 가족의 성 윤리에도 실질적으로 작동하고 있다고 볼 수 있다. 중산층은 재산이 한두 자녀에게 상속할 수 있을 정도로 제한적이기 때문에 상대적으로 성 윤리에 엄격한 경향이 있다. 상층은 많은 자녀에게 상속할 수 있을 정도로 재산이 많기 때문에 성 윤리에서 상대적으로 자유로운 경향이 있다.

## 마녀, 신들린 여자, 밀랍 인형은 왜 공포 영화의 단골 메뉴가 되었을까?

마녀, 신들린 여자, 밀랍 인형은 서양의 고전적 공포 영화에 단골로 등장하는 소재이다. 왜 마녀와 신들린 여자, 밀랍 인형은 서양 공포 영화의 단골 메뉴가 되었을까? 그 이유가 근대 산업 사회, 핵가족을 만들어 내는 과정에서 나타난 매우 폭력적이고 야만적인 탄압에 있다고 한다면 모두 무슨 엉뚱한 소리냐고 할 것이다.

서구 중세에는 마을마다 주민 누구나 공동으로 사용할 수 있는 공유지가 있었다. 그리고 이 공유지를 중심으로 마을마다 여성 공동체가 형성되어 있었고 그 공동체의 여성 지도자가 있었다. 이 여성 지도자는 민간 신앙과 공유지의 약초 등 생태계에 대한 지식, 출산 조절에 대한 지식을 바탕으로 일상적이고 강력한 지도력을 행사하고 있었다.

서구에서 산업 자본이 성장하기 시작하면서 이 농촌 공동체의 여성 지도자들은 기독교와 국가, 자본가들에게 마녀로 몰려 집중적인 공격을 받았다. 그 당시 유럽의 총 인구가 2000만이었는데 70~80년 동안 50만의 유럽 여성들이 마녀로 몰려 화형을 당했으니 참으로 전쟁에 준하는 대대적이고 집요한 공격이었다. 도대체 왜 농촌의 여성 공동체 지도자들을 이렇게 집요하게 공격하여 말살하려 한 것일까?

방직 공장을 경영하는 산업 자본가 입장에서는 농토를 빼앗아 농민들을 농촌에서 쫓아내야 필요로 하는 노동력을 얻을 수 있고, 농지를 목초지로 바꾸어 양을 대규모로 길러야 모직 산업의 원료를 얻을 수 있었다. 따라서 산업 자본가 입장에서는 그 근거가 되는 마을 공유지를 박탈하여 농촌 공동체를 해체하는 것이 절박한 과제였다. 그런데 이에 대한 저항의 핵심에 공유지를 근거로 한 농촌 여성 공동체와 그 지도자가 있었다. 그래서 마녀가 등장하는 영화에서 마녀들은 자기들의 영역인 숲에 마법을 걸어 외인이 침입하는 것을 막고 침입하는 외인을 치명적인 함정에 빠트리는 존재로 등장한다. 공유지를 지키려는 농촌 여성 공동체와 그 지도자의 저항을 악마화하여 표현한 것이다.

근대 산업 국가는 국민 한 사람, 한 사람을 노동력으로 보고 태어나서 죽을 때까지 관리하는 고도로 중앙 집권적인 체제이다. 그렇기 때문에 근대 국가의 형성에서 출산 통제 권한을 국가가 장악하는 것은 필수 요소 중 하나이다. 유럽 중세에 출산에 대한 통제권을 가지고 있는 것은 여성, 그 중에서도 출산 조절에 대한 민간 의학 지식을 가지고 있던 농촌 여성 공동체의 지도자들이었다. 근대 산업 국가가 자기 권력을 정립하기 위해서는 이 농촌 여성 공동체의 지도자들로부터 출산 통제 권한을 빼앗아 국가가 관장하는 근대 의학 시스템에 넘겨야 했다. 그래서 영화 속의 마녀는 늘 큰 솥에 이상한 약을 끓이는, 그리고 아이를 납치하여 그 솥에 집어넣는 기괴한 존재로 그려진다. 공유지에 근거한 민간 의학 지식으로 병을 치유하고 여성의 출산 조절을 도왔던 농촌 여성 공동체 지도자의 모습을 악마화하여 표현한 것이다.

유럽의 중세를 기독교가 지배한 암흑기라고 하지만 사실은 기독교가 영향력을 가지고 있는 것은 도시 지역에 불과했다. 그 나머지의 광대한 농어촌 지역은 여전히 민간 신앙의 영향력 아래 있었고, 이 민간 신앙의 종교적 지도자는 농촌 여성 공동체의 지도자이기도 했다. 기독교가 지배력을 강화하기 위해서는 이 민간 신앙의 지도자들을 제거하고 농어촌 지역으로 장악력을 넓혀 나가야 했다. 그래서 마녀들은 영화 속에서 악마를 섬기는 존재로 등장한다. 농촌 여성 공동체가 신봉하는 민간 신앙을 악마화하여 표현한 것이다.

위와 같은 기독교의 지배력 강화는 밖으로는 농촌 여성 공동체 지도자들을 마녀로 몰아 공격하는 형태로 나타났고, 안으로는 인간의 내면에 대한 장악력을 높이기 위한 고해 성사와 양심 고백의 강화로 나타났다. 이 내부를 향한 공격은 기독교의 중심부 특히 수녀원을 향했다. 수녀들은 담당 신부에게 일주일에 고해 성사 한 번과 양심 고백 한 번을 해야 했다. 그 내용은 처음에는 기독교의 십계명을 범했는가 여부에 초점이 놓였다가, 십계명 중 '간음하지 말라.'로 좁혀지고, 마침내는 '간음하지 말라.' 중

자위행위로 집중되었다. 수녀들은 일주일에 두 번 담당 신부에게 '자위를 했습니까?', '몇 번 했습니까?', '할 때 누구를 떠올리며 했습니까?' 등등의 정신적 고문을 당해야 했다. 오랜 수도 생활을 하여 자존심이 강한 원장 수녀부터 스트레스로 신경 발작을 일으킬 수밖에 없었다. 이 신경 발작을 마귀가 들렸다고 하여 퇴마 의식을 하기도 하고 화형을 시키기도 하였다. 하지만 아무리 화형을 시켜도 수녀들의 자위행위에 대한 고해 성사와 양심 고백이 계속되는 한 신들림 현상은 번져 갈 수밖에 없었다. 일시적으로 제한된 기간 수녀 생활을 하는 상류층 딸들에게까지 걷잡을 수 없이 번져 가자 신들림 현상은 기독교 자체의 위기가 되었다. 「엑소시스트」 등의 영화에 등장하는 마귀에 들린 여성은 성적 순결을 내면적인 성생활에서까지 유지하도록 강요하는 남성의 폭력적 감시에 신체적으로 저항하는 여성을 악마화한 것이다.

기독교가 신들림 현상의 확산으로 인한 위기를 벗어나는 방식은 '신들림 현상은 마귀가 들린 게 아니라 신경증 발작일 뿐이야.'라고 재규정하여 공을 정신 의학으로 넘기는 것이었다. 이런 과정을 거쳐 사회적 자리를 잡은 정신 의학은 가정 내부를 들여다볼 수 있는 사회적 권력을 확보하기 위해 이번에는 어린아이의 자위행위를 공격하기 시작한다. 그래서 '성인이 된 이후의 육체적·정신적 모든 병의 원인은 아동기의 자위행위에 있다.'라는 지금 보면 상당히 황당한 논리로 아동 자위행위 방지 캠페인을 대대적으로 벌였다. 이 아동 자위행위 방지 캠페인은 근 70년 가까이 독일을 비롯한 유럽 사회를 휩쓸었는데 그 과정에서 만들어진 것이 밀랍 인형 박물관이었다. 밀랍 인형 박물관에는 결핵 환자, 광인 등 온갖 병으로 기괴한 모습을 하고 있는 밀랍 인형을 전시해 놓았다. 어른들이 아이들을 데리고 가 '너 어릴 때 자위행위를 하면 저 사람처럼 병이 들어 흉측한 모습이 된다.'고 겁을 주는 교육용이었다.

이 아동 자위행위 방지 캠페인은 기실 핵가족을 정착시키기 위한 캠페인이었다. 유럽 중세 가족의 아버지, 어머니는 대가족 내부나 외부 인간관계를 관리하는 사람이었지 자녀에게 관심을 갖고 돌보는 사람이 아니었다. 아이를 돌보고 키우는 것은 유모가 하는 일이었다. '아동기의 자위행위가 이후 모든 병의 원인이 되니 부모가 직접 잘 감시해야 한다. 한밤중에 아이의 방에 몰래 들어가 이불을 확 들춰 봐라. 필요하다면 아이와 한 침대에서 자는 것도 좋은 방법이다.' 식의 대대적 캠페인은 대외적 인간관계에 쏠려 있던 부모의 관심을 자녀에게로 집중시켜 부부와 아이 중심의 산업 사회 핵가족을 정착시키는 역할을 하였다.

이렇게 정착한 서구의 핵가족은 '남편은 산업 현장에서 일하여 임금을 받고, 아내는 무임금의 가사 노동과 육아를 통해 노동력 재생산을 담당하'는 산업 자본가 입장에서 보면 매우 이상적인 가족 제도였다.

## 자기 자신을 꼬리로부터 먹어 치우는 뱀

로자 룩셈부르크는 자본주의를 '자기 자신을 꼬리로부터 먹어 치우는 뱀'에 비유하였다. 유럽에서 산업 사회 핵가족이 형성되는 과정을 보면

이 비유가 무척 적절해 보인다. 유럽의 중세 도시에서 성장한 자본주의는 자신의 꼬리(비자본주의적 요소)에 해당하는 농촌의 가족과 공동체를 해체하여 먹어 치우며 성장하였고, 가족 구성원 중 꼬리에 해당하는 여성과 아동을 산업 사회 핵가족 속으로 먹어 치우며 정착하였다.

그러면 자본주의가 다음으로 먹어 치울 것은 무엇일까? 그것은 핵가족 속에 남아 있는 꼬리인 여성의 무임금 가사 노동과 육아일 것이다. 이것을 먹어 치우면 산업 사회 핵가족은 흔들리게 되고 1인 가족화가 급속히 진행될 수밖에 없다. 한국은 이 속도가 가장 빠른 나라이다.

한국에 산업 사회 핵가족이 정착한 것은 박정희 정권 때였다. 강력한 산업화를 추진하면서 저가 농산물 정책을 병행하여 농촌을 해체하고 이농한 노동력을 도시 산업 시설로 끌어들였다. 그리고 산아 제한 정책을 펼쳐 두 자녀의 핵가족을 빠르게 정착시켜 나갔다. 이렇게 정착한 한국 산업 사회 핵가족은 지금 근본적 위기에 부딪쳐 있다. 그 위기는 1인 가족의 급속한 증가와 머지않아 한국 사회의 소멸을 가져올 수도 있다는 심각한 저출생 현상으로 나타나고 있다. 한국의 핵가족은 왜 이러한 위기에 부딪치게 된 것일까?

위기의 근본적 원인은 물론 디지털 기술 혁명이 일으킨 산업 구조의 변화에 있을 것이다. 디지털 자동 기술의 급속한 보급으로 육체적 힘을 필요로 하는 산업 사회형 일자리가 급속히 사라지고 소프트한 일자리들이 늘어났다. 이에 따라 여성의 사회 진출이 활발해져 '남성은 밖에 나가 일하고, 여성은 가사 노동과 육아를 한다.'는 전통적 산업 사회 핵가족 공식은 깨진 지 오래되었다. 게다가 일자리도 안정적이지 않고, 디지털 통신 기술의 발달로 기업의 지역 간 국가 간 이동, 그에 따른 일자리의 이동도 빈번하다. 이러한 상황에서는 부모와 자녀로 구성되는 핵가족 단위를 이루고 유지하는 게 쉬운 일이 아니다. 1인 가족화가 가속화될 수밖에 없다.

그러나 한국 사회의 저출생은 위와 같은 보편적 이유만으로 설명이 불가능할 정도로 심각하다. 고소득 국가들이나 우리와 비슷한 중상 소득 국가들의 출산율이 2.0에 수렴해 가는 데 반해 한국의 출산율은 1.0 이하로 떨어져 사회 소멸을 향해 가고 있으니 말이다. 이렇게 출산율이 특이하게 떨어지는 주된 이유 중 하나는 '아파트 + 교육'에서 벌어지는 사회적 전쟁이다. 한국은 해방 이후의 토지 개혁과 6.25 전쟁으로 무계급 사회에 가까운 상태에서 산업화가 진행되었고 그에 따라 계급 분화가 일어나 새롭게 중산층이 형성된다. 이 중산층에 진입하는 통로가 '학교 교육에서의 성공 + 아파트를 통한 부의 형성'이었다. 계급, 계층이 고착화되어 가는 지금은 '아파트 + 교육'에서 벌어지는 경쟁이 더욱 치열해졌고, 투기 자본이 이 욕망을 타고 흐르면서 사회적 전쟁판이 되어 있다. 이 사회적 전쟁이 산업 구조의 변화로, 중압으로 작용하여 취약해진 핵가족의 형성을 어렵게 하고 무너트리고 있다.

1인 가족화의 속도를 늦추는 방법은 핵가족 단위가 안정될 수 있도록 국가가 강력한 안전망을 구축하는 것일 게다. 하지만 자본주의 속성상 그것도 한계가 있고 또 안전망의 강화만으론 근본적 해결이 어려울 것이다.

친기업적인 정부가 들어서면 어느 시기엔가 인구 절벽에 대한 대응 정책을 당장은 비용이 저렴하게 드는 외국인 노동자 수입으로 전환할 것이다. 이미 2000년대 초에 모 재벌 연구소는 머지않은 시기에 1500만의 외국인 노동자를 수입할 필요성이 있다고 예측하는 인구 절벽 관련 보고서를 낸 바 있다. 그 보고서를 보며 충격과 함께 로자 룩셈부르크의 '자본주의는 자기 자신을 꼬리로부터 먹어 치우는 뱀'이라는 말이 떠올랐다. 머지않아 한국의 자본주의는 대부분의 인구를 꼬리로 생각하고 먹어 치울 것이다. 그리고 더 이상 먹어 치울 게 없어지면 새롭게 먹어 치울 세계적 꼬리, 아시아권 노동자를 수입할 것이다.

사회적 전쟁에서 살아남은 소수 상층과 상위 중산층, 대다수의 외국인 노동자로 구성되는 사회가 한국 사회의 미래인가? 그런 사회가 사회적 내부 갈등을 넘어서 존속할 수 있을까? 다른 대안은 없는 걸까?

## 핵가족 이후, 사회적 가족?

지금 일하고 있는 국가교육회의에 오기 전에 내가 하고 있던 일 중의 하나는 일종의 사회적 가족 운동이었다. 한 지역에서 40, 50, 60대가 한 달에 만 원씩 내서 20, 30대를 지원하고 20, 30대가 아동과 10대 청소년을 돌보는 지역 단위의 사회적 가족 네트워크를 만들어 보자는 운동이었는데 작은 지역 몇 군데서 만들어져 이것을 확산하기 위해 법인도 만들고 홍보의 일환으로 책도 내자고 하는 와중에 국가교육회의로 오게 되었다.

책 작업을 하려고 조사를 하다 보니 '사회적 가족'을 실험하는 모델들이 많지는 않지만 있었다. 1인 가족들이 각각 독립성이 보장되면서도 함께 쓰는 공동의 공간을 갖는 공동 주택을 짓고 공동 주거 구성원 중 누군가 아이를 낳으면 함께 키우는 일종의 사회적 가족이었다. 1인 가족화의 추세를 현실로 인정하는 바탕 위에서 혈연을 넘어서는 사회적 가족을 중요한 대안의 하나로 만들어 나가는 것도 활로를 여는 방법이 아닐까 하는 생각이 들었다. 이를 위해서는 가족 관계법, 주택 지원 제도, 육아 지원 제도 등에 많은 변화가 필요할 것이다.

그런데 이러한 대안적 모색에도 가장 큰 걸림돌이 되는 것은 '아파트 + 교육'에서 벌어지는 사회적 전쟁이다. 중산층 진입을 둘러싼 이 전쟁의 가장 심각한 부작용은 '중산층 아파트 지역에 거주하며 좋은 교육을 받은 핵가족' 이외의 사회 구성원을 '루저'로 인식되게 한다는 점이다. 그래서 사회적 다양성과 미래적 대안 모색을 가로막고 한국 사회를 자신들이 계층 상승을 이루었던 '좋았던 박정희 시대'로 되돌리려 한다. 그렇기 때문에 '1인 가족 = 루저'의 사회적 고정 관념을 깨는 사회적 인식 전환 또한 제도의 변화에 못지않게 중요할 것이다.

# 철의 감옥과 시장주의의
# 감옥 그리고 국민 참여

테크노크라트 지배와 검찰 개혁 그리고 시장주의

### 참혹한 것에 입을 달아 주는
### 개혁이 같이 가야 하지 않았을까?

85년에 학교 교육을 비판한 글을 썼다가 필화 사건으로 구속되어 9개월간 서대문 구치소에 있다가 형이 확정되어 86년에 대전 교도소로 이감되었다. 서대문 구치소에서는 소년수 사동에 집어넣더니 대전 교도소에서는 사상범을 수용한 사동에 집어넣었다. 반 이상은 시국 사건으로 들어온 대학생과 시민 단체 관련자들이고 30년 가까이 살고 있는 장기수도 간혹 있고, 간첩으로 몰려 들어온 납북 어부도 있었다. 천장이 높은 관이라고 할 수 있는 0.7평의 감방 안에서 시간을 보내는 방법은 책을 읽는 것과 제자리 뛰기를 하는 것, 잠자는 것 이외엔 달리 있을 수 없었다. 30분의 운동 시간을 제외한 시간을 천장이 높은 0.7평의 관에서 보내는 것은 만만한 일이 아니었다. 그런 상황에서 60에 가까운 납북 어부 한 분은 매일매일 우리에게 지루한 시간을 심심치 않게 보낼 수 있는 구경거리를 제공하는 것으로 유명했다. 고기를 잡다가 납북되었던 어부들이 간첩으로 몰려 들어오는 경우는 거의 모두 전향서를 쓰고 일반수 사동으로 옮겨 교도소 안의 공장에서 일하며 지냈다. 책 읽는 취미와는 거리가 먼 납북 어부들이 0.7평 감옥에서 지내는 건 도저히 견딜 수 없는 지옥이기 때문이었다.

이 60대의 납북 어부는 너무 억울해서 전향서를 쓰지 않고 거의 10년째 독방에서 버티는 중이었다. 문맹인 노인네가 고기 잡다가 경계를 넘게 되었고, 잠시 북한에 억류되어 있다 돌아왔는데 그 사이에 무슨 사회주의 사상에 물든다는 것도 말도 안 되고, 북한이 문맹의 고기나 잡는 노인네를 간첩으로 활용하려 한다는 것도 말도 안 되는 일이었다. 그래서 이 늙은 어부는 자신이 사회주의자도 아니고 간첩도 아닌데 무슨 전향을 하냐고 10년째 버티고 있었다.

그런데 문맹의 늙은 어부가 0.7평의 감옥 안에서 하루 30분을 빼고 갇혀 있을 때 가장 문제가 되는 것은 시간을 보낼 방법이 없다는 점이었다. 그래서 이 문맹의 늙은 어부가 시간을 보내는 방법으로 고안해 낸 것이 교도관에게 시비를 걸어 싸우는 것이었다. 늙은 어부는 교도관이 교대하여 오면 처음에는 교도관에게 이것저것 귀찮은 요구를 했다. 그러다 트집을 잡아 시비를 걸고 욕을 하기 시작했다. 교도관들은 이 노인네가 벌써 몇 년째 그런 방법으로 시간을 보낸다는 걸 알고 있기 때문에 오늘은 아무리 욕을 해도 절대 얽혀서 싸우지 않으리라 단단히 마음을 먹고 왔다. 하지만 두 시간 이상 인간이 상상할 수 있는 온갖 욕을 듣다 보면 참다 참다 어쩔 수 없이 화를 내며 싸우게 되고 근무 시간의 마지막 한두 시간은 으레 대판 싸움으로 보내고 마는 것이었다. 우리의 관심사는 오늘은 새로 근무 교대해 온 교도관이 몇 시간 만에 화를 내며 맞붙어 싸우게 되는가 하는 거였다.

출소하기 며칠 전 운동을 하러 나갔는데 칸막이 벽 쪽에서 누군가 불렀다. 정치범들의 운동장은 네다섯 평짜리로 서로 만날 수 없도록 벽으로 칸막이가 되어 있었다. 돌아보니 문맹의 늙은 어부가 벽에 매달려 고개를 내밀고 있었다. 나가면 연락 좀 해 달라고 늙은 어부가 주소가 적힌 종이쪽지를 던졌다. 자기는 간첩이 아닌데 억울하게 들어왔으니 가족들하고 연락을 해서 도와 달라는 거였다. 늙은 어부는 형이 확정된 이래 가족이 한 번도 면회를 오지 않은 법무부 자식이었다. 하루하루 먹고살기 바쁜 집안의 가장이 간첩 혐의로 징역을 살게 되었을 때 그 가족이 어떤 상황에 놓여 있을지는 보지 않아도 뻔한 일이었다. 아마도 가족들은 또 다른 측면에서 늙은 어부보다 더 어려운 상황에 있을 것이고 간첩 혐의로 징역을 사는 가장이 자기들과 관련해서 거론되는 것 자체를 두려워하고 있을 것이다.

아마도 분단 상황이 야기한 폭력에 가장 크게 희생된 사람은 문맹의 늙은 어부 같은 사람일 것이다. 이 늙은 어부에 비하면 장기수 어른들은 조금은 더 행복한 사람들이 아닐까? 어쨌든 자기가 지켜야 할 신념이 있고, 책도 읽을 수 있고, 그 신념을 지속적으로 지켜 나가기 위해 방 안에서 상당 시간 체력 단련을 위한 운동도 하니 말이다. 더구나 잠시 살다 나가는 시국 사범은 감옥 밖에 지지해 주는 가족과 사회 집단까지 있으니 늙은 어부에 비하면 희생을 말하기도 쑥스러운 경우가 아닐까?

공수처 입법 등 검찰 개혁이 추진되기 시작할 때 내게 든 걱정은 꼭 필요한 개혁이긴 한데 저것만 가지고 국민의 폭넓은 지지를 받을 수 있을까 하는 거였다. 대전 교도소 장기수 사동의 상황으로 말하자면 문재인 정부의 검찰 개혁은 시국 사건으로 들어온 정치범들과 그들을 집어넣은 검찰, 권위적 정부 사이의 문제를 바로잡는 것이라 할 수 있다. 정치범들이나 그들을 집어넣은 쪽이나 공통점은 사회적 빅 마우스를 가지고 있다는 점이다.

그러면 서대문 구치소에서 열심히 항소 이유서를 써 주었지만 감형이 되지 않아 나에게 주먹으로 감자를 먹였던 소년수들, 시간을 보내기 위해 교도관들에게 있는 욕 없는 욕을 몇 시간씩 퍼부으며 악을 쓰는 문맹의 늙은 어부, 보지는 못했지만 절대적 을이어서 대기업에 말 한마디 못하고 기술을 약탈당하는 중소기업가 같이 사회적 입이 없는 사람들은 어떻게 해야 하나? 그들을 위한 법조 개혁도 있어야 하는 거 아닌가? 작은 것이라도 이러한 절대적 을의 민생을 위한 법 제도 개혁안이 함께 가야지 검찰 개혁안이 국민적 공감대를 얻어 힘 있게 갈 수 있지 않았을까?

## 검찰 개혁의 두 가지 측면

    검찰 개혁은 문재인 정부의 화두였다. 하지만 검찰 개혁을 추진해 나가는 모습을 보면서 기대보다는 걱정이 더 많았다. 그 사안의 무거움과 엄중함에 비해 추진하는 방식이 너무 나이브하게 느껴져서였다.
    사회학의 태두인 막스 베버는 일찍이 현대 국가가 초래할 가장 큰 위험으로 테크노크라트 지배를 지적하며 테크노크라트 지배를 철의 감옥에 비유하였다. 국민을 위해 봉사하도록 위임을 받은 테크노크라트의 이해관계가 독자화되어 국민의 이익이 아니라 자기 집단의 이익을 추구하게 되면 비대해질 대로 비대해진 기술 관료 체제가 국민을 가두는 철의 감옥이 될 수도 있다는 것이다.
    한국은 서구 모델 따라가기 산업화 과정에서 고도로 중앙 집권적인 테크노크라트 체제를 구축해 왔고 이 테크노크라트 체제는 빠른 속도로 비대해져 왔다. 이렇게 중앙 집권적으로 경직되고 비대해진 테크노크라트 체제는 이제 전환점에 도달해 있다. 서구 모델 따라가기가 더 이상 유효하지 않은 선진국으로의 진입, 디지털 기술 혁명, 인구 절벽, 어느 단위도 통제할 수 없는 거대한 위험이 전면화·일상화되는 위험 사회의 도래 등 급변하는 미래 사회 변화에 맞추어 전반적인 시스템 개혁이 요구되고 있는 것이다. 이렇게 불가피한 변화 앞에서 한국의 테크노크라트 집단은 기득권을 지키기 위해 음으로 양으로 저항하고 있다.
    이 테크노크라트 체제의 중심에 있는 것이 법조 관료이고, 법조 관료 체제의 핵심에 있는 것이 검찰이다. 따라서 검찰 개혁은 단순히 검찰 개혁으로 끝나는 게 아니라 테크노크라트 체제 전반, 국가 체제 전반의 방향 전환과 맞물려 있는 문제이고 잘못 다루면 테크노크라트 집단의 자기 이해관계에 따른 결집과 정치화를 촉진하여 역효과를 가져올 위험성이 있다. 이러한 사안의 무거움과 엄중함에 비하면 그 사안에 접근하는 방법은 대단히 나이브했다.

법조 개혁이 문재인 정부의 화두가 되었다는 것은 한국 사회의 개혁 단계가 외적인 절차적 민주주의를 확보하는 단계를 넘어서 국정 운영에 국민 참여를 실질화하고자 하는 내적 시스템 개혁, 내적 민주주의 개혁 단계에 진입했다는 것을 의미한다. 법조 개혁은 외적인 절차적 민주주의를 확보하기 위한 개혁과 국정 운영에 국민 참여를 실질화하기 위한 내적 시스템 개혁의 연결 고리쯤 된다고 할 수 있다.

절차적 민주주의를 확보하기 위한 개혁은 주로 절차적 민주주의를 왜곡시켜 온 군부, 국가 정보기관 같은 눈에 보이는 외적 폭력 기구를 개혁하는 것이다. 법조 개혁은 한 측면에서 절차적 민주주의를 왜곡시켜 온 외적 폭력 기구 개혁의 성격을 갖는다. 과거의 공안 검찰은 군부 정권 국가 정보기관과 결합하여 절차적 민주주의를 왜곡시키는 역할을 했었고, 검찰에 아직도 그 관행이 많이 남아 있기 때문이다. 법조 개혁은 다른 측면에서 국정 운영에 국민 참여를 실질화하기 위한 내적 시스템 개혁의 성격을 갖는다. 검찰의 형사부나 사법부의 민사 등 실질적으로 법조 업무에서 민생 영역이 차지하는 비중은 양적 측면에서 압도적으로 크기 때문이다.

정부의 검찰 개혁이 큰 저항에 부딪친 주된 이유는 스탠스를 너무 좁게 잡아서 일반 국민의 법조 개혁을 보는 시각과 일정 정도 어긋났기 때문으로 파악된다. 정부는 검찰 개혁을 절차적 민주주의를 왜곡해 온 군부, 국가 정보기관 등 외적 폭력 기구 개혁의 연장선으로 보아 '반민주적 요소를 척결하는 민주 정부' 대 '기득권을 지키기 위해 저항하는 검찰'의 구도를 유지해 가려 했던 것으로 보인다. 하지만 군부, 국가 정보기관의 개혁이 완료된 상태에서 일반 국민들이 꼭 검찰 개혁을 군부나 국가 정보기관 개혁과 유사한 민주 대 반민주 구도로만 보아 줄지는 미지수였다.

과거 공안 검찰의 관행과 구조를 타파하는 검찰 개혁은 민주 대 반민주의 구도를 갖는 측면이 많이 있지만, 지금에 와서는 그것보다는 그러한 관행과 구조가 검찰 본연의 민생 관련 업무를 부실하게 방치하고 검찰의 정치화로 인해 불필요한 역량이 소모되는 것을 막는 측면이 더 크다. 따라서 공안 검찰의 관행이 민생과 관련된 법조 업무에 장애가 되는 측면, 민생 중심으로의 내적 시스템 개혁에 걸림돌이 되는 측면을 부각하고 민생 중심의 법조 개혁 비전을 보여 줄 필요가 있었다. 그것이 주된 관심이 민생에 있는 일반 국민들에게 호소력이 컸을 것이다. 민생을 중심에 놓는 내적 시스템 개혁의 관점에서 보면 민주 대 반민주 같은 명확한 대립 구도나 어느 한쪽의 명확한 도덕적 우월성 같은 건 잘 성립되지 않는다. 그렇기 때문에 일반 국민의 눈에는 검찰 개혁을 민주 대 반민주의 구도로만 보는 스탠스가 오만한 것으로 비춰졌을 수도 있다.

과거 군사 독재 정권 시절 형성된 자기 조직의 기득권을 지키려는 검찰은 이 빈틈을 정확하게 파고들었다. 대부분이 도덕적·정치 윤리적 문제라고 할 수 있는 자녀 문제 등을 대대적인 강압 수사를 통해 사법 문제로 전환시켜, 검찰 개혁에 앞장선 전 법무부 장관을 법정에 세운 것은 법률적 행위라기보다는 정치적 행위에 가까웠다. 검찰은 그의 도덕성을 무너트림으로써 '검찰의 반민주적 요소를 척결하는 민주 정부의 도덕적 우월성이라는 스탠스' 자체를 무너트리려 했다. 이러한 시도는 일정 정도 성공적이어서 상당히 많은 국민들의 머릿속에서 '군사 정권 시절 형성된 검찰의 과도한 권한을 축소하는 등 개혁을 추진하는 민주 정부' 대 '기득권을 지키기 위해 그에 저항하는 검찰'의 구도가 '검찰의 정권 비리 수사를 막는 내로남불' 구도로 뒤집히는 결과를 가져왔다.

## 막스 베버가 예상하지 못한 것, 시장주의의 감옥과 국민 참여

검찰 개혁을 둘러싼 사회적 대립이 가져온 결과의 하나는 기득권에 위기의식을 느낀 테크노크라트 집단의 결집과 정치적 부상이다.

그런데 막스 베버가 예상하지 못했던 것들도 있다. 그중 하나는 시장의 영향력이 압도적으로 커지고 시장 영역의 민간 전문가 집단이 다양한 통로로 국가 영역의 테크노크라트와 연결되면서 영향력이 커진다는 점이다. 특히 디지털 기술 혁명이 급진전되기 시작한 90년대 이후 이른바 신자유주의 흐름이 이를 가속화했다. 이제 이 흐름 속에서 성장하여 시장주의로 무장한 상대적으로 젊은 세대가 정치 전면에 등장하기 시작했다.

그러나 위와 같은 흐름들이 국민을 막스 베버가 경고한 '철의 감옥'이나 막스 베버가 예상하진 못했겠지만 '시장주의의 감옥'에 가둘 가능성은 별로 없다고 본다. 오히려 기왕의 보수 정치 세력을 합리적으로 혁신함으로써 정치 개혁의 한 모멘텀이 될 가능성이 더 크다. 그렇게 보는 이유는 5.18 민주화 운동, 6.10 민주 항쟁, 촛불 혁명 등으로 나타난 국민의 직접 민주주의적 참여 요구와 역동성 때문이다.

시대정신의 중심에는 여전히 국민의 직접 민주주의적 참여 요구와 역동성이 놓여 있다. 하지만 그것을 수용하고 실현하는 방식은 매우 다양하고 섬세해질 필요가 있을 것이다. 민주 대 반민주의 단순 대립 구도로는 시대적 변화를 감당하기 어려울 것이다.

일과 직업의 미래 ❶

# 현대인,
# 일에 중독된 야만인?

## 수렵 채취 생활 인류의 노동 시간

수렵 채취 생활을 했던 인류의 일주일 노동 시간은 얼마나 될까? 사전 지식이 없는 한 이 물음에 정답에 가까운 대답을 할 수 있는 현대인은 별로 없을 것이다. 누구나 자신의 삶을 기준으로 판단하는 경향이 있기 때문에 수렵 채취 생활을 하는 인류는 적어도 현대인의 노동 시간 정도는 일을 했을 거라고 생각하기가 쉽다. 더 나가서 생산력이 형편없었으니 아마 생존하기 위해 밤낮을 가리지 않고 일을 했을 거라고 상상하기 쉽다. 과연 그랬을까? 미안하지만 틀렸다. 수렵 채취 생활을 하는 인류의 일주일 노동 시간은 만 년 전이나 현재나 12시간에서 15시간 사이이다. 하루에 두 시간 정도 노동을 하고 나머지 시간은 한가하게 즐기며 지냈다.

만 년 전 수렵 채취 생활을 했던 인류의 경우는 이 깜짝 놀랄 정도로 적은 노동 시간이 쉽게 납득이 간다. 중석기 시대였던 만 년 전에는 빙하기가 막 지나 지구가 초원으로 덮여 있었고 맘모스 등의 거대 동물들이 이 초원에 떼를 지어 돌아다녔다. 인류학자들의 연구에 의하면 이 중석기 시대의 인류가 가장 적은 시간을 일하고 가장 영양 상태가 좋았다고 한다. 성경에 나오는 에덴동산, 그리스·로마 신화의 황금시대, 중국 신화의 황금시대는 이러한 중석기 시대 인류의 삶을 신화화한 것이다.

그런데 오늘날같이 자연환경이 파괴되어 기후 변화가 재앙이 된 때에도 수렵 채취 생활을 하는 인류가 있는데, 현대인의 입장에서 이 사람들이 일주일에 12시간 내지 15시간만 일한다는 것은 쉽게 이해하기 어렵다. 아프리카 피그미족을 연구한 인류학자 역시 그랬다. 그는 처음에는 피그미족의 노동 시간을 도저히 이해할 수 없었다. 조금 더 일하면 더 풍족하게 살 수 있는데 왜 저렇게 게으르게 지내는지 의아했다. 인류학자는 세월이 꽤 지난 뒤에야 비로소 피그미족의 노동 시간이 대단히 합리적이라는 것을 깨닫게 되었다. 피그미족이 수렵 채취 생활을 하면서 돌아다니는 범위는 정해져 있다. 피그미족의 노동 시간이 일주일에 15시간보다 많아지면 이 생활 영역의 자연환경이 조금씩 파괴되어 후손들이 그 땅에서 살 수 없게 된다. 피그미족은 지속 가능한 삶을 위하여 노동 시간을 주 12시간에서 15시간으로 제한하고 있었던 것이다.

# 지속 가능한 삶을 위한 노동, 축적을 위한 노동

피그미족과 10년 가까이 함께 살며 연구를 마친 인류학자는 고마운 마음에 부족원들에게 선물을 주려 하였다. 그런데 부족원들은 한결같이 선물에 대한 말도 안 되는 험담을 늘어놓으며 받지 않으려 하였다. 이상하게 여겨 알아보니 피그미족에게 선물은 금기였다. 선물은 생활하고 남는 여분을 축적해야 가능하다. 그런데 그렇게 여분을 축적하려면 15시간이 넘는 노동을 해야 하고, 많은 시간의 노동은 자연을 조금씩 회복할 수 없도록 파괴하여 삶의 지속을 불가능하게 하기 때문이었다. 현대인이 수렵 채취 생활 인류를 만나는 장면에서는 어디에서나 피그미족과 인류학자 사이에서 그랬듯이 '축적을 위한 노동'과 '지속 가능한 삶을 위한 노동' 사이에 충돌이 일어난다.

유럽인들이 북아메리카를 정복해 가던 초기의 이야기다. 유럽의 모피상이 작은 인디언 씨족 족장과 친구가 되었다. 이 인디언 씨족의 주된 생업은 활과 창으로 아메리카들소를 사냥하는 것이었다. 그 인디언 족장은 씨족의 남성들과 일주일에 12~15시간 사냥을 하여 들소 두 마리를 잡았고, 그 작은 씨족은 그걸로 충분히 먹고 살았다. 유럽 모피상은 인디언 족장에게 총을 선물하고 총 쏘는 법을 가르쳐 주었다. 그리고 6개월 뒤에 총을 주었으니 들소 가죽이 수백 장 모아져 있겠거니 잔뜩 기대하며 인디언 족장을 찾아갔다. 그런데 들소 가죽은 활과 창으로 사냥할 때처럼 50장 정도밖에 모여져 있지 않았다. 의아하게 쳐다보는 모피상에게 족장은 환하게 웃으며 '당신이 준 총 덕분에 우리는 일주일에 5~6시간만 일하고 더 한가하고 즐겁게 지낼 수 있었다. 고맙다.'고 말했다.

이 이야기에서 현대인을 대표하는 유럽 모피상이 생각하는 노동은 축적을 위한 노동이다. 유럽 모피상에겐 노동은 많이 할수록 좋은 것이다. 노동을 많이 할수록 축적을 많이 할 수 있으니까. 그래서 모피상은 인디언 족장이 총을 가지고 사냥하여 훨씬 많은 들소 가죽을 축적하고 있으리라고 기대하며 찾아간다.

한편 전통 시대 인간을 대표하는 인디언 족장이 생각하는 노동은 지속 가능한 삶을 위한 노동이다. 들소 두 마리만 잡으면 씨족원이 충분히 먹고살 수 있고, 그 이상을 잡으면 들소 떼가 멸종하여 후손들이 살 수 없게 되기 때문에 총이 있어도 들소는 두 마리만 잡고 노동 시간을 줄였던 것이다.

인류 역사에서 보면 인류가 '축적을 위한 노동'을 한 시기는 자본주의가 출현한 근대 이후이다. 길게 잡아야 300~400년 정도이다. 그 이전의 전통 시대까지는 '지속 가능한 삶을 위한 노동'이 보편적인 것이었다. 흥부와 놀부 이야기에도 이런 가치관은 잘 드러나 있다. 선인인 흥부는 사람들과의 관계와 자연과의 조화를 중시한다. '지속 가능한 삶을 위한 노동'을 하는 사람이다. 악인인 놀부는 축적을 위해 사람들과의 관계와 자연과의 조화를 파괴한다. '축적을 위해 노동'하는 사람이다. 놀부는 조선 후기에 출현한 맹아적 자본주의 인간을 그린 것이라 할 수 있는데, 전통 사회는 이러한 인간형에 대해 매우 적대적이었다. 그래서 놀부는 악인의 전형으로 그려지는데, 한국의 현대인은 이 놀부의 후손들이라 할 수 있다. 이 놀부의 후손들은 한때 주 80시간 가까운 노동을 당연시했었고 여가 시간이 많이 주어지면 어떻게 쓸 줄 몰라 '이거 내가 뭔가 뒤떨어지는 거 아닌가?' 하여 공황 상태에 빠지는 워커홀릭들이다.

## 찰리 채플린의 「모던 타임스」 혹은 일중독의 야만인

영월에 내가 글 쓰러 왔다 갔다 하는 시골집이 있다. 「고양이학교」로 받은 첫 인세로 그 집을 지었으니 벌써 20년이 되었다. 처음 집을 짓고 왔다 갔다 할 때는 아는 사람들이 놀러 오는 걸 반겼었다. 그런데 좀 지나다 보니 아는 사람들이 놀러 오는 걸 피하게 되었다. 어느 날 놀러 온 친구들을 보내고 거실에 누워 통유리창 따라 펼쳐진 산 능선을 멍하니 바라보며 왜 그렇게 되었을까 생각해 보았다. 곰곰이 생각해 보니 그 이유는 놀러 오는 사람들이 노는 것도 일처럼 체계적으로 맹렬하게 놀기 때문이었다.

시골집에 가면 나는 대부분의 시간을 흔히 하는 말로 멍 때리는 데 쓴다. 그냥 그렇게 텅 비어 있는 게 가장 가득 차 있는 느낌을 주기 때문이다. 그러다 보면 뭔가 차올라 글도 조금 쓰게 되고 배고프면 밥 해 먹고 졸리면 밤낮 안 가리고 잠시라도 자고 그렇게 지낸다. 그러다 사람들이 오면 갑자기 전쟁판이 된다. 사람들은 도착하자마자 체계적으로 준비한 먹을거리 등을 체계적으로 운반하여 체계적으로 냉장고에 채우는 일부터 한다. 체계적으로 커피부터 한잔 끓여 마시고 체계적으로 불판에 고기를 굽고 체계적으로 술을 마시고 등등. 야, 놀러 왔으면 다 내팽개치고 일단 좀 멍도 때리고 좀 쉬어라 해도 소용이 없다. 다음 날은 또 최대한 근처의 볼거리들을 많이 보기 위해 타임 스케줄을 짜서 맹렬하게 돌아다닌다. 어느 날 친한 친구가 다시 놀러 가면 안 되겠냐고 전화가 왔기에 말했다.

"야, 전에처럼 노는 일 할 거면 오지 마라. 일이라면 서울에서 하면 되지 뭐 하러 이 멀리까지 와서 해. 노는 일 말고 놀 자신 있으면 와라. 그거 쉬운 거 아니니까 잘 판단해서 오려면 와."

친구가 이번에는 노는 일 안 하고 놀 자신이 있다고 다시 왔다. 친구와 나는 평소 하던 대로 거실에 누워 창문으로 들어오는 산 능선을 바라보며 빈둥거리기부터 했다. 얼마 지나지 않아 친구는 "야, 너는 어떻게 TV도 안 봤냐?" 하며 핸드폰을 들여다보기 시작했다. 그리고 조금 더 지나자 집 안팎으로 왔다 갔다 하며 안절부절했다. 나는 피식 웃으며 말했다.

"너 찰리 채플린 영화 「모던 타임스」 봤냐? 거기 보면 공장의 컨베이어 벨트에서 나사 조이는 일을 하는 찰리 채플린이 일이 끝나고 공장을 나온 뒤에도 계속 나사 조이는 몸짓을 하며 돌아다니지. 너도 그런 것 같아, 일중독이야. 요새 사람들이 수렵 채취 생활을 하는 인류를 야만인이라고 하는데 참 웃기는 말이라는 생각이 들어. 하루에 2시간만 일하고 남은 시간을 의미 있게 채우며 놀 수 있는 사람을 어떻게 야만인이라고 할 수 있냐? 그리고 그렇게 우아하고 충만하게 놀 수 있도록 뒷받침하는 그들 나름대로의 사회관계와 문화가 있을 텐데 그걸 어떻게 야만이라고 할 수 있냐? 그들을 야만인이라 하고 자기들은 문명인이라고 하는 현대인이

야말로 일중독의 건방지기 짝이 없는 야만인이지. 인공 지능 자동화가 급진전되면서 주 5일제, 주 4일제라며 노동 시간이 계속 줄어드는데, 너 같은 일중독의 야만인이 그런 미래를 어떻게 살 수 있을지 걱정된다. 아니지 우리 세대야 뭐 얼마 안 있으면 갈 거니까 문제가 안 되지. 일중독의 야만인 되는 교육을 열심히 받고 일중독의 야만인 되는 거 이외엔 아무것도 모르도록 사육되는 우리 아이들이 문제지."

## 그런 가르침은 됐어! 됐어!

우리 큰딸은 문화 인류학을 전공하는데 서태지의 노래가 한참 유행하던 시기에 중고등학교를 다녔다. 그래서 그런지 자기 길을 찾아가기까지의 과정이 꽤 격렬했다. 대입 준비를 해야 하는 고2 때 무슨 학교 역사에 일찍이 없었던 보컬 반인지 뭔지를 만들어 리드 싱어를 하며 실용 음악과를 가겠다고 하더니, 동양 어문학과에 가서 일본어 전공을 선택하고, 대학 3, 4학년 때는 제2전공인 문화 인류학으로 전환해서 문화 인류학 석박사를 일본에 가서 마쳤다.

나는 딸애가 고베의 대학에서 석사 논문을 쓸 때 한번 고베에 갔었다. 저녁을 먹으며 논문 주제가 뭐냐고 물었더니 현대의 수목장, 산골(散骨) 같은 장례 의례를 연구한다고 했다. 이제 20대 중반의 여자애가 하필이면 장례 의례인가 싶어 좀 충격이었다. 문화 인류학에 재미있는 거 많은데 하필이면 장례 의례냐고 물었더니 뜻밖의 대답이 돌아왔다. 고등학교 때 가장 친했던 친구가 자살을 했다는 거였다. 그 이야기를 들으니 딸애의 방황이 이해가 되고, 이제 제 길을 찾았구나 싶어 안심이 되었다. 딸애는 실업과 여러 가지 직업을 오가야 하는 미래 사회에도 자기 삶을 의미 있게 잘 꾸려 나갈 것이다. 여러 직업을 갖더라도 장례와 관련된 직업을 가지며 아무리 허드렛일이라 하더라도 의미 부여를 잘 할 것이다. 또 일시적 실업을 하더라도 당황하지 않고 죽음과 장례에 관련된 뭔가를 하며 의미 있게 지낼 것이다.

직업이 평생 직업으로 고정되어 있는 산업 사회가 요구했던 것은 고정된 직업에 필요한 고정된 지식과 기능이었다. 그래서 산업 사회 교육은 지식 위주의 주입 암기식이었고 산업 사회는 지식 습득 정도를 중요시하는 학력 사회였다. 하지만 실업과 여러 직업을 오가며 복잡하고 불안정한 인생을 살아야 하는 미래 사회가 요구하는 것은 우선 그 복잡한 교육-직업-인생을 일관성 있는 하나로 파악하고 기획하며 의욕을 가지고 개척해 나갈 수 있는 자기 형성의 힘이다. 그리고 고정된 지식이 아니라 그때그때 필요로 하는 지식을 찾아내어 필요에 맞게 융합해 낼 수 있는 능력이다. 그렇기 때문에 미래 사회를 살아갈 아이들에겐 자기 형성과 지적 형성이 하나로 통합된 역량을 길러 주는 교육이 필요하다. 그런데 우리의 교육은 여전히 고정된 지식 습득을 중심에 두고 그 정도를 획일적 기준으로 평가하는 산업 사회형에 머물러 있다.

얼마 전에 중학교 1학년 자녀를 두고 있는 출판사 편집장을 만났다. 저녁을 먹다가 교육 이야기가 나오자 편집장이 갑자기 화를 내며 입에 거품을 물었다. 이야기인즉 1학년 자유 학기에 배우는 진로 교과서 때문이었다. 그 교과서를 가지고 가르치는 주된 내용이 모모한 대기업 전자 회사, 자동차 회사에 들어가기 위해서는 어느 정도 공부를 해서 어느 정도 대학을 나와야 한다는 것이었다. 중학교 1학년에게 진로 지도랍시고 그런 걸 가르치는 게 맞냐고 펄펄 뛰었다. 참 우리의 학교 교육은 미래 사회와는 거리가 멀어도 너무 멀다.

일과 직업의 미래 ❷

# 인디언 보호 구역의
# 인디언은 왜 행복하지 않을까?

일에서 직업으로, 직업에서 일로

○
○
●

## 수렵 채취 시대 인류의 일

앞에서 수렵 채취 생활을 하는 인류의 일주일 노동 시간은 12시간에서 15시간이라고 했다. 그러면 수렵 채취 인류는 남은 시간을 어떻게 보냈으며 짧은 시간의 노동은 그들의 삶에서 어떤 위치를 차지했던 걸까? 북아메리카 인디언 종족의 신화 한 편을 살펴보자.

아버지와 일곱 명의 아들이 야생 염소를 잡으러 산으로 들어갔다. 아버지는 사냥의 명인으로 유명했지만 야생 염소를 한 마리도 잡지 못했다. 일행은 산속에서 야영을 했다. 그런데 아직 사냥꾼 훈련을 받고 있는 막내아들이 그날 밤 나타난 야생 염소를 쫓아가 멋진 솜씨로 잡았다. 그리고 정해진 규율에 따라 기도를 올리며 정성껏 가죽을 벗기고 고기를 잘라 냈다.

일을 마치고 캠프로 돌아오는데 홀연히 피부가 하얀 아름다운 여인이 나타나 자기 집으로 가자고 유혹을 했다. 막내아들은 사냥 기간 중 여인과 지내는 건 금기여서 사냥하는 능력을 다 잃을 수 있다고 거절했다. 그러자 여인은 야생 염소를 잡은 솜씨와 경건하게 처리한 태도를 칭찬하며 자기와 함께 집으로 가면 더욱 뛰어난 사냥꾼이 되는 지식들을 배울 수 있다고 했다. 그래서 막내아들은 여인을 따라갔다.

여인은 높은 바위 절벽을 올라 바위틈으로 들어갔다. 바위틈 안에는 많은 야생 염소들이 있었는데, 그들은 염소 털가죽을 뒤집어쓰면 염소 모습이 되고 염소 털가죽을 벗으면 사람 모습이 되었다. 그를 데리고 온 여인이 곁으로 와 말했다.

"이제부터 나는 당신의 아내입니다. 여기는 야생 염소들의 동굴인데 사냥꾼들은 절대 이 동굴을 찾아낼 수 없습니다. 나도 야생 염소예요. 그리고 지금은 야생 염소들의 발정기랍니다."

여인은 막내아들에게 처음엔 늙은 염소 가죽을 뒤집어씌워 밖으로 데리고 나갔고, 나중에는 젊은 염소 가죽을 씌워 데리고 나갔다. 젊은 염소가 된 막내아들은 다른 수컷 염소들을 물리치고 암컷 염소들과 두루 교미를 할 수 있었다. 그렇게 나흘 밤낮을 지내고 나자 여인이 활과 화살을 돌려주며 따라오라고 했다. 막내아들은 여인을 따라 절벽 아래로 미끄러져 내려갔다. 다른 모든 염소들이 따라와 작별 인사를 했다. 여인이 작별 인사를 하며 말했다.

"당신은 이제 훌륭한 사냥꾼입니다. 당신은 이제 야생 염소가 사람이라는 걸 잘 알 거예요. 그러니까 염소를 잡아서 처리할 땐 정성을 다하고 예의를 지켜야 해요. 그리고 암염소나 새끼 염소는 절대 쏘지 마세요. 암염소는 모두 당신의 아내고, 새끼 염소들은 당신의 자손이니까요. 당신의 처남인 숫염소들만 쏘세요. 그들을 잡았다고 미안해할 필요는 없어요. 그들을 쏘아 죽여도 가죽과 고기만 남겨 놓고 진짜 그들은 사람 모습으로 야생 염소의 동굴로 돌아오니까요."

현대인의 드라이한 관점으로 보자면 위의 신화는 개체 수를 유지하여 야생 염소들의 생태계가 지속되도록 하기 위해서는 암염소나 새끼 염소를 사냥해서는 안 되고 숫염소만 사냥해야 한다는 지식을 전달하고 있다. 그런데 위 신화가 그러한 지식을 전달하는 방식은 매우 독특하다. 염소 가죽을 뒤집어쓰면 염소가 되고 염소 가죽을 벗으면 인간이 된다는 상상을 통해 야생 염소와 인간을 동등한 존재로, 더 나아가 가족 관계로 이야기한다. 그럼으로써 인간과 야생 염소가 하나의 생태계 속에서 공생 관계에 있음을, 따라서 야생 염소 사냥에서는 공생의 가족 관계에 따른 예의와 규율을 지켜야 함을 이야기한다. 이렇게 되면 이 이야기는 지식 차원을 넘어서 애니미즘의 철학과 윤리를 이야기하고 있는 셈이다.

이 신화에서 우리가 알 수 있는 것은 수렵 채취인들은 자신이 하는 일이 인간과 자연을 포함한 전체 세계 속에서 어떤 역할을 하며 어떤 의미를 갖는지를 명확히 인지하고 그 역할과 의미가 요구하는 윤리와 규율에 따라 일했다는 것이다.

그리고 이 신화를 통해 알 수 있는 또 하나는 수렵 채취인들에게 일상생활의 시공간과 일의 시공간이 구분되지 않아 구분이 필요한 특별한 경우에는 금기의 설정을 통해 구분했다는 점이다. 이 신화에 나타난 금기는 사냥 기간 중에는 여성과 관계하면 안 된다는 것이다.

아마도 수렵 채취 시대의 인류는 일하고 먹고 자고 쉬는 시간 이외의 대부분을 이와 같은 신화와 관련된 종교적 의례와 문화적 활동을 하면서 보냈을 것이다. 그리고 그 전체 삶의 중심에 일의 의미가 놓여 있었다. 수렵 채취인에게 일은 단순한 노동이 아니라 우주가 창조되던 태초의 창조를 반복하여 지속시키는 행위로서의 의미를 가졌기 때문이다.

## 일에서 직업으로

일과 직업은 같은 뜻으로 쓰일 때도 있지만 본질적으로 다른 의미를 갖는 말이다. 일과 직업이 서로 다른 의미를 갖는 말이라는 점은 역사적으로 살펴보면 분명하게 드러난다. 수렵 채취 시대에 종족의 생존을 위해 사냥을 하는 남성이나 열매를 따는 여성을 생각해 보자. 이들이 생계를 위해 하는 행위들을 일이라고 부를 수는 있어도 이들이 직업을 가졌다고 할 수는 없다.

근대 이전의 역사 시대도 마찬가지다. 왕이나 기사, 농노가 개인과 공동체를 위해 유용한 행위를 하는 것을 자기 신분에 맞는 일을 한다고는 할 수 있어도 직업을 가졌다고 할 수는 없다. 하지만 중세의 일은 수렵 채취 시대의 일에 비하면 소외된 형태라 할 수 있다. 중세의 일은 신분에 따라 배분이 되었는데 농노나 노예의 일은 창조적 주체로서 일에 대한 결정권이 있는 것도 아니고 그 결과물에 대한 처분 권한이 있는 것도 아니었다. 왕이나 영주는 머리 역할을 하고 농노나 노예는 손과 발의 역할을 하는 질서는 신이 부여한 것이기 때문에 운명으로 받아들여야 한다는 종교적 의미가 부여된다는 점을 빼면 지금의 직업 노동보다 더 소외된 노동이라고 볼 수도 있다.

직업은 근대 산업 사회에서 출현한 일의 특수한 형태이다. 직업은 전통 사회의 신분 제도로부터 자유로워진 개인이 자신의 노동력을 상품으로 시장에서 팔기 시작하면서 나타났다. 노동력 상품을 산 기업가는 이를 자본을 축적하기 위한 수단으로 활용한다. 그러기 위해서는 노동의 효율성을 최대한 높여야 하고, 노동의 효율성을 최대한 높이기 위해서는 일하는 공간을 일상생활 공간과 분리하여 엄격한 규율과 정해진 시간에 따라 일하도록 하여야 한다.

위와 같은 직업의 시공간적 특성 때문에 산업 사회 개인의 삶은 직업 생활과 사생활로 엄격히 분리되어 있다. 직업에서 얻는 임금으로 사생활에 필요한 자원을 산다는 것 이외에 둘 사이의 내용적 연관은 별로 없다. 그리고 산업 사회에서는 노동 시간이 길기 때문에 개인의 사생활은 다음 날 직업 노동을 위한 재충전과 같은 부차적 위상을 갖는다.

또한 산업 사회에서는 노동의 효율성을 높이기 위해 분업이 끝없이 진행되어 직업은 갈수록 잘게 쪼개져 단순화된 행위를 반복하는 것이 된다.

테일러·포드 시스템의 컨베이어 벨트는 그 극단이라 할 수 있다. 컨베이어 벨트의 노동자는 하루 종일 특정 나사를 조이는 것과 같은 단순 노동을 반복한다. 그렇기 때문에 노동자는 자기가 하는 노동이 전체 노동에서 어떤 위치를 차지하는지, 전체 삶에서 자기 노동이 어떤 의미를 갖는지 알 수 없고 따라서 자기 노동에 의미를 부여하기가 쉽지 않다.

위와 같은 특성을 갖는 산업 사회의 직업은 일의 소외된 형태라 할 수 있다. 노동자가 자기 노동의 주인으로서 자기 노동에 의미를 부여하기 어렵고, 일상생활로부터 엄격히 분리된 노동 규율과 긴 노동 시간으로 자기 삶 전체 속에서 의미를 부여하기도 어렵다는 점에서 그렇다.

직업 노동의 이러한 소외된 특성 때문에 산업 혁명 초기의 이농민들은 공장에 취업하는 것보다는 유랑민이 되어 걸식을 하며 떠도는 삶을 선택하는 경우가 많았다. 국가가 이 난처한 사태를 해결하기 위해 유랑하는 농민들을 강제 수용하여 공장에서 강제 노동을 시키는 유랑민 금지법을 만들어야 할 정도였다. 오늘날에는 병원이란 뜻으로 쓰이고 있는 'hospital'은 산업 혁명 초기에는 유랑 이농민의 강제 수용소를 의미했다. 오늘날에도 거의 대부분 사람들이 직업 노동을 즐겁게 여기지 않는 이유 또한 직업 노동이 일의 소외된 형태이기 때문일 것이다.

## 직업에서 일로

수렵 채취 시대 노동에서 산업화 시대 노동으로의 변화는 일이 직업으로 변화하는 과정, 즉 창조 행위로서의 일이 파편화되어 비창조적인 형태로 소외되는 과정이었다. 그런데 디지털 인공 지능 자동화가 급진전되면서 역방향의 변화 가능성이 나타나고 있다.

첫째, 인공 지능 로봇이 인간의 노동을 대체해 감에 따라 인간의 평균 노동 시간이 급격히 줄어들고 있다. 주 5일제가 시작된 지 몇 년 안 되었는데 벌써 주 4일제가 논의되기 시작했다. 인간의 평균 노동 시간은 계속 줄어들 것이다.

둘째, 상대적으로 단순한 노동을 인공 지능 로봇이 대신하게 되면서 인간이 하는 노동은 상황에 맞게 필요한 지식을 융합하고 판단하거나 필요한 관계를 형성하는 상대적으로 창조적인 영역으로 압축되어 갈 것이다.

셋째, 코로나19 국면에서 드러났듯이 디지털 소통망이 확대되고 일상화됨에 따라 재택근무의 확대 등으로 직업 생활의 시공간과 일상생활 시공간 사이의 구분이 점점 흐릿해져 갈 것이다.

위와 같은 디지털 기술 혁명의 결과들은 산업화 시대의 소외된 형태의 직업 노동이 상대적으로 덜 소외된 창조적 노동으로서의 일로 변화할 가능성을 열어 준다. 하지만 그것은 어디까지나 가능성일 뿐이다. 이 가능성이 현실화되기 위해서는 산업 사회의 경제 사회 관계 전반을 디지털 기술 혁명에 적합한 경제 사회 관계로 변화시켜 나가는 대전환이 필요하다.

그러나 현실은 더 많이 반대의 방향으로 가고 있다. 디지털 기술 혁명이 생산력의 급격한 발전을 가져오고 있음에도 불구하고 산업 사회의 경제 사회 관계는 변하지 않고 그대로 온존되어 있기 때문이다. 이렇게 되면 디지털 기술 혁명의 진전은 급속한 양극화의 심화를 가져온다.

부가 가치의 대부분이 인간의 노동으로부터 나오는 게 아니라 인공 지능 로봇의 작동으로부터 나오게 되면 자본이 자본을 버는 형태가 되어 거대 자본은 더욱 빠른 속도로 자본을 축적한다. 반면 대부분의 노동자는 실업과 비정규 노동으로 내몰려 더욱 빈곤해진다. 또한 노동자 내부도 창조적 노동을 하는 소수의 거액 연봉자와 실업과 비정규 노동으로 더욱 빈곤해지는 대다수 노동자들로 양극화된다.

이러한 양극화의 심화는 대다수 노동자의 위기를 넘어서 기업가들에게도 자본주의 자체에도 위기를 불러온다. 생산력이 높아져 물건을 많이 만들어도 대다수 사람들이 빈곤해져 소비를 해 주지 못하면 기업도 망하고 자본주의 자체도 망할 수밖에 없다. 이러한 자본주의의 위기를 유예하기 위해 고안된 것이 지금까지 유지되고 있는 빚으로 소비하게 만드는 부채 경제이다. 지금 거의 정점에 도달해 가고 있는 부채 경제는 낮은 이자나 무이자로 은행 융자를 받아 부동산, 주식, 가상 화폐 등에 투자하게 함으로써 실물 경제와는 괴리된 천문학적 거품을 일으키는 경제이다. 은행 융자로 산 부동산, 주식, 가상 화폐가 폭등하면 그것에 투자한 사람은 부자가 된 착각에 빠져 폭등한 부동산, 주식, 가상 화폐를 근거로 은행 융자를 더 받아 소비를 하게 된다.

그러나 부채 경제가 언제까지나 지속될 수는 없다. 부채는 미래 어느 시기엔가 갚아야 한다는 점에서 미래의 부가 가치를 당겨쓰는 것이다. 그렇기 때문에 부가 가치를 생산해 내는 노동 인구가 계속 늘어나는 상태이면 좀 더 지속될 수 있겠지만 노동 인구가 주는 추세이면 더 이상 지속시키는 게 불가능하다.

이렇게 기왕의 산업 사회 경제 체제, 그 끝이라 할 수 있는 부채 경제가 한계에 이르면서 근래 대안적 모색의 하나로 기본 소득이 논의되기 시작했다. 하지만 현재 제기되고 있는 기본 소득론들은 전반적으로 일정한 한계가 있어 보인다. 오히려 기본 소득론 논의보다는 코로나19가 야기한 현실이 앞서 나가는 느낌이다. 세계의 많은 국가들이 코로나19라는 재난에 대응하는 기본 소득을 자국의 국민들에게 아낌없이 풀었으니 말이다.

## 인디언 보호 구역의 인디언은 왜 행복하지 않을까?

오늘날 기본 소득 관련 정책은 이른바 보수 진영이든 진보 진영이든 다양하게 내놓고 있다. 이 정책들을 살펴보면 기본 소득을 보는 관점은 크게 둘로 나누어진다.

첫째, 주류 경제학 쪽의 관점은 코로나19 국면에서의 재난 소득과 같은 일시적이고 선별적인 직접적 지원은 사회 복지 제도를 보완하는 차원으로 인정을 하되 모든 국민에게 지속적으로 지급하는 기본 소득은 불필요하고 현실성도 없다고 보는 것이다.

둘째, 케인즈주의 경제학 쪽의 관점은 인공 지능 자동화의 급진전으로 실업과 비정규직 노동이 보편화되면 유효 수요의 부족으로 자본주의 자체가 무너질 수도 있으니 모든 국민에게 지속적으로 지급하는 기본 소득 제도의 도입이 불가피하고, 그러한 방향성을 견지해 나가기 위해서 단 몇만 원이라도 가능한 선에서 제도를 도입하는 게 필요하다는 것이다.

주류 경제학 쪽의 관점은 기후 변화, 새로운 전염병 등 위험 사회로의 진입, 인공 지능 자동화로 인한 실업과 비정규직 노동의 보편화 등의 변화를 너무 과소평가하고 있다는 점을 지적하지 않을 수 없을 것이다. 지금 일어나고 있는 변화의 심도가 산업화 시대 경제 사회 시스템에 사회 복지 제도를 보완 강화하는 수준으로 감당할 수 있는 것일까? 거대한 해일을 통상적인 파도를 예상하여 쌓은 방파제로 막을 수는 없을 것이다.

케인즈주의 경제학 쪽의 관점은 인공 지능 자동화로 인한 실업과 비정규직 노동의 보편화가 가져올 위기의 심도를 파악하고 있는 점은 긍정적으로 평가할 수 있으나 산업 사회 경제주의의 한계를 벗어난 것은 아니라는 점을 지적하지 않을 수 없다. 기본 소득이 겨우 부족한 유효 수요를 만들어 내기 위해 필요한 것이란 말인가? 그것만이 목적이라면 더 효과적인 다른 경제 정책 수단도 있지 않을까?

지구상에서 사실상 기본 소득 비슷한 제도가 실시되는 곳 중의 하나로 미국의 인디언 보호 구역이 있다. 인디언 보호 구역의 인디언들은 기본적인 생활을 꾸려 갈 정도의 생계비를 미국 정부로부터 받는다. 그런데 이 보호 구역의 인디언들이 행복할까? 전혀 그렇지 않다. 알코올 의존자나 마약 중독자가 많다는 것은 그들이 얼마나 불행한가를 반증한다. 그들은 왜 불행한 것일까? 세계를 창조해 가는 하나의 주체로 참여할 수 있는 일이 없기 때문이다. 산업 사회의 소외된 직업 노동도 인간을 불행하게 하지만 자신의 삶에 의미를 부여할 수 있는 창조적 일이 없다는 것은 인간을 더 불행하게 만든다.

히말라야의 부탄 왕국도 사실상 기본 소득 비슷한 제도가 실시되는 곳이다. 풍부한 수력 발전의 전기를 인도에 팔아 국가가 국민의 기본 생활을 보장한다. 부탄의 국민들은 상대적으로 매우 행복한 편이다. 세계를 창조해 가는 한 주체로 참여할 수 있는 일과 사회관계들이 있어 자기 삶에 충분히 의미가 부여되기 때문이다.

왜 기본 소득 제도가 필요한 것일까? 그것은 실업과 비정규직 노동, 정규직 노동으로 해체되어 가며 더욱 소외가 깊어지고 있는 후기 산업 사회의 직업 노동이 소외되지 않은 창조적 일로 전환될 수 있도록 돕기 위해서이다.

앞의 글에서 예로 들었던 우리 큰애 얘기를 다시 해 보자. 고등학교 때 절친의 자살이 모멘텀이 되어 문화 인류학에서 장례 의례를 전공했다는 것은 이 아이가 세계를 창조해 가는 한 주체로서 자기 일을 찾았다는 것을 의미한다. 하지만 이 아이의 직업 생애는 매우 험난할 수 있다. 현재는 연구원의 교수로 있지만 3~4년 단위의 계약직이어서 그게 끝나면 반실업의 시간 강사로 떠돌 수도 있고, 생활이 어려워져 상조 회사에 취업을 할 수도 있고, 나이가 좀 들면 실업 상태가 될 수도 있다. 이 아이는 그 복잡한 직업 생애를 자기가 청년기에 발견한 창조적 일을 일관되게 유지하는 차원에서 기획하고 꾸려 나가려 할 것이다. 좌절할 수 있는 어려운 시기에 기본 소득이 지원된다면 큰 도움이 될 것이다.

실업과 비정규직 노동, 정규직 노동으로 해체되어 더욱 소외가 깊어지는 후기 산업 사회의 직업 노동을 소외되지 않은 창조적 일로 전환시킬 수 있는가 여부는 미래 사회 성패의 시금석이다. 이러한 전환을 위해서는 무엇보다도 우선적으로 교육의 대전환이 필요할 것이다.

# 사회적 빙하 너머에서
# 인류의 막내들이 질문을 던져 왔다

디지털 토건주의인가, Homo Digitaliens로 진화할 것인가?

## 빙하기와 크로마뇽인의
## 두뇌 혁명

인지 고고학자들의 연구에 의하면 현생 인류의 조상인 크로마뇽인으로 오면서 두뇌 구조에 혁명이 일어났다고 한다. 네안데르탈인의 두뇌는 수많은 컴퓨터들이 서로 연결이 안 된 채 병렬되어 있는 것처럼 두뇌의 각 방이 연결이 안 되어 있는 구조였는데, 크로마뇽인에 이르러 두뇌의 각 방 안에 갇혀 있던 신경 세포(뉴런)가 방을 빠져나와 방과 방을 무한히 연결하기 시작한 것이다. 그래서 크로마뇽인의 두뇌는 수많은 컴퓨터가 자유롭게 네트워킹 되어 있는 구조로 바뀌었다.

이러한 두뇌 혁명으로 인해 크로마뇽인은 어떤 새로운 능력을 갖게 되었을까? 우리는 도끼에 찍혀 반쯤 부러진 나무를 보면 자연스럽게 "아이고 아프겠다."라며 얼굴을 찡그린다. 이것이 두뇌 혁명으로 현생 인류의 조상인 크로마뇽인이 갖게 된 능력이다. 나를 다루는 방과 나무를 다루는 방이 자유롭게 연결되니 다리를 다쳤던 나의 경험에 비추어 나무가 아플 것이라고 생각하고 나무를 나처럼 상상하여 아프겠다고 얼굴을 찡그린다. 관계에 대한 사유와 그를 바탕으로 한 공감 능력이다.

그런데 왜 크로마뇽인의 두뇌에서 이러한 두뇌 혁명이 일어난 것일까? 그것은 엄혹한 빙하기에 살아남기 위해서였다. 북극에서 혼자 고립된 인간이 살아남을 확률은 제로다. 그러나 많은 사람이 함께 있다면 살아남을 확률이 커진다. 힘과 지혜를 모아 어려움에 대처할 수 있기 때문이다. 관계에 대한 사유, 공감과 연대의 능력이 빙하기를 넘어 크로마뇽인을 살아남을 수 있게 했다. 네안데르탈인은 기능적으로는 크로마뇽인 못지않게 우수했지만 빙하기에 멸종했다. 관계에 대한 사유, 공감과 연대의 능력이 미미해 생물학적 집단 이상의 대집단을 형성할 수 없었고 집단 지성의 힘을 만들어 낼 수도 없었기 때문이다.

## 사회적 빙하기와 디지털 인공 지능 혁명

현재 인류가 놓여 있는 상황은 '위험 사회'와 '디지털 인공 지능 혁명'으로 요약할 수 있다.

지난 산업화 시대에 우리는 계속해서 고도성장을 해 왔다. 그런데 이 고도성장은 아무 대가 없이 가능했던 게 아니라 미래를 당겨씀으로서 가능했다. 그런데 이제 더 이상 당겨쓸 미래가 없어져 이러한 한계가 누구도 통제할 수 없는 거대한 위험의 전면화·일상화로 나타나고 있다. 미래 몫의 자연 자원과 환경을 과도하게 당겨씀으로서 나타난 기후 변화와 새로운 전염병 그리고 핵 위험, 미래의 생활 생태계 에너지를 당겨씀으로써 생겨난 가정과 지역의 보호 교육 기능 공동화와 그로 인해 나타난 아동 성장 환경의 위험, 인공 지능 자동화의 급진전으로 나타나는 대량 실업의 위험, 미래의 부가 가치를 당겨쓰는 부채 경제의 한계로 인해 나타나는 만성적 경제 위기, 그것의 종합적 결과로서 40~50년 뒤에 한국 사회를 소멸시킬 수도 있는 저출생 현상과 인구 절벽. '위험 사회'로 요약할 수 있는 오늘날의 현실은 인류 스스로 만들어 낸 '사회적 빙하기'라 할 수 있다.

이 사회적 빙하기를 극복하고 현생 인류는 살아남을 수 있을 것인가, 없을 것인가? 이 엄중한 물음 앞에 서 있는 인류에게 '디지털 인공 지능 혁명'이라는 선물이 주어졌다. 그런데 이 선물은 양날의 칼이다.

산업 사회의 경제 사회 구조는 생산성을 높이기 위해 모든 에너지를 중앙으로 끌어올리는 중앙 집권 체제와 극단적인 분업 체계로 인한 분절 구조를 특징으로 한다. 인류가 산업 사회의 중앙 집권적이고 무수히 칸막이가 쳐져 있는 분절 구조를 그대로 유지한 채 '디지털 인공 지능 혁명'을 단순한 도구와 수단으로만 활용한다면 이는 흉기로 작용하여 경제 사회적 양극화와 그로 인한 사회적 갈등, 국제적 갈등의 폭발로 귀결될 것이다. 분절 구조의 무수한 문지기들을 없애고 관계를 무한히 확장하며 상호 소통하고 서로 이질적인 것들을 융합해 내는 디지털 인공 지능 혁명의 본질과 중앙 집권적이고 분절적인 산업 사회 구조가 서로 안 맞아 충돌하기 때문이다. 이러한 디지털 토건주의에서 벗어나지 못한다면 현생 인류는 빙하기를 넘어서지 못한 네안데르탈인의 운명을 따르게 될 것이다. 인류가 인공 지능을 단순한 도구나 수단으로 취급하는 것을 넘어 '인공 지능이 무한히 확장하는 관계망의 중심에 서서 극대화된 관계에 대한 사유와 공감 능력으로 상호 소통하며 이질적인 것들을 융합'해 나가는 'Homo Digitaliens'로 진화한다면 상생과 웰빙의 지속 가능한 새로운 사회 경제 구조를 창출해 낼 수도 있을 것이다.

## '사회적 빙하' 너머에서 인류의 막내가 물음을 던져 왔다

코로나19 국면에서 이루어진 초기 비대면 수업은 교사가 상호 소통 없이 일방적으로 강의를 한다든지 EBS 강의를 틀어 준다든지 하는 형태가 많았다. 디지털 기술을 원거리에서 강의를 전달하는 수단으로만 활용한 것이다. 디지털 기술을 활용했을 뿐이지 교수 학습의 구조나 방식은 산업 사회형인 셈이다. 디지털 토건주의다. 이러한 수업이 장기간 진행되자 '코로나19 비대면'이라는 사회적 빙하 너머에서 인류의 막내들이 물음을 던져 왔다.

그 첫 번째, 학습에 능동적인 10%의 막내들은 상호 소통의 성격을 갖는 플랫폼에서 발신자와 동등한 자격을 갖는 1:1의 수용자로서 등장했다. 이 수용자와 발신자는 매 순간 발신자와 수용자로 자리를 바꿀 수 있다는 점에서 말 그대로 동등한 자격을 갖는다. 이것은 교사들에게 신선한 충격과 당황스러움으로 다가왔다. 왜 교사들에게 충격과 당황스러움으로 다가왔을까?

산업 사회에서 학교의 시공간 구조는 공장 노동 규율에 적응할 수 있도록 훈련하는 일괄 감시 체제로 되어 있다. 가운데 자리한 교무실에서 복도로 나가면 어느 반이 떠드나 금방 알 수 있고, 몇 걸음 옮겨 창문을 들여다보면 누가 떠드나 금방 알 수 있다. 50분 수업 10분 휴식이 반복되는 시간 질서도 공장의 규율을 훈련하는 구조이다. 이 시공간에서 교사는 훈육하는 사람이고, 학생은 훈육을 받는 사람으로 결코 대등하지 않다. 학습에 능동적인 학생들은 이러한 비대칭의 학교 공간을 벗어나 사적인 자기 공간에서 플랫폼을 통해 수업을 접하는 순간 1:1의 대등한 '수용자-발신자'로 등장했다. 이러한 등장 자체가 물음이다. 왜 아직도 디지털 토건주의인가요? 'Homo Digitaliens'로 진화하면 안 되나요?

그 두 번째는 학습을 수용하지만 소극적으로 따라오던 10%의 학생들이다. 이 아이들은 비대칭의 일괄 감시 체제인 학교 공간을 벗어나자마자 학습으로부터 도망가는 아이들로 바뀌었다. 그래서 학부모들이 항의한다. 아이들을 수업에 참여하게 하던 학교 공간에서의 감시를 대신할 무언가가 비대면 수업에 있어야 하는 게 아니야? 왜 디지털의 특성을 살려 상호 소통 방식의 수업을 하지 않는 거야? 왜 그런 방식으로 우리 아이를 호명해 주지 않는 거야?

그 세 번째는 대면 수업에서나 비대면 수업에서나 학습으로부터 도망가는 80%의 학생들이다. 대면 수업에서는 교실에 자리를 차지하고라도 있었는데 비대면 수업에서는 학습으로부터 완전히 도망가 버린다. 게임에 심취해 있는 이 아이들에게 대면이든 비대면이든 산업 사회형의 수업은 너무도 구린 것이다. 어떤 유형의 아이들이든 코로나19 비대면이라는 사회적 빙하 너머에서 던지는 질문은 본질적으로 같다.

왜 아직도 디지털 토건주의야? 'Homo Digitaliens'로 진화하면 안 되는 거야?

우리의 학교는 시공간부터 행정 체계, 교사와 학생의 관계, 가르치는 내용까지 여전히 산업 사회형에 머물러 있다. 이러한 상태에서 디지털 기술이 들어오면 그건 디지털 토건주의로 전락한다. 디지털 토건주의를 넘어서기 위해서는 앞에서 이야기한 공장 규율 훈련형 학교의 시공간 혁신과 함께 다음과 같은 노력이 필요해 보인다.

첫째, OECD는 한국 학생의 지식 정보 능력에 대해 인터넷상에서 지식을 찾는 능력은 대단히 뛰어난데 그 지식의 진위 등 가치를 판단하는 능력은 많이 뒤떨어진다고 지적하고 있다. 지능 정보 사회에서 인간의 역할은 AI가 무한히 확장하는 관계망의 중심에서 관계에 대한 사유와 공감 능력을 바탕으로 가치를 판단하고 실현해 나가는 것이다. 가치 판단의 바탕이 되는 관계에 대한 사유와 공감 능력은 가상 공간에서 길러지는 게 아니라 오프라인의 삶 속에서 맺는 관계 속에서 이루어진다. 가지를 넓게 펼친 나무일수록 뿌리가 깊어야 하듯이 AI가 확장하는 관계망이 커지면

커질수록 삶 속에서의 관계와 경험에서 얻어지는 가치 판단 능력 역시 깊어져야 한다. 이러한 온라인 관계망과 오프라인 삶의 균형을 어떻게 맞추어 갈 것인가 하는 것은 디지털 시대에 정립해야 하는 철학의 문제이다. 지식을 찾는 능력은 뛰어난데 지식에 대한 가치 판단 능력이 떨어진다는 것은 디지털 시대를 감당할 철학 없이 디지털 기술을 기능적으로만 활용하고 있다는 걸 의미한다.

둘째, 비대면 수업이 전면화하는 초기에 우리는 수백만의 교사와 학생이 동시 접속할 수 있는 플랫폼을 구축하고 안정화하는 데 애를 먹었다. 우리가 그런 능력을 가지고 있지 못해서가 아니라 플랫폼이 분절되어 있고 통합적으로 운영해 본 경험이 없었기 때문이다.

이러한 문제는 여전히 남아 있다. 그간 학교 교육 사업에 참여하는 디지털 관련 기업은 중소기업을 육성하자는 취지에서 중소기업으로 참여를 제한해 왔다. 학교 교육의 디지털 시스템은 참여하는 이 중소기업의 업무 범위에 따라 분절되어 있고, 행정 단위들에 따라 분절되어 있다. 수많은 문지기를 없앰으로써 관계망을 자유롭게 확장하는 디지털의 본질에 반하여 행정 단위들 사이에, 중소기업들의 업무 범위 사이에 수많은 문과 문지기가 서 있는 것이다. 이러한 분절적 디지털 시스템으로는 비대면 활동이 갈수록 전면화하는 미래 사회와 교육을 감당하기 어렵다. 세계로 뻗어 가는 한국형 플랫폼도 클래스룸이나 줌을 대체하는 한국형 앱도 개발되기 어렵고 빅 데이터의 활용도 불가능할 것이다. 비대면 교수 학습에서 축적되는 경험과 지식들은 미국의 구글이나 MS에 쌓이게 될 것이고, 엄청나게 축적되는 전산 정보들은 빅 데이터로 활용되지 못하고 행정 단위와 기업 업무 범위에 갇혀 있을 것이다.

이러한 디지털 분절성을 해소하고 비대면 활동이 갈수록 전면화하는 미래에 부응하기 위해서는 행정 단위의 분절성을 넘어서기 위한 거버넌스와 기업 업무 단위의 분절성을 넘어서기 위한 대기업-중소기업 컨소시엄과 그를 위한 제도 개선이 필요해 보인다.

## 경직된 학교 교육 체계를 바꾸는 한국형 플랫폼 '생애 학습 대학'을 꿈꾼다

그러나 위와 같은 노력을 다한다 해도 학교 교육이 디지털 토건주의를 벗어나는 것은 쉽지 않을 것이다. 그만큼 경직된 시스템의 기득권은 완강하다. 새로운 한국형 플랫폼 '생애 학습 대학'으로 밖으로부터 흔드는 일이 병행되어야 변화가 가능하지 않을까?

직업 생애가 실업과 여러 직업을 오가는 형태로 복잡다기해지는 미래 사회에 맞는 최적의 고등 직업 교육 형태는 '학습자가 필요한 시기에 언제라도 진입하여 자기에게 필요한 개인 맞춤형 커리큘럼을 구성하여 교수 학습을 할 수 있는' 평생 학습 체제일 것이다. 그러나 한국 사회에서 평생 학습은 매우 주변적인 것으로 밀려나 있다. 다른 이유도 있겠지만 교육적으로는 첫째, 5.31 교육 개혁의 대학 설립 준칙주의에 따라 대학이 무분별하게 설립되고 대학 진학률이 80%에 육박하여 고등 직업 교육을 사실상 독점하고 있고 둘째, 대학 서열을 근거로 하는 학벌에 대한 사회적 인식이 완강하다는 점을 이유로 들 수 있을 것이다.

그런데 우리나라의 직업계 고등학교와 대학은 교사, 교수 요원의 인사가 대체로 한번 고용하면 평생 가는 형태로 경직되어 있다. 이러한 인사의 경직성 때문에 기술 혁신 등으로 빠르게 변화하는 산업계, 사회로부터 고등 직업 교육의 괴리가 점점 더 커지고 있다. 산업 현장이나 학습자의 요구에 부응하는 학과나 과목이 개설되는 게 아니라 교사와 교수의 전공에 맞춘 과목과 학과가 개설된다. 이렇게 직업계고나 대학의 커리큘럼이 현실과의 괴리가 커지면서 학습자의 입장에서 보면 직업계고나 대학에 진학한다는 것이 점점 '「데미안」이나 「죄와 벌」을 읽기 위해서 세계 문학 전집을 강제로 구매하는 꼴'이 되어 가고 있다. 이러한 괴리는 기업 입장에서도 고등 직업 교육을 받은 학생을 직접 산업 현장에 투입할 수 없어 거액을 들여 재교육을 할 수밖에 없어 소모적이다. 하지만 교사나 교수의 인사 제도를 근본적으로 바꾸는 것은 저항이 너무 크고, 자칫 공교육과 연구의 안정성을 해칠 수도 있어 한계가 있다. 이러한 딜레마를 뚫고 나갈 탈출구는 없는 것일까?

현재의 고교 학점제는 중앙 정부가 과목 범주와 시간 배정을 일률적으로 정하는 형태여서 한계가 있지만, 30% 이상의 시간과 그 시간에 대한 과목 설정 권한 등을 학교에 전적으로 위임하는 형태로 고교 학점제를 개선하면 탈출구가 열릴 수도 있을 것이다. 교육청과 지방 자치체가 협력하여 제도권 교육 기관(직업계 고등학교, 전문대, 폴리텍대학, 4년제 대학 학부)과 온라인 교육 기관, 평생 교육 기관, 산업 현장 등 지역의 모든 교육 자원을 개방하여 디지털 플랫폼을 구축하고 고교생들이 30%의 시간을 그 플랫폼(K-EduVerse)에서 개인 맞춤형 커리큘럼을 짜서 이수하도록 하면 길이 열리지 않을까? 물론 교육청과 지자체는 학생들의 개인 맞춤형 학점 이수가 가능하도록 지원하는 데 많은 역량을 기울일 수밖에 없을 것이다. 하지만 학생 개인이 학력 경쟁을 하는 이제까지의 교육 체제를 학교와 교육청과 지자체가 교육력 경쟁을 하는 교육 체제로 바꾸기 위해서는 그만한 노력을 기울일 수 있는 게 아닐까? 더구나 이 교육 플랫폼의 발전 방향을 생각하면 더욱 그럴 것이다.

'K-EduVerse'의 이용 연령을 청년층, 장년층, 노년층으로 확대하면 'K-EduVerse'는 한국의 평생 학습 교육 플랫폼이 되고 이를 기반으로 하는 생애 학습 대학이 가능해진다. 우리나라의 모든 국민들이 고등학생 연령 시기에 이 교육 플랫폼에서 상당한 시간의 학점을 이수하고, 고교를 졸업한 이후에도 지속적으로 활용하게 되면 평생 학습이 교육의 중심으로 들어오게 될 것이다. 이러한 변화는 기왕의 제도 교육에 근본적 혁신을 가져오는 계기가 될 것이다.

꿈은 가장 자유로운 관계망의 확대이자 가장 자유로운 사고의 융합이다. 미래는 꿈꾸는 자의 것이다. 우리 아이들이 꿈꿀 수 있는 교육이 되기를 기원한다.

# 해일 직전, 카지노가 있는 해안가 풍경

'뉴 노멀'과 장기 지속

## 바벨의 언어와 '뉴 노멀'

구약 성경 창세기에는 바빌로니아 지역에 쌓았다는 바벨탑 이야기가 나온다. 동쪽으로 이동해 가던 인간들은 바빌로니아 시날 지방에 이르러 거기에 도시를 세우고 하늘까지 닿도록 탑을 쌓기로 하였다. 사람들은 진흙을 구워 벽돌을 만들고 역청을 발라 쌓는 새로운 기술을 활용하여 탑을 쌓아 갔다. 이때까지 인간들은 하나의 언어를 쓰고 있어서 협조가 잘 되었고 탑은 구름에 닿을 만큼 높이 올라갔다. 그런데 이것을 보고 있던 야훼 신이 인간의 오만에 화가 났다. 야훼 신은 안 되겠다 싶어 지상으로 내려와 인간의 언어를 수많은 서로 다른 언어로 갈라놓았다. 그러자 서로 말이 통하지 않게 된 사람들은 탑 쌓는 일을 계속하지 못하고 뿔뿔이 흩어져 갔다.

이 바벨탑의 언어 분열은 근래에 종종 내 머리를 스치고 지나가는 키워드 중 하나이다. 어떤 정책을 다루는 회의에서나 의견이 다른 사람들을 만나서 이야기하다 보면 한국말로 같은 단어를 말하는데 서로 그 뜻이 전혀 다르고, 심지어는 같은 단어를 정반대 의미로 쓰는 경우도 적지 않기 때문이다. 예컨대 '학교 자치라고 쓰고 교사 자치로 읽는' 사람과 '학교 자치라고 쓰고 주민 교육 자치로 읽는' 사람이 만나면 처음엔 의기투합하는 것 같다가 접점 없이 이야기가 길어지고 마침내는 앙숙이 되어 헤어진다. 예컨대 최근 한국 사회는 '검찰 개혁이라고 쓰고 과거 권위주의 정부 시절 공안 검찰의 유제 타파로 읽는' 사람과 '검찰 개혁이라고 쓰고 정권 비리를 파헤치는 검찰 탄압으로 읽는' 사람들 간의 접점 없는 갈등과 논쟁으로 소모되었다. 이러한 현상은 점점 더 심해져서 요즈음은 신문 기사를 볼 때도 그 신문사나 글을 쓴 사람이 어떤 성향인가를 고려하여 단어의 뜻을 해석해 읽어야 할 때가 많다. SNS나 유튜브로 가면 더 말할 것도 없다. 이러한 언어 분열 현상은 아마도 사회가 크게 변화하는 전환기에 극심해지는 것일 게다. 사회가 크게 변화하는 전환기에는 사람들의 이해관계가 이전과 다르게 재편되고 분화된다. 그리고 전환기는 미래에 대한 불안이 큰 시기이기 때문에 자기 이해관계에 집착이 커진다. 그래서 같은 단어를 사용하더라도 각자 그 단어에 담는 이해관계가 다를 수밖에 없고 그 이해관계의 다름 때문에 같은 단어의 의미가 서로 달라지는 것이다.

이렇게 언어 분열 현상이 극심한 상황에서 '뉴 노멀'이라는 키워드는 일단 반갑고 기대감을 갖게 하는 말이다. 미래 사회 방향성에 입각해서 극심한 언어 분열을 넘어설 수 있는 공동의 척도를 제시하겠다는 야심찬 기획 같은 게 그 말의 의미 속에 들어 있기 때문이다. 그런데 이 '뉴 노멀'이라는 키워드조차 그 의미가 분열되어 있다면 어떻게 해야 하나?

## 이건 아마도 '뉴 노멀'이 아니라 '뉴 버블'이겠지요?

'뉴 노멀'이란 키워드는 한국 사회에 두 번에 걸쳐서 던져졌다. 첫 번째는 2008년 미국발 금융 위기가 전 세계로 전이되며 언제 끝날지 모르는 일상이 되어 가던 2010년대였고, 두 번째는 코로나19가 맹위를 떨치고 있는 지금 국면에서이다. 이 두 가지의 '뉴 노멀'은 '뉴 노멀'이라는 같은 단어를 쓰고 있지만 거의 정반대의 의미를 갖는 것처럼 보인다. 우선 2008년 미국발 금융 위기 이후 2010년대에 제기되었던 '뉴 노멀'이 의미하는 바부터 살펴보자.

2008년 미국발 금융 위기는 디지털 통신 기술을 활용하여 저임금 국가로의 자유로운 자본 이동을 촉진한 신자유주의 정책의 필연적 귀결이었다. 저임금 국가로의 기업 이동은 국내 일자리 감소로 실업과 비정규직 증가, 고용 조건의 악화를 가져온다. 이렇게 고용 조건이 계속 악화되어 노동자들의 수입이 감소하면 소비의 부족으로 기업과 국가 경제도 위기에 빠질 수밖에 없다.

이러한 소비 부족 문제를 해결하기 위해 등장한 것이 빚으로 소비하도록 만드는 부채 경제이다. 은행 이자를 대폭 낮추어 부동산 가격 상승을 유도하는 방법이 대표적이다. 제로 금리에 가까운 은행 융자로 집을 샀는데 집값이 폭등하면 부자가 된 듯한 착각에 빠져 더 융자를 받아 소비를 하는 식이다. 그런데 빚으로 소비하는 것은 미래의 부가 가치를 당겨쓰는 것이다. 때문에 노동 인구가 계속 늘어 미래에 창출될 부가 가치가 커지는 추세면 부채 경제가 더 지속될 수 있지만 노동 인구가 정체되거나 주는 추세면 지속될 수 없는 한계에 도달하기 마련이다. 2008년 미국발 금융 위기는 더 당겨쓸 미래 부가 가치가 없는 한계에 이르러 터진 것이다. 부실한 주택 담보 대출 모기지론이 발화점이 되었다.

미국은 부도가 난 은행의 빚을 정부가 떠안는 방식으로 금융 위기를 넘겼다. 개인의 빚이 은행의 빚으로, 은행의 빚이 정부의 빚으로 이전되는 형태이다. 정부가 민간의 빚을 떠안는다는 것은 그만큼 달러를 찍어 낸다는 걸 의미한다. 금융 위기가 유럽 등 다른 대륙으로 전이되어 반복되면서 기축 통화국인 미국은 '헬리콥터로 달러를 뿌린다.'고 표현될 정도로 대대적으로 달러를 풀었다. 유럽, 일본, 중국 등 준기축 통화국들도 이를 따라 은행 금리가 마이너스로 내려갔다. 이러한 거의 무제한에 가까운 돈 풀기는 이제까지의 경제학에서는 금기시되어 왔다.

기축 통화국인 미국은 베트남 전쟁 이전까지는 금 본위제를 유지했었다. 금 본위제는 화폐의 가치를 일정량의 금의 가치와 연동시켜 원칙적으로는 보유하고 있는 금의 양만큼 화폐를 발행하는 제도이다. 이 금 본위 제는 베트남 전쟁에 들어가는 비용을 충당하기 위해 달러를 대대적으로 찍어 내면서 무너졌다. 현재의 화폐 제도는 신용 화폐 제도이다. 신용 화폐 제도는 화폐를 발행하는 만큼 국채를 발행하도록 하여 화폐 발행을 국민 세금으로 국채 이자를 낼 수 있는 한계 안으로 제한하는 제도이다. 미국 국회는 달러를 대대적으로 푸는 양적 완화 과정에서 이 국채 발행 한도를 두세 차례 늘리는 결정을 할 수밖에 없었다.

전통 경제학 이론에 따르면 이러한 무분별한 돈 찍기는 물가가 폭등하는 급격한 인플레이션을 가져와 국가 경제를 위태롭게 하기 때문에 금기시된다. 그런데 이상하게도 미국의 달러 풀기는 미국 경제에 인플레이션을 가져오지 않았다. 왜 그럴까? 그 이유를 두 가지 정도로 생각해 볼 수 있다.

첫째, 경제가 세계화되어 있기 때문에 대대적으로 풀린 달러가 미국 내에 머물지 않고 저임금 생산 기지화되어 실물 경제가 상대적으로 좋은 개발 도상국으로 흘러 나가기 때문이다. 일종의 인플레이션 수출인 셈이다. 어쩔 수 없이 인플레이션을 수입당한 나라는 부동산 폭등 등의 경제적 부작용으로 몸살을 앓게 된다. 또한 무제한에 가까운 달러 풀기는 달러 가치의 하락과 개발 도상국 화폐 가치의 상승을 가져온다. 이렇게 되면 미국산 상품은 가격이 싸져 수출이 용이해지고 개발 도상국산 상품은 가격이 올라 수출이 어려워진다.

둘째, 증발된 달러가 실물 경제로 흘러들지 않고 자본의 매트릭스라고 할 수 있는 주식 시장, 코인 시장 등으로 흘러들기 때문이다. 따라서 실물 경제가 활성화되고 과열되어 인플레이션이 일어날 이유가 없다. 주식 시장과 코인 시장이 과열되어 거품이 낄 뿐이다. 주식 시장, 코인 시장 등 자본의 매트릭스에서는 결국 정보가 많고 시장을 움직일 힘이 있는 큰 자본이 승자가 된다.

2008년 미국발 금융 위기 이후 2010년대에 제기된 '뉴 노멀'이란 키워드는 '신자유주의 세계화가 야기한 2008년 미국발 금융 위기, 그에 대한 응급조치로 이루어진 기축 통화국인 미국과 준기축 통화국인 유럽, 일본 등의 무제한에 가까운 돈 풀기와 마이너스 금리, 그것이 야기한 세계 무역 시장의 불공정 구조, 부동산·주식·코인 시장의 거품, 그로 인한 국제적·국내적 양극화의 심화'를 이제 앞으로 영구히 그 속에서 살아갈 수밖에 없는 정상적인 상태로 인정해야 한다는 주장을 담고 있다.

그런데 무제한에 가까운 돈 풀기가 언제까지나 가능할까? 2008년 미국발 금융 위기 이후 전개된 이른바 양적 완화가 끝나가는 시점에 코로나19가 왔고, 코로나19 국면에서 2008년 미국발 금융 위기 이후 양적 완화에서 풀렸던 달러의 두 배 넘는 달러가 풀렸다고 한다. 이 때문에 한국도 부동산, 주식, 비트코인이 폭등하여 홍역을 치렀다. 이제는 돈을 푸는 게 한계에 이르러 은행 금리를 높여서 풀린 달러를 점진적으로 끌어들이는 테이퍼링이 시작되려 하고 있고 이미 구체적 신호들이 오고 있다. 그렇다면 대대적 돈 풀기 상황에서의 탐욕스러운 거품 잔치를 앞으로 지속될 '뉴 노멀'이라고 하는 건 금융 위기에 책임이 있는 기득권 세력이 자신의 탐욕을 정당화하는 위장술에 가깝다. 그것은 '뉴 노멀'이 아니라 '뉴 버블'

일 뿐이다.

# 코로나19 국면의
# '뉴 노멀'과 장기 지속

한국 사회에서 진정한 의미의 '뉴 노멀'이 논의되기 시작한 것은 2020년 코로나19 국면에서이다. 어째서 코로나19 국면에서 논의되는 '뉴 노멀'이 진정한 의미의 '뉴 노멀'인가? 이 물음에 답하는 데는 페르낭 브로델의 장기 지속 개념이 큰 도움이 된다.

브로델은 역사를 시간적 지속에 비례하여 단기 지속(사건사), 중기 지속(국면사), 장기 지속(구조사)으로 나누었다. 복잡다단해 보이는 사건사의 아래에는 국면사가 있고, 그 아래에는 구조사가 있다고 말한다.

단기 지속의 역사는 시간의 흐름에 따라 명멸하는 사건들의 역사이다. 그는 단기 지속의 역사는 '먼지'처럼 중요하지 않다고 보았다. 이 역사는 신문 기사에 불과할 뿐, 역사적으로는 크게 의미를 가지지 않는다는 것이다.

중기 지속은 주기나 경향이라고도 불리는데, 이는 시간적으로 상당히 긴 기간(10~50년) 지속되는 역사를 말한다. 경제학에서 경제 동향을 분석할 때 사용하는 주기(cycle)와도 유사한 개념이다. 브로델은 이런 주기적인 리듬이 경제뿐만 아니라 사회 현상들 속에서도 나타난다고 보았다. 즉 정부 구조의 변화, 사회 집단의 변화, 인구 변동, 기술 변화, 가격, 임금, 이자율의 변동, 문화적 변화 등이다. 이러한 경향은 매우 천천히 일어나며 생애 내에서 거듭 일어나지 않기 때문에 인식하기 쉽지 않다. 하지만 역사적으로는 매우 중요한 사실들에 해당한다.

다음으로는 장기 지속이다. 장기 지속은 오랜 시간 동안 변하지 않고 인간 생활을 제약하면서 지속되어 온 구조의 역사이다. 지리적 환경이나, 기후 조건, 생물학적 여건, 사회 경제적 구조, 지적 전통 등이 이에 해당된다.

브로델은 각각의 구조가 고립되어서 단독으로 작용하지 않고 끊임없이 상호 작용한다고 보았다. 우선 장기 지속들이 겹쳐진다. 그리고 장기 지속적인 구조 위에서 주기나 경향이 겹쳐진다. 즉 바뀌지 않는 장기 지속이라는 구조적 틀 속에서 무엇인가는 계속 변한다. 브로델에 따르면 역사는 이러한 시간대들의 중첩이다.

브로델의 역사 구분에 따르면 2008년 미국발 금융 위기나 그 이후 전개된 양적 완화는 사건사 차원의 단기적 변화이다. 이 단기적 변화의 특정한 상황을 '뉴 노멀'이라고 하는 것은 그 특정한 상황이 지속되기를 바라는 특정 집단의 이해관계와 희망을 표현한 것일 뿐이지 진정한 의미의 '뉴 노멀'이라고 할 수는 없다.

그러나 코로나19 국면에서의 변화는 다르다. 환경 파괴로 인한 기후 이변, 새로운 전염병의 대유행은 인간의 시간 바깥에 있는 자연 사물들이 일으키는 구조사 차원의 변화이다. 이 구조사 차원의 변화는 경제 사회 구조 전반에 변화를 일으키며 장기적으로 지속될 것이고 돌이킬 수 없다는 점에서 진정한 의미의 '뉴 노멀'이라고 할 수 있다.

울리히 벡은 일찍이 코로나19 이후의 '뉴 노멀'을 '위험 사회'란 말을 통해 예견했었다. 근대 산업 사회는 경제가 계속해서 팽창하는 고도성장을 누렸는데, 이러한 고도성장은 아무런 대가 없이 가능했던 것이 아니라 미래의 자연환경과 자원, 부가 가치를 당겨씀으로써 가능했다는 것이다. 이제 이러한 산업 사회 체제가 한계에 이르러 당겨쓴 미래의 빚을 갚아야 하는 시점에 이르렀다. 자연환경 파괴로 인한 심각한 기상 이변, 새로운 전염병의 만연, 핵 위험 등 어느 단위도 통제할 수 없는 거대한 위험이 전면화·일상화하는 위험 사회가 도래했다는 것이다. 전면화·일상화하는 거대한 위험에 노출되는 데는 계급, 계층 구분이 없다는 점에서 위험 사회는 부의 분배를 중심으로 계급 계층적 지위가 중요하게 작용했던 산업 사회와 구분된다. 또한 각 국가들이 국제적 지위와 상관없이 지역 차원, 지구 차원에서 거대한 위험에 균등하게 노출된다는 점에서도 산업 사회의 국제 관계와도 구분된다. 코로나19 국면은 이러한 위험 사회의 도래와 돌이킬 수 없는 변화의 단초들을 여과 없이 보여 주었다. 코로나19는 하층이든 부자든 실업자든 국가 수뇌부든 가리지 않고 전염된다. 그리고 국가 경계를 무력화할 정도로 전염력이 강해서 한 나라만이 잘한다고 그 나라에 한해서 팬데믹이 끝나거나 하지 않는다.

코로나19 국면에서 한국은 방역 모범국으로 국제적 위상이 높아져 사실상 선진국 기구인 G7의 구성원으로 인정되고 있다. 방역 모범국이라는 이야기는 단순히 기술적으로 방역을 잘했다는 정도의 의미가 아니라 한국이 위험 사회에 상대적으로 효율적으로 대응할 수 있는 국가 사회 시스템을 갖추고 있다는 것을 의미한다.

  백신이 개발되기 전 코로나19 국면에서 신자유주의의 발상지였던 미국과 영국은 방역에 실패하였다. 그간 신자유주의의 흐름은 국가의 역할을 축소하고 국가 간 경계를 흐릿하게 만들어 왔다. 하지만 코로나19라는 거대한 위험은 국가의 강력한 역할을 요구하였다. 약화되고 역할이 축소된 국가 기구의 관성으로는 대응이 어려웠다. 반대로 중국은 과도하게 중앙 집중적이고 강력한 국가 기구의 역할로 방역에는 성공하였으나 디지털 기술을 활용한 전제주의적 국민 통제가 문제로 등장하였다.

  한국은 영국이나 미국에 비해 중앙 정부의 역할이 상대적으로 강력하고, 지방 자치가 자리 잡아 지역 단위 행정력도 견고하며, 시민 사회의 활성화와 참여로 민관 간의 협력이 원활하게 이루어졌고 디지털 인프라가 잘 구축되어 있어 코로나19 대응에 세계적 모범이 될 수 있었다. 이러한 경험을 잘 살려 미래 사회에 맞는 시스템 개혁을 추진하면 세계를 선도하는 국가로 자리 잡을 수 있을 것이다.

  코로나19 국면에서의 진정한 경제적 '뉴 노멀'은 미국의 달러 풀기와 부동산, 주식, 코인 등의 거품 경제가 아니라 재난 지원금 등 국가의 직접적 부의 재분배 형태가 나타났다는 점과 기본 소득 제도가 공론의 중심에 들어왔다는 점이다. 현재로서는 거대하고 화려한 거품 경제에 비하면 대단히 미미해 보이는 이러한 현상이 정말 진정한 경제적 '뉴 노멀'일까?

근대 산업 국가는 생산성을 높이기 위해 국민 개개인을 노동력으로 보고 태어나서부터 죽을 때까지 관리하는 시스템이다. 이러한 근대 산업 국가 시스템은 인간의 노동력이 부의 창출에 절대적 역할을 한다는 대전제 아래 만들어진 것이다.

그런데 근래 인공 지능 자동화가 급진전되면서 이러한 근대 산업 국가의 대전제들이 무너지고 있다. 인공 지능 로봇이 산업 사회에서 인간이 하던 노동을 빠른 속도로 대체해 가고 있어서이다. 따라서 국가가 국민을 노동력으로 보고 관리할 필요는 점점 적어지고 있으며, 갈수록 '노동력으로서의 국민 관리' 이외의 자기 존재 이유를 더 찾아야 할 것이다. 예컨대 국민을 소비자로서 관리한다든지, 국민의 삶의 질을 관리한다든지, 새로운 거대한 위험에 대한 국민의 안전을 관리한다든지 하는 것들이다. 또한 인공 지능 자동화의 급진전은 시간이 갈수록 실업과 비정규직의 확대 등 고용 불안을 심화시킨다. 산업 사회 일자리의 급격한 소멸은 임금을 통한 분배를 어렵게 하여 소비의 부족을 가져오고, 소비 부족이 계속 심화되면 경제 자체가 잘 돌아가지 않는다. 소비의 부족에서 벗어나기 위해서는 불가피하게 임금 이외에 국가가 직접 거둔 세금으로 부를 재분배하는 기본 소득 같은 제도를 도입할 수밖에 없어진다.

코로나19 팬데믹은 위에서 이야기한 근본적 변화의 단초를 어느 날 갑자기 우리의 일상으로 앞당겨 보여 주었다. 이제 코로나19가 단초를 보여 준 장기 지속의 구조사적 변화가 점점 더 빠른 속도로 우리에게 다가올 것이다.

# 해일 직전,
# 카지노가 있는 해안가 풍경

　현재의 한국 사회 상황을 생각하면 신장개업의 거대한 카지노들이 즐비하게 늘어선 해안가 풍경이 떠오른다. 이제 이 해안을 향해 먼 바다에서 해일이 몰려오고 있다. 해일이 올 때는 해안가의 바닷물이 바다 안쪽으로 쑥 빨려 들어간다. 아주 깊이 빨려 들어가는 것으로 보아 거대한 해일인 모양이다.

　즐비하게 늘어선 카지노들은 신장개업 이벤트로 잭팟 확률을 대폭 높여 몰려든 사람들로 붐비고 있다. 이렇게 몰려든 사람들은 잭팟이 터질 확률이 높아진 신장개업 이벤트를 '뉴 노멀'이라고 하며 게임에 몰두해 있다.

　그런데 해일의 징후를 발견한 일군의 사람들이 해일이라는 진짜 '뉴 노멀'이 오고 있으니 대비해야 한다고 외치고 돌아다닌다. 카지노 게임을 하고 있던 사람들 대부분은 무슨 귀신 씻나락 까먹는 소리냐고 들은 둥 만 둥 하며 게임에 몰두해 있고, 일부는 카지노 게임에 무능한 놈들이 영업을 방해한다고 몰아내려 한다. 그리고 잭팟을 터트리지 못한 사람들은 잭팟을 터뜨릴 공정한 기회를 왜 방해하냐고 항의한다.

　큰 전환은 파국을 겪고 나서야 가능한 걸까? 아니면 파국을 겪기 전에 사회적 합의를 통해 전환을 이루어 결정적 파국을 피할 수도 있는 것일까?

# 몸이 구만리

나에게 시간이 많이 남아 있다면 하고 싶은 일에 대한 메모

## 소소소의 무덤

2009년 쑤저우대학 초빙 교수로 갔을 때 부근에 있는 항저우 시후[西湖]에 들른 적이 있었다. 당나라 때의 유명한 기생 소소소의 무덤을 보기 위해서였다. 소소소의 무덤을 보러 가기로 마음먹은 것은 내가 소소소란 기생에 대해 잘 알아서가 아니라 당나라 시인 이하의 「소소소의 무덤」이란 시 때문이었다.

그윽한 난초잎에 맺힌 이슬
눈물 머금은 그대 눈동자

우리의 사랑 맺어질 리 없어도

아지랑이와 꽃을 떼어 놓을 수는 없어라

풀은 요

소나무는 우산

바람은 치마가 되고

물은 허리를 감은 패옥이라

구름 같은 옥수레

서로 기다리는 저녁

파아란 도깨비불 차가워

피로한 광채

서능의 그대 무덤

바람 불고 비 내리어라


 이하는 불우한 삶을 살다가 스물일곱에 요절한 당나라의 천재 시인이다. 젊은 시절 누가 쓴 건지도 모르고 그의 시를 처음 읽었을 때에는 프랑스 상징파 시인의 시를 번역해 놓은 건가 생각했었다. 그런데 당나라 시인 이하의 시라는 말을 듣고 깜짝 놀랐었다. 그의 시는 「소소소의 무덤」에도 보이듯이 음울하고 어두운데 감각이 현대시 못지않게 날카롭다.
 소소소의 무덤에서 보는 봄날 시후의 풍경은, 아름답고도 짧은 삶을 살다 요절한 여인이 남은 한을 넓게 치맛자락으로 펼쳐 수를 놓고 있는 듯 애틋했다.

## 몸이 구만리

친구와 만나기로 한 어느 날 갑자기 몸이 좀 안 좋아져서 전화를 했다.
"야, 너 만나러 가는 길은 십 리도 안 되는데 내 몸이 지금 구만리다. 합하면 구만 십 리라 오늘 만나기 어렵겠네."
그 말을 하는 순간 문득 요절한 기생 소소소가 넓게 펼치고 있는 치맛자락처럼 보였던 시후의 풍경이 떠오르고, '소소소도 몸을 구만리로 펼치고 있었던 건가? 몸을 구만리로 펼치면 그 치맛자락이 여기까지 닿아 있겠는데?' 하는 엉뚱한 생각이 들었다.
그리고 또 다른 어느 날, 뒷산 밑으로 갔는데 갑자기 이명이 사라졌다. 젊을 때도 좀 있었지만 나이 들면서 시끄러울 정도로 심해져 귀찮았는데 참 신기했다. 그런데 곰곰이 생각해 보니 이명은 사라진 게 아니라 풀숲에서 들려오는 풀벌레 소리와 뒤섞여 구분을 할 수 없게 된 것뿐이었다.
'참 이제 내 몸속의 소리와 자연의 풀벌레 소리가 뒤섞여 구분이 안 되니 치맛자락을 구만리로 펼치고 있는 소소소처럼 내 몸도 구만리로 펼쳐지려는 것인가? 이제는 구만리로 펼쳐진 내 몸이 소소소의 무덤까지 가 닿겠구나.'
혼자서 하하 웃었다.
그러고 보니 풀숲 여기저기 노란 애기똥풀이 고개를 내밀고 있는데 그게 구만리로 펼쳐진 내 몸에 놓인 수처럼 보였다. 젊은 시절의 봄날 언젠가 간절하게 같이 살아 보고 싶은 여인과 함께 풀숲에 앉아 저렇게 햇볕을 쪼였었던가?

문득 이게 자연과의 합일인지 편안한 귀신의 세계인지 모르겠으나 뭐 이런 감각으로 좋은 시집 한 권을 쓰는 것도 괜찮겠지 하는 생각이 들었다.

그리고 돌아오는데 또 문득 '내게 시간이 많이 남아 있다면 내가 하고 싶은 일은 뭘까?' 하는 의문이 들었다. 그리고 불쑥 마음속에서 생각지도 않은 엉뚱한 대답이 들려왔다.

'경제학.'

경제학? 세상은 놀라울 정도로 빠르게 크게 변해 가고 구닥다리 경제학은 그 변화를 읽어 내지 못하고 헤매고 있어 엄청 답답했던 모양이다. 그래서 변화를 꿰뚫어 읽어 내는 새로운 경제학이라도 만들어 보자는 거야? 어느 세월에?

물론 이제 와서 새로 경제학을 공부해 볼 만한 시간이 남아 있는 것도 아니고, 그냥 심중에 궁금증으로 남아 있던 것을 무슨 암호처럼 메모로나 남겨 놓기로 한다. 누가 읽든지 말든지. 누가 읽고 대답을 하든지 말든지.

그래도 그렇지 아직도 무슨 궁금증이 그렇게 많은 건가, 가소(可笑)!

## 경제학은 왜 무능해졌을까?

### 알레르기와 뉴 노멀

얼마 전에 '한국 경제의 현 단계와 과제'에 대해 논의하는 포럼에 갔었다. 우리나라의 대표적 정통 경제학자 중 한 분이 발제를 했는데 별로 우리 현실을 명쾌하게 설명한다거나 길을 정확히 찾아 간다는 느낌이 들지 않았다. 다른 참석자들도 그런 느낌이 들었는지 한 사람이 경제를 너무 공업 생산 중심으로만 보는 거 아니냐, 현재도 그렇고 앞으로 사회에서는 서비스업의 비중이 계속 커지기 때문에 그런 측면도 중요하게 보아야 한다고 문제 제기를 했다. 그렇다고 서비스업을 중심으로 문제 제기를 하는 사람의 설명이 명쾌하게 느껴지지도 않았다. 전반적으로 경제학이 현실에 대한 설명력을 잃고 무능해졌다는 느낌이 들었다. 포럼을 마치고 나오며 문득 의사를 하는 친구의 말이 떠올랐다.

"알레르기란 말은 사실은 의학이 무능하다는 자기 고백이야. 알레르기란 말 속에 원인을 알 수 없다는 뜻이 들어 있거든. 원인을 알 수 없으니 근본적 치료를 할 수는 없고 그냥 그때그때 증상에 맞춰 처방만 하는 거지."

그렇다면 헬리콥터로 달러를 뿌린다는 비유와 함께 등장한 '뉴 노멀'이란 말은 경제학이 무능해졌다는 자기 고백인가? 그렇다고 대답할 수밖에 없을 것이다. '뉴 노멀'이란 말 속엔 기왕의 경제학으로 설명할 수 없는 현실이 일상으로 자리 잡아 간다는 뜻이 일정 정도 들어 있으니 말이다.

특히 인공 지능 자동화 등 큰 사회 변화와 관련하여 새롭게 제기되는 기본 소득 같은 정책을 둘러싼 논란은 이제 근대 경제학 이론으로 미래를 설명하는 게 거의 불가능해져 가는 게 아닌가 하는 느낌마저 들게 한다. 정통 경제학의 입장에서 기본 소득에 반대하는 논리야 사회 변화에 둔감한 것이라 치더라도 케인즈 경제학을 바탕에 깔고 기본 소득을 주장하는 논리도 참 허술해 보인다. 기본 소득이 겨우 '자동화로 인한 일자리 감소,

그로 인한 임금을 통한 부의 분배에 나타난 장애, 그로 인한 소비의 축소'에 대응하는 유효 수요 창출 수단 정도란 말인가? 그 정도 논리로 설명되는 기본 소득이라면 그게 '원인을 알 수 없는 알레르기에 대한 대중 요법' 같은 거지 무슨 미래 패러다임을 보여 주는 정책일 수 있는가? 그물로 물을 가두려는 것처럼 엉성하기 짝이 없는 논리다.

그런데 경제학은 왜 이렇게 무능해졌을까?

### '지구는 무한하다.'는 근대 경제학의 대전제가 무너졌다

믿기 어렵겠지만 우리나라 서울과 위도가 비슷한 황허강 유역은 5000년 전 코끼리가 떼 지어 돌아다니는 아열대 기후였다. 코끼리는 덩치가 크고 힘이 세서 긴요하게 쓸 데가 많은 동물이었다. 전쟁에서 코끼리를 타고 싸우면 거의 '태권브이'를 타고 싸우는 것과 같았을 것이고, 농사나 토목 공사에도 그 막강한 덩치와 힘이 아주 유용하게 쓰였을 것이다. 그래서 요임금 다음에 왕위를 물려받은 순임금은 코끼리를 길들이는 능력을 인정받아 왕이 된 사람이었다. 순임금의 순(舜) 자는 그 시대엔 코끼리 길들이는 뛰어난 능력을 가진 사람이란 뜻으로 쓰였다고 한다.

그런데 점점 기온이 내려가 3000년 전쯤인 춘추 전국 시대엔 황허강 유역의 기후가 오늘날처럼 코끼리가 살 수 없는 한랭한 지역이 되었다. 코끼리들은 따뜻한 남쪽으로 내려가거나 죽었다. 그래서 춘추 전국 시대의 아이들은 할아버지에게서 코끼리를 타고 전쟁에 나간 얘기, 코끼리로 농사를 짓거나 관개 시설을 만들던 얘기 등을 귀가 아프게 듣는데 살아 있는 코끼리를 볼 수는 없었다. 그래서 코끼리 그림이나 코끼리 뼈를 보고 살아 있는 코끼리를 생각할 수밖에 없었다. 여기서 유래된 말이 '상상(想像)'이다.

이는 『한비자(韓非子)』에 나오는 '상상'의 어원에 대한 이야기로, 인간의 역사에 가장 근본적이고 큰 변화를 가져오는 것이 인간의 시간 밖에 있는 자연의 변화임을 잘 보여 준다. 인간의 역사도 자연의 제약 속에 있고, 너무 장기적이어서 잘 보이지 않을 뿐이지 사실 인간의 역사에 가장 근본적 변화를 가져오는 것은 자연의 변화이다.

요즈음 우리는 『한비자』에 나오는 '상상'의 어원 이야기와 비슷한 경험을 하고 있다. 코로나19로 친구 만나는 일도 어려워지고, 명절 때 형제와 조카들 얼굴 못 본 지도 벌써 2년이 되어 가고 있다. 사무실에서도 늘 마스크를 쓰고 만나고 직원들이 들고 나도 환영회나 환송회를 할 수 없으니 도무지 직원들 얼굴을 알 수 없다. 이러다 '상상'이란 말 대신 마스크 쓴 얼굴을 보고 전체 얼굴을 생각한다는 뜻의 '상면(想面)'이란 말이 생겨나지 않을까 걱정된다.

이렇게 일상적으로 익숙하게 만나던 어떤 것들이 사라져 볼 수 없게 되는 일은 앞으로도 계속 있을 것 같다. 얼마 전 인천 쪽에서 일하는 후배를 만났는데 인천에서 바닷가에 옹벽을 쌓는 일을 계획 차원이지만 검토하기 시작했다는 얘기를 했다. 그러더니 다음 날 부산이 해상 도시 건설을 계획하고 있다는 기사가 나왔다. 극지방의 빙하가 녹아 해수면이 높아져서 그러지 않으면 도시가 점점 사라질 수밖에 없다는 것이다. 녹아내리는 북극의 빙하, 섭씨 50도 기후에 몸이 익어 곰팡이가 피는 회귀 연어, 자연 발화로 타오르는 숲. 인간에게 일상으로 익숙했던 많은 것들이 사라지고 어떤 난처한 일이 벌어질지 상상하기 어려운 자연의 변화가 우리의 일상생활을 급속하게 바꾸고 있고 바꾸어 나갈 것으로 보인다. 한데 지금 일어나고 있는 자연의 변화는 그 원인이 인간에게 있다는 점에서 5000년 전에서 3000년 전까지의 기후 변화와 다르다.

서구 근대 과학의 기초를 놓은 파스칼은 신이 우주를 창조하고 숨어버렸다고 생각했다. 그래서 신의 손길이 우주에 직접 작용하진 않지만 우주는 신이 창조해 놓은 법칙에 따라 질서 정연하게 움직이고 있으며, 신과 유사하게 이성적 존재인 인간의 임무는 우주의 법칙을 탐구하고 그 법칙에 따라 신의 선물인 자연을 잘 활용하는 것이라고 생각했다. 뉴턴 물리학이 기초를 놓은 근대 과학은 신이 창조해 놓은 법칙에 따라 질서 정연하게 움직이는 자연의 법칙을 탐구하는 학문이었다. 그리고 그 바탕에는 신적 속성을 가진 인간은 자연으로부터 초월한, 우월한 존재로서 자연을 마음대로 이용할 수 있으며, 신이 인간에게 선물로 준 자연은 신이 무한하듯이 무한하다는 생각이 깔려 있었다. 사회 과학의 맏형이라고 할 수 있는 근대 경제학의 바탕에도 역시 신이 인간에게 선물로 준 자연은 신이 무한하듯이 무한하며 선물인 만큼 마음대로 활용할 수 있다는 생각이 깔려 있었다.

오늘날 인류 사회가 자연환경 파괴로 인한 기후 이변, 코로나19 같은 새로운 전염병 등 거대한 위험이 일상화·전면화하는 위험 사회로 진입한 것은 위와 같은 근대의 과학적 세계관이 초래한 필연적 결과였다. 지구는 결코 무한하지도 않고 그렇기 때문에 인간이 아무 대가 없이 마음대로 활용해도 되는 것이 아니었다. 지구는 무한하지 않기 때문에 인간이 배출한 오염 물질로 자정 능력을 잃고 기상 이변, 전염병 등의 재앙을 인간에게 가져오고 있으며, 자연은 아무 대가 없이 마음대로 활용해도 되는 것이 아니기 때문에 앞으로의 세대는 자연환경 파괴에 대한 무거운 대가를 치를 수밖에 없을 것이다. 또한 위험 사회로 진입했다는 것은 거시적 차원의 경제 예측이 불가능해졌다는 것을 의미한다. 자연의 돌발적 변화와 재난으로 야기되는 경제의 변화는 예측하기가 어려우며, 응급 대응을 하다 보면 기왕의 경제학 원칙에서 벗어난 무제한에 가까운 돈 풀기나 기본 소득 성격의 재난 소득 등을 시행하지 않을 수 없다. 이러한 상황이 길어지면서 '뉴 노멀'이라는 말이 등장하기 시작했다. '뉴 노멀'은 기왕의 경제학이 무능해졌음을 고백하는 말에 다름 아니다.

**인간의 노동력이 부의 창출에 절대적이라는 대전제가 무너지고 있다**

프랑스 루이 14세의 절대 왕정은 인류 역사에서 최초로 등장한 근대 산업 국가이다. 이 근대 산업 국가가 출현하게 된 배경은 자본주의 최초로 겪은 대공황이었다.

공장제 수공업 발달과 기술의 발전, 신대륙의 발견으로 초기 자본주의는 꿈에 부풀어 있었다. 신대륙의 무한한 자원과 인력, 시장이 새로운 기술 생산 체제와 결합하면 무한한 부의 창출이 가능하리라 기대했다. 하지만 결과는 정반대였다. 자본주의 초기 공장의 노동 조건은 너무도 열악

했기 때문에 가장 심한 경우인 독일은 길지 않은 기간 동안 인구가 3분의 2로 줄었다. 페스트가 유럽을 휩쓸었을 때의 인구 감소와 같은 수준이다. 그리고 신대륙 역시 가장 심한 남아메리카의 경우 유럽에서 유입된 전염병으로 한 세기 동안 인구가 10분의 1로 줄었다. 이러한 인구의 급격한 감소는 노동력의 감소와 소비 시장의 축소로 혹독한 대공황을 가져올 수밖에 없었다.

이렇게 혹독한 대공황을 겪으면서 유럽 사회에 인구는 곧 국부라는 인식이 자리 잡게 되었다. 그래서 국민 한 사람 한 사람을 노동력으로 보고 태어나서 죽을 때까지 관리하는 고도로 중앙 집권적인 국가 체제가 출현했는데 그것이 루이 14세의 절대 왕정이었다. 그러니까 '인간의 노동력이 부의 창출에 절대적 비중을 차지한다.', '자본은 이윤을, 노동자는 임금을 가져감으로써 부의 분배가 이루어진다.'는 근대 산업 국가 성립의 대전제였다. 이 대전제는 근대 산업 국가를 배경으로 형성된 근대 경제학의 대전제이기도 하다.

그런데 인공 지능 자동화가 급진전되면서 이 근대 산업 국가와 그를 배경으로 형성된 근대 경제학의 대전제가 무너지고 있다. 산업화 시대의 많은 단순 노동 일자리들은 이미 AI로 대체되었고 AI 기술의 급진전으로 점점 고도의 능력을 요구하는 일자리들도 AI로 대체되고 있다. '인간의 노동력이 부의 창출에 절대적 비중을 차지한다.'는 대전제가 무너지고 있는 것이다. 그에 따라 실업과 비정규 노동의 보편화로 '자본은 이윤을, 노동자는 임금을 가져감으로써 부의 분배가 이루어진다.'는 대전제도 무너지고 있다. 이렇게 보면 기본 소득은 단순히 복지의 방법으로 제기되는 것이 아니라 이 무너지고 있는 산업 사회 부의 분배 방식을 보완하는 차원에서 제기되고 있는 것이다. 근대 경제학의 입장에선 참 낯설고 곤혹스러운 어젠다일 수밖에 없다. 기왕의 근대 경제학으로는 이러한 근본적 변화를 예측하고 전망을 제시하는 게 불가능에 가까울 수밖에 없다.

### 서구 근대 경제학 이론은 출발점을 잘못 설정하고 있었던 게 아닐까?

서구 우파 경제학의 역사적 시야는 자본주의 맹아가 출현하는 중세 말기 이후로 좁혀져 있었다. 이렇게 역사적 시야가 좁다는 것은 당연한 이야기겠지만 우파 경제학이 기존의 자본주의 체제를 옹호·유지하는 기능적 성격이 강하다는 것을 의미한다. 이러한 우파 경제학으로 지금과 같이 근본적 변화가 일어나고 있는 시대의 미래를 예측하기는 어려울 것이다.

무산자 계급 혁명을 통해 자본주의 자체의 전복을 꿈꾸었던 마르크스주의 경제학은 그 혁명의 성패 여부를 떠나 경제학의 역사적 시야를 인류의 원시 사회까지 대폭 넓힌 공로가 있다. 이러한 역사적 시야의 확대는 경제학과 역사학, 사회학의 융합, 그 외의 다양한 분야 학문과 경제학의 융합을 가져왔다. 그런 점에서 마르크스주의 경제학은 탈근대적 측면을 가지고 있다. 하지만 마르크스주의 경제학 역시 '지구는 무한하다.', '인간의 노동이 부의 창출에 절대적 비중을 차지한다.'는 대전제 위에 서 있다는 점에서 근대 경제학의 한계를 가지고 있다.

마르크스주의 경제학이 그리는 경제적 역사의 출발점은 '시장은 공동체와 공동체가 만나는 경계에서 재화의 교환이 이루어지며 형성되었다.'

이다. 부족 공동체는 원시 공산 사회로서 철저하게 공동체의 원리에 따라 운영되는데, 이러한 부족 공동체와 부족 공동체가 만나는 경계에서 공동체의 원리와는 다른 이해관계에 따라 움직이는 시장이 나타났다는 것이다. 이렇게 보면 공동체와 시장을 매우 대립적인 관계로 보게 되고, 국가 역시 시장의 강자가 장악한 착취 기구로 보아 공동체와 대립적인 것으로 보게 된다. 그래서 궁극적으로 국가와 시장을 소멸시키고 공동체의 원리가 전일적으로 작동하는 공산주의 사회를 꿈꾸게 된다. 그런데 '시장은 공동체와 공동체가 만나는 경계에서 재화의 교환이 이루어지며 형성되었다.'는 이 출발점 설정은 사실에 부합하는 올바른 설정인가?

### 시장의 기원에 대한 마르크스의 주장은 틀렸다

신화와 고대의 기록들을 보면 마르크스가 말한 시장의 기원은 틀렸다. 시장은 부족 공동체와 부족 공동체가 만나는 시점에 그 경계에서 재화를 교환하며 형성된 것이 아니라, 그 이전에 자족적인 부족 공동체 내에서 형성되었다.

신화시대와 역사 시대의 경계에 있었던 부족 공동체는 대체로 태양신을 숭배했다. 그래서 아침마다 부족원들은 해가 뜨는 동쪽에 모여 태양신에게 제사를 지냈는데 그 장소의 모양은 둘레에 둥그렇게 낮은 언덕이 형성되어 있고 안이 우묵한 주발 모양이었다. 그리고 동쪽 언덕에 신목(神木)을 심었고, 후대에는 누각을 지어 1층 창고에 부족의 남는 물자를 보관하기도 하였다. 이 장소는 『시경』에서도 찾아볼 수 있다.

*동문에는 흰 느릅나무 완구에는 도토리나무*

*젊고 아름다운 여인이 그 밑에서 춤을 추네*

*좋은 아침 남방의 들에서*

*삼베길쌈은 아니하고 시(市)에서 춤을 추네*

*좋은 날에 놀러 여럿이 함께 나가다*

*그대를 보니 금규화 같은데 내게 한줌의 산초를 주네*

– 「동문지분(東門之枌)」, 『시경』

'동문의 느릅나무'라는 제목의 이 시에서 '동문, 완구(宛丘: 주발 모양의 언덕), 남방의 들, 시(市)'는 모두 같은 곳을 가리키는데, 이곳은 제사, 부족 공동체의 중요한 일에 대한 토론과 결정, 군사, 축제와 연애, 남는 물건의 교환, 남는 물자의 보관과 분배 등 부족의 중요한 일들이 종합적으로 실현되는 신성한 장소였다. 이것이 원시적 '시(市)'의 모습이었다.

앞에서 말했듯이 후대에 부족 공동체의 생산력이 커지면서 '시'의 동쪽 언덕 신목이 있는 곳에 누각을 짓고 그 1층을 부족의 남는 물자를 보관하는 창고로 쓰고 2층 마루는 신에게 제사 지내는 장소로 썼다. 이 창고에 보관되는 물자는 부족원 개개인의 소유가 아니라 부족 전체의 소유 즉 신의 소유였고, 따라서 이 창고를 신의 창고, 신창(神倉)이라 하였으며, 신의 창고가 있는 시를 신시(神市)라고 하였다. 단군 신화에 나오는 신시(神市)가 바로 그것인데, 이 단군 신화의 신시는 『산해경(山海經)』에는 '대인국(大人國)의 대인시(大人市)'로 기록되어 있다. 이 신시는 단군 신화의 환웅 부족에게만 있었던 것은 아니고 왕권 국가로 나가기 직전의 부족 공동체에는 대체로 있었던 것이어서 『산해경』 등의 고대 문헌에 다수가 기록되어 있다.

왕과 국가의 출현은 강력한 부족장이 나타나 자신이 신의 아들임을 자처하며 신창의 물자를 사유화하여 독점하면서 시작된다. 이 신창의 물자는 원래는 부족의 공동 소유로 제사와 군사, 경제적 능력이 없는 과부와 고아, 자연재해 시의 부족 생존 등을 위해 쓰고, 남는 게 있으면 부족원에게 평등하게 분배하던 것이었다. 신의 아들임을 자처하는 부족장이 신창을 독점하여 사유화하고 강제적인 부역과 조세로 신창을 채우기 시작하면 부족장은 왕이 되고 부족 공동체는 국가로 전환된다.

이렇게 출현한 초기 왕권 국가는 신창의 독점을 기반으로 한 것이었기 때문에 정당성을 인정받는 데 크고 작은 어려움을 겪었다. 그래서 초기 왕권 국가는 '시'가 가지고 있던 제사, 정치, 군사 등의 공동체적 기능을 독점하고 '시'를 교역이 이루어지는 장소로 한정하고 격하함으로써 왕권을 강화하려 하였다. 왕이 신하들과 정사를 논하는 장소를 조정(朝庭)이라고 칭하는데 이것은 아침에 부족원들이 '시'에 모여 태양신에게 제사 지내고 부족의 중요한 일을 논의하던 제의와 정치의 기능을 가져온 것이다. 그리고 초기 왕권 국가에서 무기를 보관하는 창고는 성의 동쪽 문에 있었는데 이는 원시적 '시'가 가지고 있던 신창과 군사의 기능을 가져온 것이다. 이렇게 초기 왕권 국가가 원시적 '시'가 가지고 있던 공동체적 기능을 가져왔지만 교역 장소로 격하된 '시정(市井)'에는 여전히 공동체적 기능이 일정 정도 남아 있었다. 그래서 시정은 여론이 형성되고 정치를 풍자하는 유희가 이루어지는 장소로서 역할을 하였다. 초기 왕권 국가는 왕권을 강화하기 위해 시정에 남아 있는 신목을 베어 버려서 공동체적 기능을 말살하려 하기도 하고, 시정을 보복적인 형벌을 가하고 참수한 머리를 효수하는 장소로 활용하여 격하시키려 하였다. 그리고 다른 한편으로는 패관(稗官)이라는 직책을 두어 시정에서 오가는 민요와 이야기를 수집하여 민심을 살피는 유화책을 쓰기도 하였다. 하지만 왕권 국가의 이와 같은 노력에도 불구하고 시정에 남아 있는 공동체적 기능은 사라지지 않아 '소은(小隱)은 숲에 숨고 대은(大隱)은 시정에 숨는다.'는 격언대로 시정은 국정에 참여하지 않는 무사와 현자들이 협객이나 의원, 점술가 등의 모습으로 숨어 활동하는 장소가 되었다.

　이렇게 시정에 남아 있는 공동체적 기능이 쉽게 사라지지 않은 이유는 왕권 국가가 안고 있는 자기모순 때문이었다. 왕권 국가는 원시적 '시'가 가지고 있던 공동체적 상징성을 가져와 성립되었지만 사회적 강자인 왕족이 신창을 독점하여 사유화하고 강제 부역과 조세를 통해 그것을 채우는 형태이기 때문에 부족 공동체의 원시 공산 사회적 운영 원리와는 거리가 멀 수밖에 없었다. 이 왕권 국가의 공동체적 이상으로부터의 괴리 때문에 공동체적 이상을 회복하고자 하는 욕망이 대중이 운집하는 시정으로 결집될 수밖에 없었고, 이 결집된 욕망이 시정의 공동체적 기능을 사라지지 않게 한 것이다.

### 경세제민(經世濟民)의 새로운 경제학을 꿈꿀 때이다

앞과 같이 살펴보면 서구 정통 경제학의 논리는 그 출발점이 지나치게 협소하게 설정된 것이다. 보수 경제학이 논리의 출발점으로 삼은 '시장'은 국가에 의해 이미 공동체적 기능이 완전히 제거되어 경제적 교환의 기능으로 축소되고 비하될 대로 비하된 시장이다. 이러한 축소 왜곡된 시장을 절대적 근거로 하여 인간을 경제적 동물로 규정하는 경제학은 애초에 시장과 국가와 공동체의 관계를 사유하는 시야 자체가 없다. 기껏해야 국가를 시장의 원활한 작동에 방해가 되지만 어쩔 수 없이 존재할 수밖에 없는 필요악 정도로 인식하고 기능이 최소화된 야경국가를 주장한다. 신자유주의 경제 논리는 그 극단이다. 이렇게 시장과 국가와 공동체의 관계를 사유하지 않는 서구 정통 경제학은 지금과 같이 어느 단위도 통제할 수 없는 거대한 위험이 일상화·전면화하는 사회와 그러한 변화가 가져올 미래를 설명할 수 없다. 이것이 신자유주의의 발상지인 영국과 미국이 코로나19 국면에서 혹독한 시련을 겪은 이유이다.

마르크스주의 경제학은 시장과 국가와 공동체의 관계를 사유하는 시야를 가지고 있었다. 하지만 경제적 교환 기능으로 축소되고 비하된 현재의 시장 모습을 원시 시대까지 소급하여 시장의 기원을 잘못 보았고, 그럼으로써 시장과 국가와 공동체의 관계를 잘못 설정하였다.

앞에서 살펴보았듯이 국가와 시장은 공동체적 기능을 종합적으로 가지고 있던 원시적 '시'에서 분화되어 나온 것이다. 국가는 공동체적 기능의 상징성을 가져와서 성립되었지만 사회적 강자의 이해관계가 주되게 실현되기 때문에 운명적으로 공동체적 이상으로부터 거리가 있을 수밖에 없다. 시장은 원시적 '시'가 재화의 교환으로 그 기능이 축소되고 비하되면서 성립되었지만 국가의 행위가 공동체적 이상으로부터 지나치게 멀어지면 공동체적 이상을 회복하기 위한 움직임이 나타나는 장이고 때로는 국가의 행위를 수정하는 힘을 발휘하기도 해서 국가와 긴장 관계에 있다. 국가와 시장은 공동체의 종합적 기능을 가지고 있던 원시적 '시'에서 분화되어 나온 실체이고 공동체는 국가와 시장의 긴장 관계 속에 나타나 그 관계를 규정하는 상상체이다. 따라서 상상체인 공동체는 국가와 시장이라는 실체를 떠나 따로 존재할 수 없다. 궁극적으로는 국가와 시장이 소멸하고 공동체의 원리가 전일적으로 작동하는 공산주의 사회가 도래하리라고 본 마르크스의 생각은 시장의 기원을 잘못 본 데서 온 오류이다.

한국 사회는 국가와 시장 사이의 긴장 관계가 역동적인 건강한 사회이다. 국가와 시장 사이의 긴장 관계가 역동적이라는 것은 공동체라는 상상체, 공동체의 이상이 강력한 영향력을 발휘한다는 것을 의미하며 현실에서는 시민 사회의 활성화로 나타난다. 4.19 혁명, 5.18 민주화 운동, 6.10 민주 항쟁, 촛불 혁명은 국가와 시장의 긴장 관계 속에 존재하는 공동체라는 상상체가 그것을 추구하는 시민 사회의 활성화를 통해 국가라는 실체의 행위를 바꾼 예들이다. 한국이 코로나19 국면에 세계적 모범이 되는 대응을 할 수 있었던 것도 이러한 힘 덕분일 것이다.

위험 사회로 지칭되는 지금의 그리고 미래의 사회에 요구되는 경제학은 국가와 시장 공동체 간의 관계를 통합적으로 보는 넓은 시야를 가지고 있어야 할 것이다. 그래야 기본 소득 같은 새로이 제기되는 의제를 제대로 볼 수 있지 않을까? 기본 소득은 공동체라는 상상체가 실체화되는 특이점이어서 무척 흥미롭다.

# 교육 정책의
# 진경산수를 꿈꾸며

## 정선의 진경산수(眞景山水)

내가 근무하는 사무실은 광화문에 있다. 그래서 옥상에 가끔 올라가면 늘 인왕산을 볼 수 있다. 인왕산을 볼 때마다 나는 정선의 「인왕제색도」를 떠올린다. 대학원 다닐 때 교수님이 어느 날 한지로 만든 낡고 두툼한 책자와 많은 사진을 들고 나타났다. 정선의 진경산수가 왜 예술사에서의 혁명인지를 설명하기 위해서였다.

"이건 조선의 사대부나 선비들이 산수화를 그릴 때 보고 그리던 그림 본 책입니다."

교수님은 말하며 한지로 만든 낡고 두툼한 책을 한 장 한 장 넘겼다. 그림본 책에는 여러 가지 산과 바위 모양, 소나무와 대나무 등의 나무 모양 그리고 난초, 국화 등의 모양이 그려져 있었다.

"자, 이 그림본의 산과 바위의 모양과 이 사진을 비교해 보세요. 이 사진은 중국 ○○ 지역의 산을 찍은 사진입니다. 그림본의 산과 바위 모양이 사진 속 중국 산과 바위의 모양과 똑같죠? 조선의 사대부나 선비들이 보고 그림을 그렸던 그림본 책의 풍경은 이처럼 한국의 풍경이 아니라 중국의 풍경이었습니다. 자 이번에는 이 산수화 사진과 그림본의 산과 바위 모양을 비교해 봅시다. 이 사진 속의 산수화는 흔히 볼 수 있는 조선 시대 사대부 선비들의 산수화입니다."

교수님은 사진 속의 산수화와 그림본의 여러 산의 모양을 비교해 보여 주었다.

"이 산수화의 산은 그림본의 여기, 여기, 여기에 있는 산과 바위 모양을 합해 놓은 거죠? 조선 시대의 사대부 선비들은 눈앞에 있는 우리의 산과 강, 들을 그림으로 그린 게 아니라 이처럼 그림본 책에 있는 중국의 산과 바위 모양을 적당히 조합하여 산수화를 그렸습니다. 그리고 그렇게 중국의 산수를 본으로 해서 모방한 산수화만 그림이고 우리의 풍경을 그린 산수화는 그림이 아니라고 생각했죠. 결국 중국의 풍경을 흉내 낸 그림만 그림이고 우리 풍경을 그린 그림은 그림이 아니라고 생각한 셈입니다. 자 그림 이번에는 정선의 진경산수를 봅시다."

교수님은 정선의 「인왕제색도」를 비롯한 여러 그림을 찍은 사진과 실제 인왕산 등의 풍경을 찍은 사진을 비교해 보여 주었다.

"「인왕제색도」는 실제 인왕산 사진과 거의 똑같죠? 이 정자가 있는 풍경은 지금 옥수동 근처 강변의 풍경인데 그림과 실제 풍경이 똑같습니다. 이처럼 정선이 처음으로 중국의 산수가 그려져 있는 그림본 책을 치우고 실제 눈앞에 있는 우리의 풍경을 산수화로 그리기 시작했습니다. 그래서 진짜 경치를 그린 '진경산수'라고 하는 거죠. 이런 그림이 처음 나왔을 때 조선의 사대부 선비들은 그건 상것들의 천박한 잡기에 불과한 거지 그림이 아니라고 했습니다. 그렇지만 정선이 활동했던 영조 시대는 양반 계급이 많이 몰락하고 정선의 진경산수 같은 그림을 좋아하는 새로운 부류의 사람들이 생겨나 실사구시의 실학과 같은 새로운 흐름들이 왕성하게 일어나던 때였습니다. 그렇기 때문에 정선의 진경산수가 살아남아 하나의 흐름을 형성할 수 있었습니다. 그 새로운 부류의 사람들이란 농사 기술을 발전시켜 부자가 된 부농이나 장사를 통해 돈을 많이 번 상인 등이었습니다. 이렇게 우리 현실에 바탕을 두고 실사구시를 하는 예술적·학문적 흐름들은 정조 때까지 번성하다가 그 이후 조금씩 쇠락합니다. 왕의 처가가 나라를 좌우하는 세도 정치 등으로 개혁적 흐름이 쇠퇴하고 보수적 흐름이 커졌기 때문이죠. 영·정조 시대에 일어났던 새로운 시대를 향한 개혁의 쇠퇴와 시대에 역행하는 보수적 흐름의 득세가 결국 근대의 새로운 흐름을 능동적으로 받아들이지 못하게 하여 우리나라를 일제 식민지로 전락하게 한 것이라 해도 과언이 아닙니다."

그러면서 교수님은 칸트 이야기를 했다. 칸트는 우리나라 도덕 교과서에 시간을 잘 지킨 사람으로 등장한다. 칸트는 일정한 시간에 산책을 했는데 시간을 얼마나 정확하게 지켰는지 농부들이 칸트가 지나가는 걸 보고 몇 시인지 알았다는 식이다. 교수님은 도덕 교과서의 이야기는 참 얼토당토않은 쓸데없는 이야기를 한 거라고 하며 말문을 열었다.

칸트는 지병으로 건강이 안 좋아서 평생 대학이 있는 도시를 벗어나지 못했다. 산책을 규칙적으로 한 것도 건강 때문이었다. 그런데 칸트가 산책을 하면서 매일 목격한 것은 지주에게 채찍으로 얻어맞는 농민들이었다. 당시 독일은 유럽에서 후진국이었다. 영국이나 프랑스에서는 시민 혁명이 일어나 시민 계급이 새로운 사회적 주역으로 부상하고 있었는데 독일은 봉건적 잔재에서 벗어나지 못해 농민이 지주에게 농노 취급을 당하고 있었던 것이다. 칸트는 매일매일 지주에게 채찍으로 얻어맞는 농민들을 보면서 '저 농민들이 어떻게 하면 자유로운 시민이 될 수 있을까?' 하는 문제의식을 갖게 되었다. 그는 평생 그 문제의식을 일관되게 밀고 가 근대 시민 사회의 철학적 토대를 완성하였다.

학문하는 자는 대포 소리가 울리는 긴박한 상황에서도 연구실에 박혀 연구를 한다. 답답하고 때로는 비겁해 보일 수도 있지만 학문을 하는 것은 나가서 싸우는 것보다 낫지도 못하지도 않은 하나의 길이다. 학문은 나름대로 시대에 대응하고 기여하는 다른 방식이 있다. 교수님은 창밖으로 깜짝 시위를 하고 잡혀가는 학생들을 바라보며 결론 삼아 이야기했다. 아마도 매우 암울하고 긴박했던 80년대 초인지라 흔들리지 말고 학문에 매진하라고 한 말이었을 것이다.

## 수성동 계곡과 옥인아파트

나는 점심을 먹고 나면 인왕산의 수성동 계곡까지 산책을 갔다 온다. 갔다 오는 데 삼사십 분 걸리니 딱 좋은 거리이다. 수성동 계곡 입구에는 정선의 「수성동」이라는 그림 사진이 들어 있는 안내판이 있다. 그림을 보면 정선이 수성동 계곡을 올려다보며 그림을 그린 자리가 바로 여기가 아닌가 싶게 풍경과 그림이 똑같다.

안내판에는 수성동 계곡이 겪었던 그간의 수난과 계곡을 복원하게 된 사연도 적혀 있다. 박정희 정권 때였던 71년 수성동 계곡 일대는 시멘트로 덮이고 그 위에 옥인아파트가 들어섰었다. 새로운 주거 모델로 아파트를 짓는데 암반 지대여서 기초 공사에 돈이 적게 들기 때문에 그곳에 아파트를 지었다고 한다. 옥인아파트는 노무현 정부 임기 말이었던 2008년 2월 철거 재정비 계획이 결정되어 2010년 철거되고 2012년 수성동 계곡이 복원되었다.

수성동 계곡으로 점심 산책을 갔다 올 때마다 수성동 계곡의 수난과 복원, 그리고 옥인아파트는 나에게 묘한 상징으로 다가온다.

박정희 시대 이래 한국의 산업화는 미국, 일본 모델 따라가기의 추격형 산업화였다. 이 추격형 산업화에서 학교 교육은 매우 강력한 산업화의 수단 중 하나였다. 산업화 시대 교육의 모토를 한 마디로 요약하면 "서구의 새로운 지식을 빨리빨리 받아들여 될 수 있으면 짧은 시간에, 될 수 있으면 많은 사람에게 주입 암기케 함으로써 하루빨리 서구 선진국을 쫓아가야 한다."였다. 자원도 자본도 없는 상태에서 산업화의 유력한 수단은 학교 교육을 통한 양질의 노동력을 양성하는 것일 수밖에 없었다.

이와 같이 맹렬한 추격형 산업화 과정에서 서구의 지식과 이론, 모델은 신성불가침의 절대적 의미를 갖는다. 그리고 그 이론과 모델이 적용되는 우리의 현실과 우리의 고유한 가치는 돌아볼 여유가 없어 고려의 대상이 되지 못한다. 이러한 서구의 모델과 이론 지식으로 무장한 엘리트들이 산업화 시대를 주도했다. 이 엘리트들의 의식은 그 모델의 대상이 중국에서 미국, 일본 등으로 바뀌었을 뿐 중국의 산수를 모델로 한 그림본을 조합하여 그린 산수화만이 그림이고 우리의 산과 강과 들을 보고 그린 그림은 아예 그림이 아니라고 생각한 조선 시대 사대부 선비들의 의식과 비슷한 것이다. 게다가 초기 산업화를 주도했던 군부 엘리트들은 강력한 실행력을 갖추고 있었기 때문에 부분적으로는 우리의 풍경 자체를 서구의 풍경으로 개조할 마음을 먹을 만도 했다. 좀 픽션의 상상력을 발휘하자면 서구형의 새로운 서민 주거 아파트 건설을 추진하던 당시 대통령 박정희와 당시 서울시장 김현옥이 어느 날 같이 점심을 먹으며 부족한 재원을 고민하다가 인왕산의 수성동 계곡 부근이 눈에 들어왔을지도 모른다.

"서민 주거용 시영아파트 건설에 각하께서 말씀하신 대로 속도를 내야 하는데 자금 조달에 어려움이 있습니다."

"그렇겠지, 돈 쓸 데가 한두 군데가 아닌데 어디 급하지 않은 일이 하나라도 있나? 무슨 방법이 없겠소? 저기 인왕산같이 암반이 많은 데다 아파트를 짓는 건 어떤가? 기초 공사를 따로 안 해도 되니 돈도 적게 들지 않겠소?"

"탁월하신 견해입니다. 저기에 지으면 각하께서도 늘 볼 수 있고, 서울 시민들도 늘 보며 각하의 업적을 실감하고 일석이조 아니 일석삼조겠습니다."

아마도 이와 비슷한 과정을 거쳐 수성동 계곡이 시멘트와 아파트에 뒤덮이는 수난을 겪게 되었을 것이다. 그리고 40년이 지나며 아파트는 낡고 수성동 계곡에 대한 기억은 사라졌다.

옥인아파트 철거는 처음부터 수성동 계곡 복원 사업으로 계획된 것은 아니었다. 지은 지 40년 가까이 되어 낡은 옥인아파트 재개발 계획이 세워지고 철거가 시작되었다. 그러다 수성동 계곡의 자연 돌다리가 발견되면서 옥인아파트 재개발 사업은 수성동 계곡 복원 사업으로 변경되어 급물살을 탔다. 이렇게 된 배경에는 노무현 정부에서 일관되게 추진한 옛 서울 유적 복원 사업이 있을 것이고, 그 복원 사업의 배경에는 도도한 시대적 흐름이 있을 것이다. 어떤 시대적 흐름인가?

## 노무현과 문체반정

내 개인적 견해로는 새로운 시대적 흐름은 2000년대 들어서 김대중 정부에 의해 IMF 관리 체제가 신속히 극복되면서 본격적으로 형성되었다. IMF 관리 체제가 한국 사회에 준 충격은 여러 측면에서 대단히 컸지만 특히 주목할 만한 것은 미국, 일본 모델 따라가기의 추격형 산업화 패러다임이 근본적으로 흔들리게 되었다는 점이다.

　IMF 관리 체제에서 미국, 일본 등 서구 자본의 무자비한 공격과 잔인한 약탈을 경험하면서 미국이 절대적 선으로 은혜로운 나라일 수도 없고, 서구가 절대적 모델일 수도 없으며, 한국은 약육강식의 세계 자본주의 질서 속에서 스스로 나름의 방법을 찾아 처절하게 살아남아야 하는 독립된 실체라는 준엄한 현실 인식이 사회 전반에 자리 잡게 되었다. 이러한 사회적 자각은 IMF 관리 체제 극복을 위한 금 모으기 운동 같은 사회적 결집을 가져왔고, 그러한 사회적 결집이 신속한 IMF 관리 체제 탈출을 가능하게 했다. 그리고 사회적 결집을 통한 신속한 IMF 관리 체제 탈출은 '우리도 이제 선진국의 문턱에 이르렀고, 더 이상 선진국 모델을 따라가는 단계를 벗어나 스스로 길을 찾아 나가야 하고 그럴 수 있다.'는 자신감을 불러일으켰다. 조선 후기에 실학, 정선의 진경산수, 김홍도의 풍속화 등으로 표출되었던 시대적 흐름과 유사한 시대적 흐름이 시작된 것이다. 이러한 새로운 시대적 흐름이 없었다면 노무현 정부의 탄생은 가능하지 않았을 것이다.

　노무현 대통령은 시대적 흐름의 필연이었는지 개인적 우연이었는지 '성공한 정조'가 되고 싶어 했던 분이다. 그래서 바쁜 와중에도 공부를 하자고 비서관과 행정관들을 불러 모아 토론을 하곤 했다. 한번은 사회수석실 비서관과 행정관들을 불러 모아 토론을 했는데 그날의 주제는 정조 때 일어났던 문체반정이었다. 노무현 대통령은 성공한 정조가 되고 싶다고 하면서 그러기 위해서는 젊고 개혁적인 학자들의 도움이 필요하다는 이야기를 했다. 다산 정약용과 연암 박지원을 예로 들었다. 그리고 연암 박지원의 『열하일기(熱河日記)』로 야기된 문체반정에 대한 이야기로 넘어갔다.

그런데 노무현 대통령은 문체반정을 일종의 개혁 운동으로 거꾸로 알고 계셨다. 그래서 손을 들고 문체반정이 어떤 것이었는지 바로잡는 이야기를 했다.

"문체반정을 거꾸로 알고 계신 것 같습니다. 문체반정은 연암 박지원 등의 젊은 사대부 선비들이 일으켰던 개혁 운동이 아니고, 세도 정치로 힘을 갖게 된 보수 세력이 정조를 움직여 젊고 개혁적인 선비들 사이에 유행하던 『열하일기』의 문체를 금지시킨 사건입니다. 연암 박지원의 『열하일기』는 중국을 따르는 정통 주자학의 한문체가 아니라 말하자면 새로운 현실을 담기 좋게 한글화된 새로운 한문체, 그 당시 표현으로 하자면 패관잡기류의 한문체였습니다. 『열하일기』의 내용도 기행문 형식 속에 피폐한 현실과 보수 사대부들을 풍자하는 소설, 새로이 접하는 서구 문물에 대한 소개 등을 담고 있는 파격적인 형식이었죠. 이 『열하일기』의 문체가 젊은 선비들 사이에 유행을 하자 보수 기득권 세력은 심각한 위기감을 느낍니다. 그래서 '연암의 한문체가 젊은 선비들 사이에 유행하는데 이것은 뿌리가 없는 천박한 문체로 조선의 기둥이 되어 온 주자학의 정통 고문체를 흔듦으로써 나라의 근간을 흔드는 중대한 문제이다. 하루라도 빨리 이러한 경박한 문체의 사용을 금지시켜야 한다.'라고 정조를 움직여 연암류의 문체 사용을 금지시키고, 『열하일기』와 패관잡기류의 책을 선비들이 보지 못하도록 합니다. 정조의 이러한 문체 정책을 문체반정이라고 합니다. 정조를 개혁 군주라고만 보는 것은 한 측면만 보는 거라고 할 수 있죠. 정조는 세도 정치가 막강한 힘을 발휘하는 정치 지형 속에서 개혁적 흐름을 가능한 선에서 수용하여 흔들리는 조선의 근간을 다시 세우려 노력한 군주입니다. 그 일말의 개혁적 지향마저 세도 정치 세력에 위협으로 느껴져 저항에 부딪치곤 했던 거죠. 정조의 갑작스러운 죽음이 독살일 거라는 주장도 그래서 나오는 겁니다."

노무현 대통령은 무척 소탈하신 분이어서 나의 말을 기분 나빠하지 않았다.

"아, 그렇군요. 내가 잘못 알고 있었습니다. 이래서 같이 토론하는 게 필요한 것 같아요. 오늘 좋은 걸 하나 배웠습니다."

노무현 대통령이 돌아가셨을 때 정조의 문체반정에 대해 나누었던 이야기가 비수처럼 내 가슴을 찔렀고 눈물을 그칠 수 없었다. 노무현 대통령의 슬픈 죽음이 사실상 세도 정치 세력에 의한 타살인 정조의 죽음과 함께 아프게 다가왔다.

## 숨이 막힌다

우리나라 정책 관료들은 문건을 만드는 작업에 능하다. 일주일 뒤에 어떤 영역의 큰 계획을 문건으로 작성해서 가져오라고 하면 무슨 수를 쓰던 만들어 가져온다. 교육 관련 국책 연구원 역시 일정 시기까지 어떤 정책에 대한 방안을 가져오라면 시간을 맞춰 가져온다. 문제는 3년 전에 그 주제에 대해 가져온 문건의 내용과 오늘 그 주제에 대해 가져온 문건의 내용이 별로 다르지 않고, 정책이 어디에 우선순위를 두고 어떤 프로세스로 힘의 관계를 어떻게 변화시키며 추진해야 하는지가 없어 초점이 맞지 않는 화면처럼 벙벙하다. 그래서 전시용이나 참고용 정책 문건으로서는 몰라도 역동적으로 변화하는 현실 문제를 푸는 데는 별 도움이 되지 않는 경우가 많다.

 교육 정책을 다루는 관료나 교육 전문가들의 대부분은 스스로 진보라고 하든 보수라고 하든 상관없이 조선 시대의 사대부 선비들처럼 머릿속에 거대한 교육 정책의 그림본 책을 가지고 있는 듯싶다. 그 정책 그림본 책의 그림본들은 미국이나 서구 어느 나라의 교육 이론과 모델들이다. 정책 그림본 책의 그림본을 적당히 조합해서 정책안을 만드니 3년 전에 그 주제에 대해 가져온 문건이나 오늘 가져온 문건이나 구체적 데이터만 조금 바뀌어 있을 뿐 거의 똑같다. 그런 정책안들은 역동적으로 변화하는 현실의 갈급한 문제들에 대해 답을 하지 못한다. 그래서 노무현 정부 교육문화비서관을 하는 동안 중요 문건은 직접 쓸 수밖에 없었다. 교육부 관료들이 만들어 온 문건은 데이터만 활용하고 폐기하였다. 그건 국가교육회의 의장을 하면서도 마찬가지였다. 전문가들이 가져오는 정책안 문건은 문건 자체로는 그럴 듯하지만 교육 정책의 그림본들을 적당히 조합해 오는 것이어서 참고는 할 수 있어도 써먹기가 어려웠다.

 그런데 문제는 이것이 교육 관료나 전문가들만의 문제가 아니라는 데 있다. 어쩌면 현재의 교육 시스템 전체가 중국의 풍경 모델을 담은 그림본 책을 보고 그림을 그리며 그런 그림만이 그림이고 우리의 눈앞에 있는 산과 강과 들을 그린 건 그림이 아니라고 하는 조선 시대 사대부 선비들의 시스템과 별로 다르지 않은 건지도 모른다. 우리 교육 시스템과 교육 정책에는 다양한 지역에서 다양하게 구체적 삶을 살아가는 아이들에 대한 고민이 들어갈 여지가 없다. 그러한 점은 중소 도시의 학교를 들여다보면 금방 실감 나게 알 수 있다.

농촌 지역 중소 도시의 학교는 꼭 외계에서 날아와 앉은 UFO 같다. 학교 교원 중 그 지역에 사는 교원은 거의 없다. 10여 년 전 한 친구가 농촌 지역 소도시의 고등학교 초빙 교장으로 갔다. 교장이 되었으니 주중에는 그 소도시에 있고 주말에만 집에 가기로 마음먹고 교장 관사를 둘러보았더니 폐허가 되어 있었다. 지난 15년 이래 교장을 포함하여 평일에 그 학교 교원 중 그 지역에 거주했던 사람이 한 명도 없었다는 거였다. 교원들은 아침 여덟 시 반에 소비행정을 타고 나타나 낮 동안 아이들의 두뇌에 뭔가 작업을 하곤 오후 네 시 반이 되면 소비행정을 타고 외계로 사라진다. 그들은 낮 동안 아이들의 두뇌에 "세계의 중심은 미국이나 서구의 어느 나라고 네가 사는 곳은 변방의 변방의 변방이다. 그러니 학교 교육에서 성공하여 하루라도 빨리 도시로 대도시로 서울로 가능하다면 미국이나 서구의 어느 나라로 떠나라. 네가 이 학교를 졸업하고도 이곳에 계속 남아 있게 된다면 너는 패배자고 낙오자다."라는 주문을 주입한다.

대학 역시 마찬가지다. 우리나라의 대학은 지역 정체성이 전혀 없다. 교수들 역시 문화 인류학같이 특수한 분야를 제외하면 그 지역에 대해 연구하는 경우가 거의 없다. 정책을 다루는 연구자나 교수들은 서울에 있든

지방에 있든 구체적 현실과 모순으로 인한 아픔이 벌어지는 현장인 지역을 보고 정책을 구상하는 게 아니라 배워 온 서구의 이론과 모델을 가지고 구상을 한다.

85년에 학교 교육을 전면적으로 비판한 민중 교육지를 냈었다. 그 잡지의 핵심적 주장은 "왜 우리의 학교 교육은 '세계의 중심은 미국이나 서구의 어느 나라고 네가 사는 곳은 변방의 변방의 변방이다. 그러니 학교 교육에서 성공하여 하루라도 빨리 도시로 대도시로 서울로 가능하다면 미국이나 서구의 어느 나라로 떠나라. 네가 이 학교를 졸업하고도 이곳에 계속 남아 있게 된다면 너는 패배자고 낙오자다.'라고 가르치는가? 그런 자기 소외적인 교육을 교육이라고 할 수 있는가? 자기가 사는 곳을 우주의 중심으로 사고하고 그곳을 중심으로 질서를 부여하여 세계를 창출하고 자기 삶을 개척해 나가는 인간의 창조적 본질을 극대화하는 것이 진정한 교육이 아닌가?" 하는 것이었다. 이 주장이 반미, 반제국주의로 북한에 동조하는 것이라 하여 1년 옥살이를 하고 학교에서 파면되어 15년 동안 해직 교사로 떠돌아야 했다.

그로부터 36년이 지났다. 이제 대통령 직속 자문 기구인 국가교육회의 의장이 되어 그런 주장을 제도나 정책으로 제안할 수도 있게 되었으니 그간 이루어진 민주화의 힘으로 상당한 진전이 이루어졌다고 볼 수도 있다. 하지만 상황이 본질적으로 달라진 것 같진 않다. 그런 주장을 담은 제도, 정책적 대안이 늘 교육계 내부에서부터 반대에 부딪쳐 고립되니 말이다. 교육계의 대부분이 반세기 넘게 온 중앙 집권적 산업화 시대 교육 시스템의 기득권에서 자유롭지 못한 것일 게다.

오늘날 지방의 공동화와 소멸, 지역 균형 발전 문제는 해결해야 할 중요한 국가적 어젠다이고 그와 관련된 기구도 있고 예산도 많이 투여된다. 하지만 의미 있는 효과를 거두지 못하고 있다. 다른 원인도 있겠지만 주된 이유는 문제의식이 나이브하고 정확하지 않기 때문일 것이다. 우리는 대개 지방의 공동화와 소멸, 지역 간 불균형을 정책적 실수에 의해 나타난 것이라고 생각하고 정책적 실수만 바로잡으면 해결되리라고 생각한다. 미안하지만 지역 간 불균형과 지방의 공동화와 소멸은 정책적 실수에 의해 나타난 게 아니라 그간 추격형 산업화 시스템이 전력을 기울여 그렇게 만든 것이다. 그렇기 때문에 모든 역량을 중앙으로 끌어올리는 빨대 역할을 하는 추격형 산업화 시스템 자체를 개혁하지 않으면 문제가 해결되지 않는다.

## 대전환이 필요하다

코로나19 국면을 지나며 한국은 1인당 국민 소득이 3만 불을 넘어섰고, 세계 10대 경제 대국으로 성장했다. 2021년 G7회의 초청이 상징적으로 보여 주듯 명실상부하게 선진국에 진입했다고 볼 수 있다.

그러나 한국의 경제 지표상 선진국 진입이 한국이 세계 중심부로 진입한 것을 의미하지는 않는다. 우선 산업 구조가 첨단 하드웨어에 머물러 있다는 한계를 지적하지 않을 수 없다. 첨단 하드웨어 강국은 주변부의 추격형 산업화가 도달할 수 있는 최정점이다. 하지만 세계 중심부의 산업 구조는 아니다.

세계 중심부의 산업 구조는 첨단 하드웨어 기술과 지식 문화 산업이 결합된 첨단 소프트웨어 중심이다. 첨단 소프트웨어 산업은 자신이 가지고 있는 스토리텔링과 그 방식의 설득력이 있기 때문에 생명력이 길다. 반면 첨단 하드웨어 산업은 자기 스토리텔링과 방식을 가지고 있지 않기 때문에 국제 분업 관계 변화 등 외부 조건의 영향을 많이 받아 부침이 심하고 생명력이 길지 않다. 그런 점에서 한국의 선진국 진입은 아직은 내외적 조건의 변화에 의해 흔들릴 여지가 충분히 있다.

아마도 2023년 이후 미국의 유동성 회수 국면으로 야기되는 경제적 파고를 어떻게 타고 넘느냐가 그 첫 고비가 될 것이다. 이 경제적 파고를 체제 전환을 위한 개혁의 계기로 활용하며 유연하게 넘는다면 한국의 세계 중심부 진입의 단초가 열릴 것이다. 그렇지 못하다면 한국 경제는 고비를 넘지 못하고 진퇴를 반복할 수 있다.

또한 추격형 산업화로 도달한 하드웨어 첨단 강국은 추격형 산업화가 '선수 축구' — 극소수 선수에게 모든 자원을 집중 지원하여 일반 사람들은 오히려 스포츠에서 소외되고 체력이 떨어지는 — 방식으로 이루어졌기 때문에 해결해야 할 많은 사회 경제적 문제를 누적해 왔다.

우선 산업의 첨단화가 구도심을 공동화시키며 신도시가 번져 나가듯 주로 하드웨어 영역에서 이전의 산업을 소멸시키는 형태로 이루어졌다는 점을 지적하지 않을 수 없다. 하드웨어 첨단 산업은 자동화로 규모가 아무리 커져도 일자리가 늘어나지는 않는다. 그런데 많은 일자리를 제공하는 기왕의 산업은 시대에 맞게 갱신되지 못한 채 소멸하였다. 그리고 대기업의 하청 중소기업은 대기업의 착취 구조 속에서 발전하지 못하여 선호하는 일자리를 제공하지 못한다. 이로 인해 산업 사회형의 일자리는 급속히 사라지는데 새로운 좋은 일자리는 나타나지 않아 청년 실업 등 일자리 문제가 심각해지고, 산업 구조는 사회 경제적 양극화가 심화되어 왔다.

다행히 근래 한류 붐이 일어 새로운 가능성을 보여 주고는 있으나 지식 문화 산업 역시 한 명의 스타를 탄생시키기 위해 999명 청소년의 삶이 후속 대책 없이 희생되는 '선수 축구' 방식이어서 사회 전체적으로는 소모가 커 지속 가능성에 의구심이 든다.

위와 같은 한계를 극복하기 위해서는 제도, 정책적 대전환과 함께 근본적 인식의 대전환이 필요하다.

첫째, 섬유 산업, 신발 산업 등 산업 사회 제조업이나 한산 모시와 인조견 등 전통 산업도 디자인, 스토리텔링, 인체 공학, 첨단 디지털 기술, 문화 선전 등을 융합하여 명품으로 만들면 진정한 의미의 첨단 산업일 수 있다는 인식 전환이 필요하다. 새로운 좋은 일자리는 오히려 이러한 명품 산업에서 많이 나올 수 있다.

둘째, 교육과 문화도 그것 자체가 산업일 수 있으며 사회적 자본이라는 인식 전환이 필요하다.

셋째, 첨단 하드웨어 기술과 지식 문화 산업이 융합되어야 생명력이 긴 소프트웨어 첨단 산업으로 나갈 수 있다는 인식 전환이 필요하다.

넷째, 첨단 하드웨어 중심에서 첨단 소프트웨어 중심으로의 진전은 단순한 기술 산업적 전환에 의해 가능한 것이 아니라, 생산성 중심의 사회 체제에서 삶의 질 중심의 사회 체제로, 중앙 집중 체제에서 지역 분권 체제로, 서구 중심의 사고에서 자신이 사는 곳을 세계의 중심으로 사고하는 인식의 대전환이 수반될 때 가능하다는 시야의 확대가 필요하다.

## 대전환에서 가장 먼저 결자해지(結者解之)를 해야 하는 분야는 교육이다

한국의 공교육은 그간 한국의 산업화와 경제 성장에 매우 큰 기여를 했다. 산업화 초기의 한국은 자원도 자본도 없는 상태에서 양질의 노동력을 양성, 공급하는 것이 산업화의 유력한 수단일 수밖에 없었다. 산업화 시대 교육의 모토는 "서구에서 생산된 지식을 하루 빨리 받아들여 될 수 있으면 짧은 시간에 될 수 있으면 많은 사람에게 주입 암기케 함으로써 서구 선진국을 빨리빨리 쫓아가야 한다."로 요약된다.

이와 같은 산업화 시대 교육 시스템은 서구 지식이 수입되는 통로를 중심으로 학교가 서열화되고 서구의 지식을 보급, 통제하는 중앙으로 모든 에너지가 집중되는 중앙 집권적 체제였다. 이러한 중앙 집권적 체제는 모든 교육 내용과 정책을 중앙에서 결정하여 하달하고 그 시행 여부를 관리 감독하는 시스템으로, '네가 사는 이곳은 변방의 변방의 변방이니 학교 교육에 성공하여 하루빨리 이곳을 떠나 도시로 대도시로 서울로 가능하다면 미국이나 서구의 어느 나라로 떠나라. 네가 학교를 졸업하고도 이곳에 계속 남아 있다면 너는 낙오자고 패배자다.'라는 자기 소외적 교육 내용으로 구체화되었다.

　자기 소외적인 산업화 시대 교육은 서구 추격형 산업화를 추진하기 위해 필요로 하는 노동력을 양성하는 데는 효율적이었으나, 주변부의 산업 구조를 벗어나 중심부의 소프트웨어 첨단 산업으로 나가려 할 때는 결정적 걸림돌이 된다. 하드웨어 첨단 산업 중심에서 소프트웨어 첨단 산업 중심으로 나가려 할 때 그 지식 문화 스토리텔링의 자원은 구체적 삶이 역사적으로 축적된 지역으로부터 나온다. 그런데 자기가 사는 지역에 축적된 삶과 문화와 지혜를 버려야 할 변방의 무가치한 것으로 인식한다면 어떻게 소프트웨어 첨단 산업이 가능하겠는가?

　예컨대 외침과 분단의 아픔이 누적되어 있는 한강 하구에 '청년 한류 미래 교육 도시'를 건설하여 명품 관광 자원화하고 청년 문화 예술가들의 창작 활동, 한류 교육을 세계화한다면 그 스토리텔링의 힘은 그 지역의 삶이 축적된 역사성에서 나온다. 공동화되어 가는 지방 도시의 구도심을 '청년 미래 교육 특구'로 하여 그 지역 상권을 살리고 그 지역에 있었던 산업을 명품화하여 교육 자원으로 개방한다면 그 스토리텔링의 힘 역시 지역으로부터 나온다.

　그렇기 때문에 지역성은 소프트웨어 첨단 산업 시대의 핵심적 요소이다. 가장 지역적인 것이 가장 세계적이다. 또한 지역이 지식 문화적 스토리텔링으로 강력한 문화적 흡인력을 가지면 대기업도 지역에 투자한다. 그 힘과 융합되어야 첨단 하드웨어 산업도 긴 생명력을 가질 수 있기 때문이다.

　위와 같이 살펴볼 때 가장 먼저 지역성을 발굴하고 고민해야 하는 곳은 서울이다. 서울을 구체적 삶이 축적된 지역으로서 발견하지 못하고 지방과 구분되는 추상적 중앙으로 인식하고 있는 한 한국은 영원히 첨단 하드웨어 산업에 머물고, 그것의 부침에 따라 어려움을 겪는 변방을 벗어나기 어려울 것이다.

자기가 사는 곳을 세계의 중심으로 사고하는 지역성, 그 지역성을 중심에 두는 교육의 대전환이 필요하다.

## 지역성을 중심에 두는 교육의 대전환에 지렛대가 될 만한 지점들

지역성을 중심에 두는 교육 대전환은 큰 저항에 부딪칠 수밖에 없다. 중앙 집권적 교육 체제가 반세기 훨씬 넘게 오는 동안 형성된 기득권 때문이다. 초중등학교는 지역에서 보면 외계에서 날아와 앉은 UFO처럼 된 지 오래고, 대학은 학교가 있는 곳만 그곳일 뿐 지역 정체성이 전혀 없다. 아마도 대다수의 교육계 종사자는 지역을 중심에 두는 교육 대전환에 저항할 것이다. 지역을 중심에 두는 교육 대전환을 위해서는 지자체나 지역 주민이 교육의 주체로 들어와야 하는 데 이것은 중앙 집권적 체제에 익숙한 교육계 종사자에게는 매우 귀찮은 일이고, 자존심 상하는 일이며, 자기 권한을 침해하는 일이라고 느낄 것이다. 때문에 중앙 집권적 교육 체제가 부여한 학위와 자격증, 교육의 전문성과 상대적 독립성을 내세워 막으려 할 것이다. 때문에 일거에 바꾸는 것은 불가능에 가깝고 단계적 접근이 필요하다.

일주일의 하루를 지역 전체가 교사가 되어 학생들로 하여금 학교 밖 교육 활동을 하게 하는 지요일 제도는 현재 단계에서 초중등 교육 전환의 지렛대가 될 수 있는 한 지점이다.

이른바 진보 진영에서 지요일 제도에 반대하는 것은 참으로 이해하기 어렵다. 학종의 근거가 되었던—개인과 가정에 맡겨졌던—스펙은 불공정 시비로 학생부에서 사라졌다. 그래서 학생부에는 사실상 교과 활동만 남았다. 그렇다면 2015개정 교육과정에서든 2022개정 교육과정에서든 가능한 대입 형태는 민주연구원에서 제시한 안처럼 '수능 + 학생부 교과'뿐이다. 민주연구원은 수능 50%, 학생부 교과 50%를 제시하고 있지만 학생부 교과보다는 수능에 대한 신뢰도가 높기 때문에 국민적 압력은 수능 비율이 계속 높아지는 쪽으로 작용할 것이다. 대학 쪽에서는 학생부 교과 비중을 일정 정도 유지하려 할 수도 있는데 그것은 우수 학생을 선점하기 위해서일 것이다. 과거에는 특목고, 자사고로 학교의 우열을 구별했다면 2022개정 교육과정에서는 개설 과목을 보고 학교의 우열을 판단할 것이다. 이것이 이른바 진보 진영이 추구하는 바인가?

학종의 긍정적 취지를 살리는 길은 그 근거가 되는 자기 성장, 진로 성장 프로그램 운영을 가정과 개인에 맡기는 게 아니라 지자체, 교육청, 대학, 산업체 등 지역이 공적으로 담보하는 방법뿐이다. 광역 단위에서 모든 교육 자원을 열어 플랫폼을 구축하고 고교생들이 개인 맞춤형으로 커리큘럼을 짜서 이수토록 하고 그것을 대입에 비중 있게 반영한다면 자기

주도적 성장과 진로 선택을 중심에 두는 방향으로, 중심성으로서의 지역성을 중심에 두는 방향으로 중고등학교의 교육이 변화하는 모멘텀이 될 것이다.

현 단계에서 대학의 대전환에 지렛대가 될 만한 지점은 대학에 지역학 융합 과정을 설치하고, 광역이나 초광역 단위에 관련 연구원을 설립 운영하고, 전체 R&D 중 일정 비율을 지역학 융합 연구에 할애하는 것이다. 그리고 지역의 공무원, 교원, 공공 기관 신규 채용 시 지역학을 필수 과목으로 하고, 지요일에서도 필수 과목으로 하여 지역 지식 문화의 인적 축적의 토대를 구축하는 것 등이다. 여기에 청년들을 새로운 패러다임에 입각한 로컬 르네상스의 주체로 세우는 '청년 미래 교육 도시' 내지 '청년 미래 교육 특구', 그와 연관된 '청년 자치 부시장제' 같은 제도를 도입하면 좋을 것이다.

한국 사회의 결정적 한걸음을 위해 지금 교육의 진경산수 시대를 열어야 한다.

시대의 경계에서
**일인칭으로 말 걸기**

초판 1쇄 | 2022년 3월 2일

지은이 | 김진경
펴낸이 | 송영석

개발 총괄 | 정덕균
기획 및 편집 | 조성진, 김형국, 박수희, 조유진, 이진화
마케팅 | 이원영, 최해리
도서 관리 | 송우석, 박진숙
표지·본문 디자인 | 심지유

펴낸곳 | (주)해냄에듀
신고번호 | 제406-2005-000107
주소 | 서울특별시 마포구 잔다리로 30 해냄빌딩 3, 4층
전화 | (02)323-9953
팩스 | (02)323-9950
홈페이지 | http://www.hnedu.co.kr

ISBN 978-89-6446-198-3 03370
* 파본은 본사나 구입하신 서점에서 교환하여 드립니다.